U0725404

新时期特色小镇：成功要素、典型案例及投融资模式

住房和城乡建设部政策研究中心
平安银行地产金融事业部 编著

中国建筑工业出版社

图书在版编目（CIP）数据

新时期特色小镇：成功要素、典型案例及投融资模式 / 住房和城乡建设部政策研究中心，平安银行地产金融事业部编著 . — 北京：中国建筑工业出版社，2018.2
ISBN 978-7-112-21551-5

Ⅰ . ①新…　Ⅱ . ①住…②平…　Ⅲ . ①小城镇—城市建设—世界　Ⅳ . ① TU984

中国版本图书馆 CIP 数据核字（2017）第 288924 号

随着新型城镇化成为国家战略，特色小镇作为构建新型城镇化新格局的关键举措和推进全面建成小康社会目标实现的重要手段，走到了时代舞台的中央，获得了政府、专家学者、企业等社会各界广泛的关注。但目前业内还没有一本对于特色小镇的发展理论和发展模式、融资模式、经营模式、国内外特色小镇成功案例进行系统梳理的著作。

本书作为住房和城乡建设部政策研究中心对于特色小镇的研究成果，内容包括特色小镇的发展理论和发展模式、发展战略与政策、形成要素和类型分析、成长规律、发展的机遇与挑战、融资渠道分析、经营模式和国内外特色小镇成功案例，是目前较为系统阐述特色小镇的图书。

责任编辑：宋　凯　毕凤鸣
责任校对：王　瑞　李欣慰

新时期特色小镇：成功要素、典型案例及投融资模式

住房和城乡建设部政策研究中心
平安银行地产金融事业部　编著
*
中国建筑工业出版社出版、发行（北京海淀三里河路 9 号）
各地新华书店、建筑书店经销
北京京点图文设计有限公司制版
北京君升印刷有限公司印刷
*
开本：787×1092 毫米　1/16　印张：20¾　字数：393 千字
2018 年 2 月第一版　2018 年 2 月第一次印刷
定价：50.00 元
ISBN 978-7-112-21551-5
　　　（31139）

本 书 编 委 会

序 一

随着新型城镇化战略逐步推进，居民消费结构日渐升级，我国对特色小镇的探索正如火如荼展开。特色小镇具有特色鲜明、产业发展、绿色生态、美丽宜居等特点，符合当代人追求个性化、体验式、生态型的消费新需求，同时也是构建城镇化发展的重要抓手，可有效助力城乡差距缩小、全面建设小康社会，成为承接社会投资的新热点。培育特色小镇是实现人口、经济、资源、环境、空间均衡发展的理想选择，商业银行等金融机构应顺时应势，抓住这一重要机遇，支持特色小镇的培育和发展，为经济转型升级和新型城镇化建设添砖加瓦。

特色小镇发展的社会环境正在成熟。2015 年底，习近平总书记对特色小镇、小城镇建设作出重要批示，强调抓特色小镇、小城镇建设大有可为；李克强总理要求特色小镇建设应因地制宜，创新机制，走出特色鲜明、产城融合、惠及群众的新型小城镇之路。紧接着，各级政府相继出台一系列优惠政策，从土地、财政、金融、人才等多个方面支持和鼓励特色小镇发展，社会资本纷纷进入特色小镇领域，部分聚焦于文化、旅游、科技、金融等的特色小镇正在快速发展。2017 年 10 月，习近平总书记在十九大报告中明确提出，未来将以城市群为主体，构建大中小城市和小城镇协调发展的城镇格局，加快农业转移人口市民化。特色小镇作为城市群的关键组成部分，走上发展的快车道。

特色小镇的规划建设热火朝天。2016 年 7 月，住建部提出 2020 年之前培育 1000 个国家级特色小镇，截至目前，第一批和第二批已确定共计 403 个特色小镇；各地规划建设的特色小镇数量超过 2000 个，其中浙江、广东、江苏、山东等十几个省份均计划建设 100 个。预计未来几年特色小镇总投资规模将接近 10 万亿元。百强房企纷纷布局特色小镇，华夏幸福、华侨城、碧桂园、绿城、万科、绿地、融创等均结合自身优势资源，探索特色小镇发展路径。其中，华夏幸福将产业小镇作为集团两大业务发展线之一，未来三年计划建设上百座特色小镇；碧桂园计划 5 年投资 1000 亿建设 30 个科技小镇，目前已布局 5 个；华侨城计划通过 PPP 模式打造 100 座传统民俗特色小镇，构建 100 座具有中国传统民俗文化的特色小镇，等等。

在特色小镇建设热潮中，存在急于求成、大干快上的急躁情绪。部分小镇前期调研不够充分，并未抓住自己的特色禀赋，一味模仿别人，形成"特色不特"、"贪大求洋"、"借特色小镇之名行地产开发之实"等恶劣影响，进而导致资源低效利用、盈利方式未知、参与者前途未卜。

为了助力特色小镇持续健康发展、帮助参与者科学决策，避免投资失当和资源浪费，住建部政策研究中心与平安银行联合撰写了《新时期特色小镇：成功要素、典型案例及投融资模式》。

首先，本书放宽视野，从国内外精选六十多个案例进行深入分析，研究小镇的发展模式、路径和融资情况。除此之外，编写组实地调研了数十个特色小镇，形成大量一手资料，深入剖析小镇应如何充分利用优势资源打造自身特色，并提炼出小镇成功的八条要素，为特色小镇参与者提供参考和借鉴。

其次，由于特色小镇资金需求量大、投资回报周期长，单靠政府投入难以支撑，需要充分调动社会资本，本书总结了特色小镇的融资需求、渠道，以及政策支持情况，并重点分析了银行业金融机构介入特色小镇的投资路径和风险防控措施。

最后，本书构建了特色小镇投资潜力评价体系，以量化的形式展现各小镇的综合水平和投资潜力，便于各方做出最优决策，避免盲目投资，实现资源利用最大化。

特色小镇的建设必须坚持政府引导、企业主体、市场化运作，充分发挥市场在资源配置中的决定性作用。平安银行愿携手政府、开发企业和金融机构，支持特色小镇发展，促进新型城镇化建设，改善人居环境。

平安银行地产金融事业部自 2013 年成立以来，充分发挥事业部专营体制与平安集团综合金融优势，为房地产企业提供开发贷款、地产基金、结构化融资、PPP融资、并购融资、资产证券化等综合金融服务，积极助力企业创新发展模式，推进供给侧结构性改革。

未来，平安银行将坚守"科技引领、零售突破、对公做精"十二字方针，走"轻资产、轻资本"的双轻路线，为特色小镇、长租公寓等新兴业态提供金融支持。同时，由于背靠平安集团，具备资源整合的天然优势，平安银行将在集团内与各板块有机合作，共建集团"房生态"战略，打造服务于生活、生产、生态的系统化综合金融服务平台，助力经济转型升级、新型城镇化战略实施和城乡平衡发展。

谢永林

平安银行董事长

二〇一七年十二月

序　二

　　党的十九大报告提出"实施乡村振兴战略"，要坚持农业农村优先发展，按照产业兴旺、生态宜居、乡风文明、治理有效、生活富裕的总要求，建立健全城乡融合发展体制机制和政策体系，加快推进农业农村现代化。报告为今后搞好乡村振兴战略的顶层政策设计和推进城乡融合发展指明了方向。在统筹规划城乡产业布局和空间布局下，各地区根据资源禀赋培育特色产业、优势产业，强化大中小城市和小城镇之间的分工协作，促进三次产业在城乡之间、地区之间广泛渗透融合，使城乡经济相互促进，地区优势相互补充，形成横向错位发展、纵向协同分工的新格局，其中特色小镇迎来新的发展机遇。

　　1、特色小镇是城乡融合发展的最佳结合点。特色小镇处于城市和乡村的结合部，建设特色小镇是推进城乡融合发展的重要突破口。特色小镇不同于其他类型的小城镇，最大差异体现在"特"字上。具体而言，一是特在理念上，特色小镇以特色为引领，强调求新求异与宜居宜业宜游；二是特在功能上，特色小镇追求产城融合发展，强调生产、生活、生态功能复合与协同发展；三是特在产业上，特色小镇注重挖掘地方特色资源和要素优势，强调专业化生产与差别化发展；四是特在风貌上，特色小镇追求精而美，顺应地形地貌，保持小镇街道尺度，强调鲜明的景观辨识度；五是特在创意上，特色小镇以创新为驱动，强调对市场需求的适应和引领。

　　特色小镇包含生产、生活、生态"三生融合"的开发理念，能够带动周边农村基础设施建设和公共服务发展，有利于吸纳农村劳动力就业，促进一、二、三产业融合发展，推动城市文明迅速向农村扩展，实现城乡协调发展。可以说，发展特色小镇是实现人口、经济、资源、环境、空间均衡的理想选择。

　　总之，位于城乡之间的特色小镇的发展，是贯彻中央新型城镇化战略部署的具体实践，是破解空间资源瓶颈、改善人居环境的重要抓手，是转型期经济发展的重要举措，是不断提高人民群众物质文化生活水平的重要途径，是持续推进社会文明进步的重要载体，成为各类政策落地的"黄金结合点"。

　　2、从发展视角看现实意义重大。特色小镇建设对经济转型升级、新型城镇化建设都具有重要意义，主要有：

　　第一，是农民落户城镇的新空间。2016年末，全国户籍人口的城镇化为41.2%，比常住人口的城镇化率低了16.2个百分点。新型城镇化战略的核心是人的城镇化，首要任务是促进有能力在城镇稳定就业和生活的常住人口有序实现市民化。通过户籍制度改革和推进居住证制度改革，主要解决农民落户城镇的问题。其次是提高农民工融入城镇的素质和能力。市民素质是城市发展的重要"软实力"，是新型城镇化成功的重要标志。农业转移人口素质能否有效市民化，关系到他们的生存和发展，决定着城镇的面貌和未来。再次是同城同待遇。按照五大发展理念的要求，推进基本公共服务均等化，努力实现惠及全体人民的基本公共服务均等化目标，是人们共享现代化成果的重要举措。特色小镇是城与乡在空间上的结合点，是农民落脚城镇的第一步，最有条件达到人口城镇化、素质市民化和同城同待遇，实现就地城镇化。

第二，形成城镇化有序发展的新格局。在我国城镇化率超过 50% 以后，按世界各国的经验和规律，城镇化的发展将从过去孤立的、相互竞争的城市发展模式向相互联系的、协同发展的城市发展模式转变。在空间，从分散的城镇化向城市群发展的格局转变。因此，可以预见，未来城市发展将由少数城市摊大饼式、首位度极高的发展格局转变为矩阵式、网状化的城市群（带）发展的格局。而特色小镇建设将是这些城市群（带）的有机、基础细胞，是城市群形成的重要组成部分，最终成为推进中国新型城镇化建设不可或缺的重要要素。

第三，承载产业转移和创新的新平台。特色小镇不是行政区划单元的"镇"，也不是产业园区、景区的"区"，一般布局在城镇周边、景区周边、高铁站周边及交通轴沿线，适宜集聚产业和人口的地域。从生长空间的角度来看，高房价、空气质量、交通拥堵等大城市病已经严重制约着大城市的发展，以致大城市、特大和超大城市人口和产业外溢的趋势。从生产力布局优化规律看，生产力配置一定要在功能的集聚与扩散之间找到最佳平衡点，在城市化与逆城市化之间找到最佳平衡点，在生产、生活、生态之间找到最佳平衡点，大城市、特大和超大城市外溢的人口和产业，需要新的空间来承接。从地理空间、政策支持、生态环境方面衡量，特色小镇都可以很好地匹配。同时，特色小镇根据区域要素禀赋和比较优势发展特色产业，是聚集特色产业，融合文化、旅游、社区等功能的创新创业发展平台。

第四，投资消费结构升级领域的新热点。从未来趋势看，我国已经进入消费需求持续增长、消费结构加快升级、消费拉动经济作用明显增强的重要阶段。从消费升级角度看，我国城乡居民消费结构正在由生存型消费转向发展型消费、由产品消费转向服务消费、由物质消费转向精神消费、由规模化标准化消费转向个性化品质化消费、由忽视资源消耗环境保护的消费转向更加生态、绿色、安全的消费已成为共识。居民消费的特点已经从模仿型排浪式的基本消费逐步转变为个性化、多样化的高品质消费，特别是旅游、文化、体育、健康、养老这些领域的消费需求快速增加，而且现在看，挖掘的潜力非常大。我国的供给侧结构性改革，就是要使供给能力满足广大人民日益增长、不断升级和个性化的物质文化和生态环境需要。而特色小镇正是突出特色而打造，彰显产业特色、文化特色、建筑特色、生态特色，"一镇一风格"，彰显民俗文化传承，满足消费结构升级后的旅游、体验、居住等需求，成为投资关注的新热点。

第五，担当缩小城乡差距的新桥梁。如何缩小城乡差距，解决好"三农"问题，不仅是广大农民的迫切要求，也关系到构建和谐社会和建设现代化强国目标能否实现。因此，面对日益凸显的城乡差距扩大化，缩小城乡差距已经成为我国发展过程中极为重要方面。新时期我国发展特色小镇，要求推动小城镇发展与特色产业发展相结合，与服务三农相结合，发展具有特色优势的休闲旅游、商贸物流、信息产业、先进制造、民俗文化传承、科技教育等魅力小镇；要求因地制宜发展特色鲜明、产城融合、充满魅力的新型小镇；要求形成各具特色、富有活力的休闲旅游、商贸物流、现代制造、教育科技、传统文化、美丽宜居等特色小镇。通过特色小镇建设可以引领带动全国小城镇建设，促进公共资源在城乡间均衡配置，不断提高小城镇建设水平和发展质量，推动新型城镇化和新农村建设协调发展，形成城乡共同发展新格局。因此，发展特色小镇，是统筹城乡发展、破解"三农"问题、建设美丽乡村的助推器，是发展现代农业，引领农民致富，优化农村人居环境缩小城乡差距的新桥梁。

3、从发展模式看有两种类型。特色小镇是产业、居住、环境、文化等功能的复合空间，其类型和发展方向受到多种要素数量和结构组合的综合影响。根据特色小镇发展的要素需求，可以将特色小镇分为外生型和内生型两种。外生型特色小镇主要依靠外来投资打造，内生型特色小镇主要依靠本地资源、文化、环境等要素发展起来。这种是否以本地化要素为主的内生型和外生型划分，有助于把握特色小镇的培育方向和发展规律。

外生型特色小镇的形成以外部市场需求为导向，外部投资为驱动，以大型企业与知名机构为引领，成为在某一领域具有竞争优势的专业化生产和服务地区。其具有区位、市场、创新、政策等方面的发展优势。特色产业强调与外部产业的分工合作，满足外部市场的需求。特色产业一般以产业链的某个环节或具有竞争优势的某个产品为依托，充分利用特色小镇的区位、政策及创新优势，细分行业或产品，形成该产业与城镇生产、生活相融合的特色产业功能集聚区。而在小镇内部，企业与企业之间、企业与城市之间建立起密切联系，充分利用了小镇内外的各种要素，进而形成了小镇发展的垄断优势，通过产业集群的形式与其他地区进行合作与竞争。我国浙江云计算产业集聚的云栖小镇、美国以巧克力闻名的好时小镇等就是典型的外生型特色小镇。

内生型特色小镇是基于当地历史文化、风俗习惯、生活状态等形成的，在本地自然风貌、历史文化、民族聚居等方面具有明显优势。基于不同的本地资源，这类特色小镇主要分为自然景观主导型、历史文化主导型、民族聚居主导型等。不同类型的内生型特色小镇开发过程和价值实现存在较大差异。一般而言，以自然资源为基础的小镇，往往受到地形地貌的影响，既远离城市地区、交通不方便，发展基础差，也面临旅游设施不完善、城乡建设、管理服务滞后问题，尽管小镇资源丰富、景观独特，开发潜力大，但多数小镇发展仍然停留在初级的观光旅游阶段。而人文景观为特色的小镇，往往区位条件好于自然资源主导的小镇，既有文化底蕴、历史特色、建筑形态，也有较大规模的消费人口。这类小城镇通过古建筑修复、文化习俗展示、文物展览及当地居民生活的体验等方式，便可以较快满足旅游发展的需求。我国绍兴黄酒小镇、龙泉青瓷小镇、湖州丝绸小镇、湘西边城小镇、平遥古城是典型的历史文化主导型特色小镇。

4、从成功经验看有八个要素。综合国外著名小镇的发展规律和经验，并且结合我国各地的发展实践，可以概括出特色小镇的八大成功要素。一是产业有特色，特色产业是小镇的生命和活力之源；二是区位有优势，区位优势突出的特色小镇更容易成功；三是文化有底蕴，文化底蕴是特色小镇的灵魂和内涵使小镇更具有吸引力；四是创新有人才，特别是灵魂式的人物在著名特色小镇发展中起到决定性作用；五是风貌易识别，成功的特色小镇一般具有可展示的独特风貌；六是基础可承载，基础好的小镇更容易吸引投资和人才把握机遇；七是体制机制活，成功的特色小镇普遍在坚持政府引导、企业主体、市场化运作中创新了培育模式和土地及资金利用机制；八是各方均得益，包括平衡好外来投资与本地利益、短期利益和长期利益、整体利益和局部利益等。

5、从发展前景看长短不同。我们预期，未来的特色小镇发展将呈现以下前景。从近期前景看，特色小镇将在数量上快速增长、质量上逐渐优化、大城市周边的特色小镇率先发展、文旅型特色小镇还将占据较大比重。

从远期前景看，部分小城镇在经过萌芽期、快速成长期、成熟期三个阶段后，成为有特色产业引领和居住、文化等多功能的特色小镇。而在外部市场、技术、政策变化下，不同特色小镇的当地决策者和居民的响应差异将使小镇面临不同的发展情形：一是融入城市，部分外生型特色小镇随着特色资源的强化以及小镇品质的提升，小镇逐渐成为城市体系中重要的一环，它连接城乡，使得城乡均衡发展和新型城镇化得以实现；二是保持特色，对于部分内生型特色小镇，以本地特色资源禀赋为导向，在优势的特色产业和完善的基础设施、公共服务条件下，成为宜居宜业宜游地区，可以较长时间保持产业发展优势，成功吸引外部资金和人员集聚，传承当地文化和特色；三是走向衰败，部分特色小镇没能对产业选择、发展方向做出正确的选择，致使小镇难以维持原有的发展优势，使得小镇出现经营困难、人口规模较少、税收来源降低等现象。特色小镇走向衰败可能是阶段性的，也有可能是长期的。

6、从金融支持看需分类创新。不同类型的特色小镇以及在不同发展阶段，融资方式也将不同。从特色小镇的三种融资需求，即基础设施和公共服务建设和运营管理融资、特色产业发展的平台和配套设施建设融资、特色产业发展的融资来看，主要有两类，一类是盈利项目的融资。如特色产业的融资、部分特色产业发展平台和配套设施建设的融资，这些完全采取依靠市场机制的商业性融资。另一类是通过政府付费或政府优惠政策能够实现盈利项目的融资，可采取政府主导或政府和社会资本合作的 PPP 模式。政府主导可由政府投资资本金，利用政策性金融或开发性金融；PPP 模式可采取 PPP 引导基金、PPP 产业基金、PPP 项目的资产证券化等方式，由政府设立产业基金或引导基金，吸引社会资金共同投资。

不同特色小镇阶段性融资方式也有不同选择：在项目启动阶段是股权融资为主。这一阶段的融资相对最难，主要解决资本金问题。通过股权融资，达到一定的资本金规模，在此基础上，获取银行等金融机构提供的债权融资。股权融资方式主要包括前述的政府引导基金、产业基金，以及通过母基金、子基金的形式、优先级和劣后级的结构化安排，由政府投入少量的资金，撬动企业、金融机构等社会资本方公同参与投资，达到项目启动所需的资金要求，为进一步利用债权融资获取项目建设所需资金创造条件；在项目建设阶段是以债权融资为主。包括政策性银行、商业银行等金融机构的项目建设贷款、中长期贷款等。在项目建成运营的初期，产生一定的现金流作为还款来源，通过抵押、质押等方式取得银行等金融机构发放的流动资金贷款；在运营管理阶段可进行资产证券化。当项目运营进入成熟阶段，能够产生稳定的现金流后，可以通过资产证券化的方式，即将收益权等权益进行资产证券化，实现前期投资的退出。概括起来就是：投资基金化、建设信贷化、运营证券化。

秦　虹

住房和城乡建设部政策研究中心主任

二〇一七年十二月

目　录

第一部分
新时期特色小镇发展的战略意义

我国的经济社会发展，在经历了30多年高速增长和前所未有的大规模城镇化之后，进入了一个新的发展时期。经济领域，面临增长速度的换档期、结构调整的转型期、发展动力的转换期。社会领域，大城市建设日趋饱和，大城市病日益突出；进城务工人员及其随迁家属市民化进展缓慢，就地城镇化任务艰巨。环境领域，伴随着城市中就业与财富的增长，空气污染、江河湖泊污染、交通拥堵、水资源短缺也日益严重。顺时应势，新型城镇化成为国家战略，特色小镇作为构建新型城镇化新格局的关键举措和推进全面建成小康社会目标实现的重要手段，走到了时代舞台的中央，获得了政府、专家学者、企业、金融机构等社会各界广泛的关注。

一、发展背景

（一）新型城镇化战略

改革开放以来，我国经历了人类历史上规模最大、速度最快的城镇化进程，城市化率大大提高。前所未有的大规模城镇化带来了巨大的社会经济变革的同时，也积累了不少突出矛盾和问题，一方面城市病严重，另一方面小城镇普遍存在人口承载力低、基础设施薄弱、缺乏特色、城镇布局不合理的现象。为积极稳妥引导城镇化健康发展，2013 年 12 月 12 日至 13 日中央城镇化工作会议举行，习近平总书记发表重要讲话，分析城镇化发展形势，明确推进城镇化的指导思想、主要目标、基本原则、重点任务。国务院总理李克强论述了当前城镇化工作的着力点，提出了推进城镇化的具体部署。这标志着我国城镇化发展站在了新的历史起点上，新型城镇化战略至此确立。新型城镇化，集增消费、扩投资、聚产业、促创新于一体。在城市化建设向新型城镇化建设转变的大背景下，未来城市格局将由摊大饼式的巨无霸城市过渡为矩阵式、网状性的城市群，而特色小镇将是这些城市群的基础细胞，同时也是推进中国新型城镇化建设的重要组成部分。

2014 年 3 月，中共中央、国务院发布《国家新型城镇化规划（2014—2020 年）》，标志着中国进入了以可持续发展为核心内容的城镇化新阶段。无论是解决大城市病，还是小城市和小城镇建设，以及新农村建设等问题，都与特色小镇建设密切相关。

2016 年 2 月 2 日，国务院发布的《关于深入推进新型城镇化建设的若干意见》（以下简称《若干意见》）提出：新型城镇化是现代化的必由之路，是最大的内需潜力所在，是经济发展的重要动力，也是一项重要的民生工程。该《若干意见》明确要牢固树立创新、协调、绿色、开放、共享的发展理念，坚持走以人为本、四化同步、优化布局、生态文明、文化传承的中国特色新型城镇化道路，以人的城镇化为核心。该《若干意见》要求坚持统筹规划、总体布局，促进大中小城市和小城镇协调发展，着力解决好"三个 1 亿人"的城镇化问题。

2016 年 3 月 17 日发布的《国民经济和社会发展第十三个五年规划纲要》（以下简称《规划纲要》）提出，加快发展中小城市和特色镇，因地制宜发展特色鲜明、产城融合、充满魅力的小城镇。该《规划纲要》要求加快特色镇发展；因地制宜、突出特色、创新机制，充分发挥市场主体作用，推动小城镇发展与疏解大城市中心城区功能相结合、与服务"三农"相结合；发展具有特色优势的休闲旅游、商贸物流、信息产业、先进制造、民俗文化传承、科技教育等魅力小镇，带动农业现代化和农民就近城镇化。

1. 核心是以人为本的城镇化

城镇化的核心是人的城镇化，这是世界各国的普遍共识，也是我国新型城镇化区别于传统城镇化的本质属性。国家新型城镇化规划提出以人为本的核心理念，是对城镇化的正本清源。以人为本，不仅要以市民为本，也要以农民工和农民为本。新型城镇化规划中明确的四大战略任务，核心都是围绕人展开的：推进农业转移人口市民化，是为了解决目前2亿多农民工在城市的身份和待遇问题；优化城镇化布局，是为了解决未来10亿左右城镇人口在哪里分布的问题；提高城市可持续发展能力，是为了解决城市产业就业、基础设施、公共服务和管理水平对人口的承载支撑问题；推动城乡发展一体化，是为了解决仍留在农村的人口能够同样分享现代化成果的问题。

《关于深入推进新型城镇化建设的若干意见》提出了要推进农业转移人口市民化的措施。一是加快落实户籍制度改革政策。围绕加快提高户籍人口城镇化率，深化户籍制度改革，促进有能力在城镇稳定就业和生活的农业转移人口举家进城落户，并与城镇居民享有同等权利、履行同等义务。鼓励各地区进一步放宽落户条件，除极少数超大城市外，允许农业转移人口在就业地落户，优先解决农村学生升学和参军进入城镇的人口、在城镇就业居住5年以上和举家迁徙的农业转移人口以及新生代农民工落户问题。加快制定实施推动1亿非户籍人口在城市落户方案。二是全面实行居住证制度。鼓励地方各级人民政府根据本地承载能力不断扩大对居住证持有人的公共服务范围并提高服务标准，缩小与户籍人口基本公共服务的差距。推动居住证持有人享有与当地户籍人口同等的住房保障权利，将符合条件的农业转移人口纳入当地住房保障范围。三是推进城镇基本公共服务常住人口全覆盖。针对农民工，组织实施职业技能提升计划。四是加快建立农业转移人口市民化激励机制。切实维护进城落户农民在农村的合法权益。围绕加快提高户籍人口城镇化率，深化户籍制度改革，促进有能力在城镇稳定就业和生活的农业转移人口举家进城落户，并与城镇居民享有同等权利、履行同等义务。

2016年中央1号文件提出推进农村劳动力转移就业创业和农民工市民化。健全农村劳动力转移就业服务体系，大力促进就地就近转移就业创业，稳定并扩大外出农民工规模，支持农民工返乡创业。大力发展特色县域经济和农村服务业，加快培育中小城市和特色小城镇，增强吸纳农业转移人口能力。加大对农村灵活就业、新就业形态的支持。鼓励各地设立农村妇女就业创业基金，实施新生代农民工职业技能提升计划。依法维护农民工合法劳动权益，完善城乡劳动者平等就业制度，建立健全农民工工资支付保障长效机制。进一步推进户籍制度改革，落实 1 亿左右农民工和其他常住人口在城镇定居落户的目标，保障进城落户农民工与城镇居民享有同等权利和义务，加快提高户籍人口城镇化率。全面实施居住证制度，建立健全与居住年限等条件相挂钩的基本公共服务提供机制，努力实现基本公共服务常住人口全覆盖。落实和完善农民工随迁子女在当地参加中考、高考政策。将符合条件的农民工纳入城镇社会保障和城镇住房保障实施范围。健全财政转移支付同农业转移人口市民化挂钩机制，建立城镇建设用地增加规模同吸纳农业转移人口落户数量挂钩机制。

以人为本，就是要将新型城镇化的根本落脚点放在为人民谋福利、求发展之中。我国小城镇建设发展总体还相当滞后，小城镇基础设施和公共服务落后，78% 的污水、50% 的垃圾没有得到有效处理[1]，医疗、教育、商业等服务设施不足。培育特色小镇，可以带动相关基础设施的建设，有效补齐上述短板，让以人为本的城镇化在特色小镇落地。

2. 重点是发展城市群

城市群是城市化进程发展到一定阶段后，在具备特定地理条件的区域内出现的空间再组织现象，这种空间组织变迁是以产业在不同等级的城市内进行重组为主要内容的，是产业结构调整和升级的空间表现形式。城市群产业结构以及地域分工的调整与优化成为推动城市群发展和竞争力提高的决定性因素。城市群能够产生巨大的集聚经济效益，是国民经济快速发展、现代化水平不断提高的标志之一。

城市群在各个发展阶段呈现出不同的空间特征，伴随着城市群发展的阶段演进，城市群的空间也在不断扩展。城市群的空间扩展模式包括城市群整体外推和城市群内部的扩展，受城市群的伸展轴、节点和结节地域、城市群发展阶段的影响，它的扩散影响产业的转移、城市之间的合理分工、城市群功能的集聚和分散以及城市群的结构调整。

城市群是我国新型城镇化的"主体形态"，我国城市群为数众多，有京津冀城

---

[1] 2017 年 7 月 17 日住房城乡建设部总经济师赵晖就特色小镇做客人民网专访。

市群、长三角城市群、珠三角城市群、川渝城市群、山东半岛城市群、长江中游城市群、中原城市群、辽中南城市群、海峡西岸城市群、关中城市群等，但发展极不平衡，各城市群之间及城市群内不同层级城市之间的发展差异很大，城市群发展重经济现象严重，城市群层级体系建设和区域一体化与协调发展滞后，甚至呈现出"城市群未立"而"城市病多发"的态势。这些问题不仅严重制约我国城市群自身发展，也直接影响到国家新型城镇化建设的质量和内涵。

从属性来讲，特色小镇是城市群的自然延伸。大城市病的根本原因是城市群结构不健全，中小城市发展迟缓，尤其是最靠近农村的小城镇发展弱化，以致人口过度集中在大城市。

从生长空间的角度来看，高房价、空气质量、交通拥堵等城市病已经严重制约着大城市的发展，以致大城市、特大和超大城市人口和产业外溢。如全球排名靠前的科技企业华为由于不堪深圳的高房价、高地价，将生产基地搬到东莞的松山湖，打造融生产、生活、生态于一体的研发、制造业小镇。中兴通讯也将其生产研发基地从深圳迁至河源。

从生产力布局优化规律来看，生产力配置一定要在功能的集聚与扩散之间找到最佳平衡点，在城市化与逆城市化之间找到最佳平衡点，在生产、生活、生态之间找到最佳平衡点。从大城市、特大和超大城市外溢的人口和产业，需要新的空间来承接。从地理空间、政策支持、生态环境方面衡量，特色小镇都可以很好地匹配。特色小镇应运而生，发展潜力巨大。

3. 关键是城乡协调发展

新型城镇化应以农业现代化为根基，没有农业现代化，城镇化发展就失去了人口支撑、食品支撑和原材料支撑。对于我国快速发展的城镇化，必须同步实现农业现代化，切实维护好粮食安全和农民利益。新型城镇化的发展还应以工业化为根本推动力、以信息化为动力。第二、第三产业发展了，才能吸纳更多农民进城，才能实现融合发展。因此，城乡协调发展是新型城镇化的关键。

我国城镇化具有显著的特点。总体来讲，整体结构向特大城市或大城市集中。从发展来看，我国在20世纪80年代费孝通先生就提出了"小城镇大问题"，1998年底中共中央确立了"小城镇大战略"的指导方针，后来中央又提出了大中小城市和小城镇协调发展。但实际情况是，我国的大中小城市和小城镇发展并不协调，小城镇大多发展比较弱、比较差，跟发达国家相比差距非常明显。

大而强，是一种发展方式，侧重点是在大城市特大城市；小而特，是另一种发展方式，着力点在大城市特大城市之外。大城市特大城市之外的特色小镇建设，能够带动农村基础设施和公共服务发展，有利于吸纳农村劳动力就业，促进一、二、三产业融合发展，推动城市文明向农村扩展，实现城乡协调发展。

（二）经济转型发展

自改革开放以来，我国经济快速发展，目前已成为世界第二大经济体，人民生活水平不断提高。但是，总体上仍属于粗放型发展，而且能源资源消耗过度，生态环境损害严重，积累了结构不合理、产能过剩、经济质量和效益低等深层次矛盾和问题。这种高资本投入、高资源消耗、高污染排放、低成本竞争、低效率产出的产业发展模式已难以为继。随着我国经济发展进入新常态，以及印度、越南等新兴经济体对我国低成本竞争优势的替代和欧美发达国家"再工业化"战略的实施，客观上已形成了对我国制造业"两头挤压"的局面。

习近平总书记指出，"适应和引领我国经济发展新常态，关键是要依靠科技创新转换发展动力"。十八届五中全会也明确提出："必须把发展基点放在创新上，形成促进创新的体制架构，塑造更多依靠创新驱动、更多发挥先发优势的引领型发展"。

2015年中央经济工作会议提出要坚持大力推进结构性改革，着力解决制约发展的深层次问题。坚持深入实施创新驱动发展战略，推进大众创业、万众创新，依靠改革创新加快新动能成长和传统动能改造提升。

2016年中央经济工作会议提出要深化供给侧结构性改革，坚定不移推进"三去一降一补"，改造提升传统动能，大力培育发展新动能，振兴实体经济，实现转型升级。

1. 经济发展新常态需要新动力

2013年12月10日，在中央经济工作会议上习近平总书记首次提出"新常态"，指出我们注重处理好经济社会发展各类问题，既防范增长速度滑出底线，又理性对待高速增长转向中高速增长的新常态；既强调改善民生工作，又实事求是调整一些过度承诺；既高度关注产能过剩、地方债务、房地产市场、影子银行、群体性事件等风险点，又采取有效措施化解区域性和系统性金融风险，防范局部性问题演变成全局性风险。

此后，习近平总书记在多次讲话中阐述了"新常态"的内涵。2014年5月10日，在河南考察时的讲话指出，我国发展仍处于重要战略机遇期，我们要增强信心，从当前我国经济发展的阶段性特征出发，适应新常态，保持战略上的平常心态。2014 年 11 月 9 日，在亚太经合组织工商领导人峰会开幕式上的演讲上指出，中国经济呈现出新常态，有几个主要特点：一是从高速增长转为中高速增长；二是经济结构不断优化升级，第三产业消费需求逐步成为主体，城乡区域差距逐步缩小，居民收入占比上升，发展成果惠及更广大民众；三是从要素驱动、投资驱动转向创新驱动。

何谓"旧常态"？旧常态是指一段时期增长速度偏高、经济偏热、经济增长不可持续的因素累积，并带来环境污染加剧、社会矛盾增加以及国际压力变大的严峻挑战，也是党的十八大以前长期改革滞后形成的"体制病"和宏观失衡"综合症"。

党的十八大作出经济发展进入新常态的重大判断。新常态要挑战的是"三期叠加"，即：增长速度进入换挡期，结构调整面临阵痛期，前期刺激政策进入消化期。在经历 30 多年的高速增长后，中国经济在基本面、结构、内核等方面都发生了巨变。就经济增长动力而言，过去 30 多年拉动中国经济增长的投资、基建、房地产、低端制造、净出口、人口数量红利等难以为继。

站在中国经济新周期的视角，必须将经济增长动能转换到由消费升级、新的产业革命带来的产业机遇上。特色小镇建设，将产业的发展放在第一位，要求实施并储备一批质量高、带动效应强的产业项目。通过孵化、发展，使这些产业成为经济发展的一种新动能、新的生产力。

2. 供给侧结构性改革需要新产业

对于供给侧改革，习近平总书记的原话是："在适度扩大总需求的同时，着力加强供给侧结构性改革，着力提高供给体系质量和效率"。供给侧改革是一种寻求经济新增长新动力的新思路，主要强调通过提高社会供给来促进经济增长。

对于如何拉动经济增长，需求侧管理与供给侧改革有着截然不同的理念。需求侧管理认为需求不足导致产出下降，所以拉动经济增长需要"刺激政策"（货币和财政政策）来提高总需求，使实际产出达到潜在产出。供给侧管理认为市场可以自动调节使实际产出回归潜在产出，所以根本不需要所谓的"刺激政策"来调节总需求，拉动经济增长需要提高生产能力即提高潜在产出水平，其核心在于提高全要素生产率。政策手段上，包括简政放权、放松管制、金融改革、国企改革、土地改革、提高创新能力等。所以，供给侧改革，就是从供给、生产端入手，通过解放生产力，提升竞争力促进经济发展。

供需不匹配，是理解供给侧改革最基本的背景。过剩产能已成为制约中国经济转型的一大包袱。产能过剩企业会占据大量资源，使得人力、资金、土地等成本居高不下，制约了新经济的发展。所以，供给侧改革就要求清理"僵尸"企业，淘汰落后产能，激发企业活力，并将发展方向锁定新兴领域、创新领域，创造新的经济增长点。

《国民经济和社会发展"十三五"规划纲要》提出要以供给侧结构性改革为主线，扩大有效供给，满足有效需求。推进供给侧结构性改革，使供给能力满足广大人民日益增长、不断升级和个性化的物质文化和生态环境需要。

一些新兴产业或新产业的从业人员对环境的要求比较高，主动选择或更加青睐去小镇布局或工作生活。如杭州玉皇山南具备山水相依、城湖合璧、历史积淀的自然生态和人文环境优势，同时其所在的上城区是杭州市传统的金融服务业集聚区域，基于上述环境、区位及发展条件，玉皇山南基金小镇成了我国私募基金集聚发展的典范。

3. 大众创业、万众创新需要新空间

大众创业、万众创新，是在 2014 年夏季达沃斯论坛上李克强总理第一次提出。2015 年中央经济工作会议明确提出，坚持深入实施创新驱动发展战略，推进大众创业、万众创新，依靠改革创新加快新动能成长和传统动能改造提升。2015 年 6 月，国务院颁布《关于大力推进大众创业万众创新若干措施的意见》，明确指出，推进大众创业、万众创新，是培育和催生经济社会发展新动力的必然选择，是扩大就业、实现富民之道的根本举措，是激发全社会创新潜能和创业活力的有效途径。

提出"大众创业，万众创新"，是基于彼时的国内外形势。从国际形势上看，一方面世界经济发展放缓，国际经济形势不稳定，国际市场需求减弱，传统产品国际竞争压力进一步增大，我们必须增加国内市场需求来促进经济稳定发展。通过"大众创业，万众创新"来激发国内市场需求就成了必然的选择；另一方面国际市场需求要求增高，对产品本身的质量、技术含量和使用效能要求增加，对创新技术和创新产品的需求增加，因此，这也迫使我们通过"大众创业，万众创新"来创造出新的技术、新的产品和新的服务，从而稳定和增加我国产品在国际市场的需求及份额。从国内形势来看，一方面经济下行压力还在加大，国内市场需求有待进一步开发，经济发展环境"硬约束"进一步加强。我们必须走集约发展、高科技含量发展、高附加值发展的道路，必然要通过"大众创业，万众创新"来推动经济的转型发展；另一方面全面深化改革要深入推进，就必然要通过增强经济内生动力来支撑和促进体制和机制改革。因此，我们必然要通过"大众创业，万众创新"来增强全面深化改革的动力和活力。

"大众创业，万众创新"的目的是推动经济良性良好发展。一方面，通过万众创新，才能创造出更多的新技术、新产品和新市场，才能提高经济发展的质量和效益；另一方面，只有通过大众创业，才能增加更多的市场主体，才能增加市场的动力、活力和竞争力，从而成为经济发展的内在源动力引擎。把大众创业万众创新融入发展各领域各环节，鼓励各类主体开发新技术、新产品、新业态、新模式，打造发展新引擎。

城市发展过快、城市发展成本过高，导致城市承载人口面临的压力越来越重，真正的实体经济需要寻找成本洼地，需要开辟新的空间。在特色小镇的空间里，在政府政策支持的环境下，所需创业成本较低的实体经济，能获得较低的经济成本和制度成本，创新和创业的负担和压力较小，有助于创业获得成功。

（三）消费结构升级

消费升级是中国目前最为明确的一大趋势。中国经济快速增长 30 年后，积累了大量财富，无论是当期高收入还是对于未来收入增长的预期，均有利于促进消费升级。一是，长时期持续的经济高速增长形成的财富，为消费升级打下了雄厚的基础、积蓄了庞大的能量。我国拥有 13 亿人口、超过 3 亿中产阶级和富裕阶层，对优质产品服务的需求巨大。消费正从价格敏感型向价值敏感型转换。例如，旅游度假市场正处于快速升级转折阶段，由过去集邮式的观光旅游方式，向休闲度假养生转变。未来，休闲度假将成为人们的一种生活常态。二是，从未来趋势看，我国已经进入消费需求持续增长、消费结构加快升级、消费拉动经济作用明显增强的重要阶段。我国城乡居民消费结构正在由生存型消费转向发展型消费、由产品消费转向服务消费、由物质消费转向精神消费、由规模化和标准化消费转向个性化和品质化消费、由忽视资源消耗环境保护的消费转向更加生态、绿色、安全的消费。居民消费的特点已经从模仿型排浪式的基本消费逐步转变为个性化、多样化的高品质消费，特别是旅游、文化、体育、健康、养老这些领域的消费需求快速增加，而且可挖掘的潜力非常大。只有低质产能才会过剩，顺应市场需求不断更新换代的产能不会过剩。

我国乡村发展落后，基础设施薄弱，公共服务不足，传统农家乐等消费方式已不能满足城镇中高收入居民的需求，依托乡村文化和环境本底，加强城乡要素互动，形成设施互通、产业互融、功能互补，满足城镇居民中高端消费需求的特色小镇成为恰到好处的载体。

1. 生态型消费需求上升

在风景秀美、宜居、养生、回归自然田园的地方住下来，与家人共同度过周末和节假日，远离城市喧嚣和旅途劳顿，或者作为养生、养老之处，享受人生，成了都市人群新的追求目标。对产品的要求，从生产环节的绿色低碳，到产品本身的有机无添加。以上种种生态型消费已渐成潮流，其需求呈上升趋势。

2. 体验式消费需求上升

所谓的体验式消费，是指以客户为中心，通过对产品的安排以及特定体验过程的设计，让客户在体验中产生美妙而深刻的印象，并获得最大程度上的精神满足的过程。近年来，基于体验经济的娱乐休闲产业蓬勃发展。比如自助式摘草莓、摘葡萄、农家乐等体验式休闲观光农业，休闲体验式消费成为市场新宠。

3. 个性化消费需求上升

我国已从低收入国家进入中等收入国家，需求结构、人口结构、生产条件、资源环境、社会心理都发生了很大的变化，强调独特、拒绝雷同的意识与意愿强烈。个性化消费方兴未艾，覆盖方方面面，市场潜力不容小觑。特色小镇旗帜鲜明的就是"特"，拥有特定的资源、特色的景观、特殊的物产等。这些有自己个性的小镇正好可以满足人们部分的个性化消费。

（四）绿色发展理念

党的十八届五中全会确立了"创新、协调、绿色、开放、共享"的新发展理念，这是关系中国发展全局的一场深刻变革。党的十八大以来，生态文明、绿色发展的理念已经逐步深入人心，保护生态环境已上升到国家发展的战略高度。

1. 生产需要绿色发展方式

"绿水青山就是金山银山"，这是发展理念和发展方式的深刻变革。"既要绿水青山，也要金山银山"的新发展模式，取代"先污染后治理、边污染边治理"，"以牺牲生态环境换取一时一地经济增长"的旧的粗放式发展模式。处理好经济发展和生态环境保护的关系，把绿色发展理念贯彻到实处，就一定能让良好生态环境成为人民生活质量的增长点、成为经济社会持续健康发展的支撑点、成为展现我国良好形象的发力点，让中华大地天更蓝、山更青、水更绿、环境更优美，努力开创社会主义生态文明新时代。

2. 生活需要良好的生存空间

经济发展是为了提高人民的生活水平，不仅在于 GDP 的提高和物质精神生活的丰富，更重要的是要为人民营造出生态环境良好的生存空间，否则一切都将是"无源之水，无本之木"。追求更好的生活是人的天性。"环境就是民生，青山就是美丽，蓝天也是幸福。"用绿色发展理念培育发展特色小镇，就可以既有工作与生活，也有青山与蓝天。

3. 生态需要保住绿色本底

发展特色小镇是推动生态文明建设和实现绿色发展的试验田。相较传统城镇来说，特色小镇的比较优势在于其独具特色的资源禀赋与未受污染的后发优势。由于经济发展和生活水平长期滞后，小镇的自然条件未被扰动，得天独厚的环境优势得以保存，使其普遍具有良好的生态本底条件。可以说，特色小镇的绿色本底条件，既是其"特色"的生长空间，又是其"特色"的源头活水。把生态文明理念全面融入特色小镇建设的全过程和各领域，走出一条绿色、集约、智能、低碳之路。

（五）浙江特色小镇的示范效应

浙江省是我国首个发起和实施特色小镇的省份。浙江之所以在城乡接合部建设"小而精"的特色小镇，就是要在有限的空间里充分融合产业功能、旅游功能、文化功能、社区功能，在构筑产业生态圈的同时，形成令人向往的优美风景、宜居环境和创业氛围。

"特色小镇"的概念，是 2014 年 10 月 14 日由时任浙江省省长李强在杭州西湖云栖小镇举办的首场阿里云开发者大会上首次提出的，之后浙江省的研究机构对特色小镇展开了集中研究。

2015 年 1 月，"加快规划建设一批特色小镇"被列入浙江省政府 2015 年重点工作。同年 3 月 28 日，杭州余杭区梦想小镇启用。5 月，省政府发布的《关于加快特色小镇规划建设的指导意见》明确了特色小镇的含义，特色小镇是相对独立于市区，具有明确产业定位、文化内涵、旅游和一定社区功能的发展空间平台，区别于行政区划单元和产业园区。在产业定位上，特色小镇聚焦信息经济、环保、健康、旅游、时尚、金融、高端装备制造等支撑浙江省未来发展的七大产业，坚持产业、文化、旅游"三位一体"和生产、生活、生态融合发展。在规划上也提出硬性要求：特色小镇规划面积一般控制在 3km² 左右，建设面积一般控制在 1km² 左右。所有特色小镇要建设成为 3A 级以上景区，旅游产业类特色小镇要按 5A 级景区标准建设。支持各地以特色小镇理念改造提升产业集聚区和各类开发区（园区）的特色产业。希望通过在全省规划建设一批特色小镇，来实现小空间大集聚、小平台大产业、小载体大创新，推动资源整合、项目组合、产业融合，加快推进产业集聚、产业创新和产业升级，形成新的经济增长点。提出将100个特色小镇建设作为推动全省经济转型升级和城乡统筹发展，贯彻国家新型城镇化和产城融合发展战略的决策。

2015年底，习近平总书记对特色小镇、小城镇建设作出重要批示："从浙江和其他一些地方的探索实践看，抓特色小镇、小城镇建设大有可为，对经济转型升级、新型城镇化建设，都具有重要意义。"

2016年6月1日，浙江省公布第一批列入省级创建名单的37个特色小镇。6月24日，浙江省特色小镇规划建设工作现场推进会召开，标志着浙江省特色小镇正式步入实施阶段。以此为开端，全国各地纷纷开始建设特色小镇。

2016年10月13日，中财办、国家发改委、住房城乡建设部联合在杭州召开特色小（城）镇建设经验交流会。会上浙江省发改委、建设厅介绍了浙江特色小镇创建培育的主要做法和取得的成效，与会人员调研考察了玉皇山南基金小镇和余杭梦想小镇。浙江建设特色小镇的一条主线就是：有产业支撑。两个基本点就是：宜居和宜业。具体做法是：过去的工业园区加入宜居功能变成了功能齐全的特色小镇；而过去的乡村，当加入了宜业功能也变成了就地城镇化、城乡双向流通的特色小镇。总之，浙江特色小镇的核心就是在有限的空间里充分纳入、融合产业功能、社区功能、生态功能、服务功能，起到在智慧城市和美丽乡村间的桥梁纽带作用。

浙江省特色小镇培育和建设取得了显著的成效。仅从数量上来看，2016年10月公布的国家级第一批特色小镇名单中，浙江省有8个特色小镇跻身其中，分别是：杭州市桐庐县分水镇、温州市乐清市柳市镇、嘉兴市桐乡市濮院镇、湖州市德清县莫干山镇、绍兴市诸暨市大唐镇、金华市东阳市横店镇、丽水市莲都区大港头镇、丽水市龙泉市上垟镇。截至2017年第一季度，省级特色小镇建设数量78个，省级培育特色小镇数量52个；市级特色小镇建设数量173个，市级培育特色小镇数量13个。2017年7月，住房城乡建设部公示的第二批特色小镇名单里囊括了15个浙江省的特色小镇，分别是：嘉兴市嘉善县西塘镇、宁波市江北区慈城镇、湖州市安吉县孝丰镇、绍兴市越城区东浦镇、宁波市宁海县西店镇、宁波市余姚市梁弄镇、金华市义乌市佛堂镇、衢州市衢江区莲花镇、杭州市桐庐县富春江镇、嘉兴市秀洲区王店镇、金华市浦江县郑宅镇、杭州市建德市寿昌镇、台州市仙居县白塔镇、衢州市江山市廿八都镇、台州市三门县健跳镇。

综上，新时期特色小镇发展的逻辑是：经济增长需要新动力，培植经济增长的新动能需要贯彻五大发展理念，落实新理念需要新空间。新动力、新理念、新空间，都可以在特色小镇的培育和建设中得到体现。

二、战略意义

特色小镇,包含生产、生活、生态"三生融合"的开发理念,也是人类理想的"田园城市"的现实照进。

建设特色小镇是推进城乡发展一体化的重要突破口。习近平总书记就建设特色小镇做出重要批示,强调特色小镇建设对经济转型升级、新型城镇化建设都具有重要意义。位于城乡之间的特色小镇的发展,能够带动周边农村基础设施建设和公共服务发展,有利于吸纳农村劳动力就业,促进一、二、三产业融合发展,推动城市文明迅速向农村扩展,实现城乡协调发展。可以说,发展特色小镇是实现人口、经济、资源、环境、空间均衡的理想选择。

(一)构建城镇化发展的新格局

我国自然环境多样、地区特点鲜明,同时地区差距巨大、发展进程参差不齐,各地发展条件相差悬殊。无论是优先发展大城市还是重点发展中小城镇,都不能完全适应各地城镇化的需求。因此,在现代化建设和城镇化加快推进阶段,我国又面临着一次历史性的空间格局调整。

1. 优化完善城镇体系

城镇体系是指在一个相对完整的区域或国家以中心城市为核心,由一系列不同等级规模、不同职能分工、相互密切联系的城镇组成的系统。城镇体系包括大中小城市和小城镇。

所谓特色小镇,按照浙江的经验,是指在大城市周边或农村集聚区,以建制镇或现有村庄为基础,逐步形成的一种以特色产业为核心的小镇。这些小镇的特点首先在于以市场化的方式,将经营特色产业的人集聚到这个小镇。其次,这些小镇应该是远离大城市中心区的。按照国家发展改革委《关于加快美丽特色小(城)镇建设的指导意见》文件,所谓特色小镇主要指聚焦特色产业和新兴产业,集聚发展要素,不同于行政建制镇和产业园区的创新创业平台。特色小城镇是指以传统行政区划为单元,特色产业鲜明、具有一定人口和经济规模的建制镇。

总之,无论是特色小镇还是特色小城镇,在城镇体系中是末端,是农村的首端,是城市与广大农村之间的重要连接点，是城乡要素双向流动的交汇点。

2. **实现就地就近城镇化**

特色小镇具有很强的地域可选性，可以选择在任何一个城市地区、任何一个级别的城市的市域范围内，甚至可以选择在任何一个乡村的独立镇内；可以在发达的一线城市地区，选择符合条件的郊区，也可以在落后地区选择有独特优势的地方。

住房城乡建设部公布的第一批 127 个特色小镇中，东部地区 51 个，中部地区 35 个，西部地区 41 个。特色小镇既可以位于大城市市区，也可以地处偏于地区。比如，一线特大城市北京、上海各有 3 个列入 127 个特色小镇名单，基金小镇就位于省会城市杭州市区内，而边城镇则位于交通不便的湘渝黔三省交界地区。

全国范围内大分散的 127 个特色小镇各具特色，有特色旅游资源、文物保护、特色产品、乡镇企业示范基地、典型企业生产基地、文化艺术品牌、改革示范基地、众创空间、商业贸易、著名度假区、体育健康、科技乡镇、红色旅游、专业化生产基地、经济强镇、民族聚居地等。这些特色小镇可以容纳不同层次、不同专业背景的人才实现低成本就业，特别是吸引外出务工人员回流，实现就地、就近城镇化。

（二）助推经济增长的新动力

经济增长实践表明，任何国家都无法依靠一种增长模式实现经济的长期繁荣，在不同的发展阶段需要增长动力的转换。经济新常态下，换挡不只是速度变化，动力机制也在发生变化。

经济增长的新动力，一是打造以"互联网＋智能制造"为特征的工业 4.0；二是加快和提升现代服务业。生产性服务业发展潜力大，带动性强，与生产性服务业相对应的物联网、云计算等信息技术日益成熟，将为生产性服务业创造更多的发展空间，从而实现价值链的提升；三是以亚投行为纽带，通过"一带一路"，加快与中亚、西亚、东南亚国家的产业互补与贸易合作，有力推动区域创新合作，培育区域增长新的动力。

在中国经济新常态背景下，中国经济结构正在经历着历史性的重要转折。消费超过投资，服务业超过工业，经济增长更多地依靠内需、依靠要素生产率的提升，讲了多年的转型变化已经和正在发生。中国经济发展新路径已经越来越清晰，大规模强刺激和拼投资已不能奏效，必须向效率、技术、创新要效益，"效率导向"成为经济转型关键期改革的基本要求。

1. 成为创新发展的新平台

创新是经济持续健康发展的根本动力。小城镇创新创业成本低、进入门槛低、各项束缚少、生态环境好；有利于构建富有活力的创新创业生态圈，积聚创业者、风投资本、孵化器等要素，促进产业链、创新链、人才链的耦合；依托互联网拓宽市场资源、社会需求与创新创业对接通道，推动新技术、新产业、新业态发展。

新动能，既来自于新技术、新产业、新业态、新模式的成长，也来自于传统动能的改造提升。特色小镇产业发展的主流，不是给中心城市做配套，不是承接中心城区淘汰出来的落后产能，而是要通过创新去占领产业链的高端环节，这才是新时期培育和建设特色小镇的要义所在。

特色小镇充分发挥成本低、政策支持、体制灵活的优势，建立孵化器，成为新型产业发展和各类资金及人才创新创业的平台，吸引产业功能式、升级式聚集，加进人的居住、生活和商业等，实现产城融合。

2. 形成绿色发展的新空间

特色小镇的绿色发展体现在生态环保、紧凑集约、绿色低碳。特色小镇规划，要顺应地形地貌，融入山水林田湖等自然要素，彰显优美的山水格局和高低错落的天际线，严禁挖山填湖、破坏水系、破坏生态环境；特色小镇建设，从全局来看，要有序推进，防止一哄而上，避免半途而废造成资金的沉没、环境的破坏、资源的浪费等。特色小镇可以形成为落实新发展理念、加快推进绿色发展和生态文明建设的新空间。

3. 是共享发展的落脚点

便捷通畅完善的基础设施是小城镇集聚产业的基础条件，亲民惠民高效的公共服务是产业发展的重要环境。但长期以来，小城镇的发展和建设滞后，尤其是基础设施严重匮乏，成为制约当地经济和各项事业发展的主要瓶颈。特色小镇建设的最紧迫任务之一就是改善所在地区的基础设施和公共服务，服务农村、带动周边，使其成为共享发展理念的落脚点。

（三）承接社会投资的新热点

宽松货币政策周期下，旺盛的投资需求寻找洼地、机会和热点。宏观政策上，避免大量的资金集中和集聚在城市稀缺的土地上，化解房地产泡沫风险。随着国家培育、支持、鼓励特色小（城）镇发展，随着一些产业转移到小（城）镇、一些新兴产业落地小（城）镇、部分人群向往小（城）镇，聪明的资金纷纷投向特色小（城）镇。特色小（城）镇的风头和热度一时无两。

通过财政资金的引导，吸引带动民间资金进入小城镇建设，各种基金、债券支持特色小（城）镇建设，允许以农村土地的法人财产权为抵押，撬动银行贷款和社会资金投入特色小（城）镇建设。

1. PPP 吸引社会投资

长期以来，乡镇基础设施和公共设施投入严重不足，历史欠账太多。尽管近年来，农村投资不断增多，但总的看仍是"僧多粥少"、"杯水车薪"，基础设施和公共服务设施标准低、质量差，远远不能满足生产发展、生活提高的需要。基础设施和公共设施的投入，是缩小城乡差距的重要抓手，是政府的主要责任。因此，政府要把投资重点向农村倾斜，同时配套相关政策，发挥好财政的"四两拨千斤"作用。各地在特色小镇建设的实践过程中，基于具体项目，积极探索适合于农村基础设施和公共服务设施建设的 PPP 模式，广泛吸引了社会资本参与中小城镇和农村基础设施、市政公用设施的建设和运营，促进农村基础设施和公共服务设施提档升级。如四川省部分镇的开发项目通过 BT 等方式获取项目资金。河南省神垕镇与上海博大绿泽公司采用 PPP 项目模式，通过特许经营权转让，进行市场化运作；上海博大绿泽公司投资 3.5 亿元，对古镇核心景区老街沿街房屋进行修缮等。

2. 产业融合升级带动投资

特色产业发展需融合产业链、提升价值链。融合产业链、提升价值链都离不开人力、物力的投入，人力、物力的投入说到底都是资金的投入。也即是说，投资推动产业的融合升级，产业的融合升级带动资金的投入，两者互为因果。

依靠特色龙头企业的发展壮大及带动作用，实现资金投向特色小镇。例如，天津市中塘镇是全国最大的汽车胶管研发生产基地，以橡塑产业、汽车零部件生产为其特色，形成了以上市公司鹏翎胶管等为龙头的产业集群。全国还有许多特色小镇也是以制造业为其特色的，企业为保持其龙头地位、领先位置和价值链高端，其投资一般都比较大。

3. 满足消费升级催生新的投资

一二线城市居民理性消费意识逐步增强，对高性价比的国产商品青睐有加。三四线城市中产群体不断增长，表现出消费升级趋势，同样对国产优质品牌及产品消费意愿上升。上述消费形态的分化演变，导致的结果将是国产品牌的崛起，从而带动国产商品持续替代进口，国产商品在技术进步和产品升级下存在巨大的发展空间。此外，消费者逐步从被动应付生活转变为主动经营生活、享受生活，传统的生存型、物质型消费开始让位于发展型、服务型等新型消费，娱乐、通信、教育、医疗保健、旅游等领域的消费出现爆发式增长，从品质和数量两方面对供给侧形成牵引。消费升级催生更多的投资机会。

对于投资布局而言，基金看好新消费下的国产品牌崛起及新型消费的爆发式增长。2017年7月上海证券报记者就投资主题进行调研，接受调研的38家基金公司投资总监表示，消费升级是他们最为看好的一个主题，接近七成的投资总监看好该投资主线。

（四）缩小城乡差距的新桥梁

如何缩小城乡差距，解决好"三农"问题，不仅是数亿农民的迫切要求，也关系到构建和谐社会、实现共同富裕和全面建设小康社会目标能否实现。因此，面对日益凸显的城乡差距扩大化，缩小城乡差距已经成为我国发展过程中极为重要的一点。

特色小镇依托农村绿水青山、田园风光、乡土文化等资源，大力发展休闲度假、旅游观光、养生养老、创意农业、农耕体验、乡村手工艺等，使之成为繁荣农村、富裕农民的新兴支柱产业。加强乡村生态环境和文化遗存保护，发展具有历史记忆、地域特点、民族风情的特色小镇，建设"一村一品"、"一村一景"、"一村一韵"的魅力村庄和宜游宜养的城郊休闲型小镇、生态旅游型小镇。

1. 促进公共服务均衡配置

从政策要求和导向看，加强公共服务和基础设施建设是特色小镇培育与建设的重要内容之一。发展特色小镇，是统筹城乡发展、破解"三农"问题、建设美丽乡村的助推器，是促进基本公共服务均等化的重要抓手。推动新型城镇化和新农村建设协调发展，提升县域经济支撑辐射能力，促进公共资源在城乡间均衡配置，拓展农村广阔发展空间，形成城乡共同发展新格局。

2. 带动农业农村发展

大部分特色小镇分布在农村，这些特色小镇的发展可以带动农业农村的发展，对新农村建设、美丽乡村建设发挥辐射和带动作用。

推进农村一、二、三产业融合发展，发挥三次产业融合发展的乘数效应。推进农业产业链和价值链建设，建立多形式利益联结机制，培育融合主体、创新融合方式，拓宽农民增收渠道，更多分享增值收益。积极发展农产品加工业和农业生产性服务业。拓展农业多种功能，推进农业与旅游休闲、教育文化、健康养生等深度融合,发展观光农业、体验农业、创意农业等新业态。加快发展都市现代农业。

激活农村要素资源，增加农民财产性收入。

大力发展乡村休闲旅游产业。充分发挥乡村各类物质与非物质资源富集的独特优势，利用"＋旅游"、"＋生态"等模式，推进农业、林业与旅游、教育、文化、康养等产业深度融合。

（五）打造多元居住的新形态

优美宜居的生态环境是人民群众对城镇生活的新期待。新的历史阶段，人们对居住形态的选择多元化，例如：第二居所、度假地产、养老地产等。这些新兴的居住场景以第二居所、同城养老为基础，配合生态农业、医疗教育、老年大学、社群经济等。尤其是融入了当地的人文、保持了原有的地形地貌后，小镇就拥有了自己独特的意象。

1. 满足个性化的居住需求

大城市居住建筑千篇一律，高层居住建筑几乎一个风格。特色小镇上的居住建筑，不仅有居住功能，还能提供丰富的生活体验，建筑形态上更是丰富多元，布局上高低错落，街道空间形态富于变化，最好地诠释"房子是用来住的"的思想。特色小镇建设强调的"三宜"中的"宜居"，可以最大限度地满足个性化的居住需求。

2. 实现居住环境和品质提升

特色小镇景观自然，山、水、林、田、地、景一览无余，空气清新，低噪声污染，居住环境上比城市更友好，居住品质上比乡村更文明，能实现看得见山、望得见水、记得住乡愁的理想。在发展特色产业的同时，特色小镇应坚持以人为本的新型城镇化，统筹生产、生活和生态空间布局，完善小镇功能、优化小镇环境、提升小镇品质，从而实现居住环境和品质的提升。

3. 拓展新的居住空间

我国小城镇在人们心目中的形象是环境脏乱差、基础设施比较薄弱、功能不够完善，一直以来没有成为人们长期稳定居住的场所，农村人要么以其作为一个过渡、要么作为一个财富的象征但外出打工任其空置，城里人囿于交通、基础设施、环境等因素一般不会选择到小城镇居住。除县城城关镇以外的建制镇有18000多个，在这些镇上居住的人口仅占全国人口12%。处于城镇化成熟的国家、工业化成熟的国家，其小城镇人口占全国人口的比例非常高。最典型的德国，居住在2万人以下的小城镇占全国人口的70%，大部分人不是居住在大城市或中等城市，而是居住在小城镇。但现在不一样了，随着城市土地资源的稀缺、大城市及特大城市的房地产新政，特色小镇极高的关注度吸引了如绿城等知名房企和大型开发商的极大热情，创造出许多风景优美、环境宜人的居住产品，大大拓展了人们的居住空间。

新的居住空间的"新"体现在：从城市的高层建筑到小镇的低层建筑，从城市的高密度布局到小镇的低密度布局，从城市的宽马路到小镇的窄马路，从城市的满目建筑到小镇的满眼山水绿色，从城市的硬路面到小镇的自然地面，从城市的大体量到小镇的小尺度。

总之，开展特色小城镇培育示范是贯彻中央新型城镇化战略部署的具体实践，是破解空间资源瓶颈、改善人居环境的重要抓手，是转型期经济发展的重要举措，是不断提高人民群众物质文化生活水平的重要途径，是持续推进社会文明进步的重要载体。因此，特色小镇发展成为各类政策落地的"黄金结合点"。

第二部分
特色小镇发展的理论支撑与规律探究

一、特色小镇内涵界定

（一）特色小镇的源起

1.小城镇的发展历程

长期以来学术界和政府对小城镇的认定存在争议，缺乏统一的界定标准。由于小城镇快速成长源于我国改革开放后的乡镇企业发展，这里我们以建制镇为对象，论述改革开放以来我国小城镇的发展历程。

（1）小城镇快速发展阶段（1978～1992年）

1978年改革开放以后，随着家庭联产承包责任制的实施，乡村地区在短期内解决了温饱问题。短缺经济和相对宽松的乡村制度环境下，乡镇企业、个体经济得到恢复，以工业为主和以市场为主的两类乡镇企业快速发展。镇作为城乡之间的桥梁和纽带，逐步得以复苏，在政社分开、建立乡镇政权的过程中，恢复了一批镇的建制，建制镇进入了一个带有补偿性的发展时期。1978～1983年期间，我国的乡镇企业就业人数增加了1.14倍，建制镇总人口增加了900多万人，镇的平均规模由1.86万人增加到2.24万人，建制镇数量由2176个增加到2968个。

1984年，国家降低镇标准并放宽户籍管理限制，有力地推动了小城镇的迅速发展。到1984年底，全国各地基本完成了政社分设，大量公社转为建制镇。建制镇数量由2968个增加到7186个。随着农村改革的深入，乡镇企业如雨后春笋般蓬勃发展。一方面乡镇企业吸纳了大量的剩余劳动力，另一方面，农村经济的发展，农村商业、服务业获得发展机会，大批农村剩余劳动力涌向集镇从事各种非农行业。1985～1991年，国家在城镇发展策略上以发展新城镇为主，出现大量的新兴小城镇，到1992年底建制镇达到1.45万个。

（2）小城镇稳步发展阶段（1993～2000年）

随着我国改革重心由乡村转向城市，国有企业、三资企业发展给乡镇企业带来巨大的市场竞争压力。加上20世纪90年代财税体制改革、城镇国有土地出让制度改革等的影响，城市对人口、资金等要素集聚能力不断提升，而乡镇企业由于产权不清、技术更新缓慢、污染严重，在市场竞争中劣势显现，对新增农业转移劳动的转移就业能力下降，部分乡镇企业走向衰落。

1992～1994年，国家对小城镇实行"撤、扩、并"，并允许农民进入小城镇务工经商，以发展农村第三产业。1995年4月，由国家体改委、建设部等11家单位联合下发了《小城镇综合改革试点指导意见》，确定了52个国家级试点小城镇进行小城镇综合改革试点。1998年，《中共中央关于农业和农村工作若干重大问题的决定》首次提出"小城镇，大战略"问题，确立了发展小城镇以带动农村经济和社会发展的重大决策。1993～2000年底，我国建制镇数量由1.58万个增加到2.03万个。整体上，这一时期小城镇处于稳步发展阶段。

(3) 小城镇有重点发展阶段（2001～2012年）

财税体制改革后，乡镇基础设施建设与社会保障依赖县及以上财政支出，缺乏持续而稳定的可支配资金，影响城镇整体功能的发挥。2000年6月，中共中央、国务院出台《关于促进小城镇健康发展的若干意见》，指出适当引导小城镇健康发展，应当作为当前和今后较长时期农村改革与发展的一项重要任务。其中一部分基础较好的小城镇建设成为规模适度、规划科学、功能健全、环境整洁、具有较强辐射能力的农村区域性经济文化中心，少数具备条件的小城镇发展成为带动能力更强的小城市。2001年3月，《国民经济和社会发展第十个五年计划纲要》中提出要"有重点的发展小城镇"，并明确了发展小城镇是推进我国城镇化的重要途径。

随着城乡人口向大城市和特大城市的转移，我国大多数的乡镇常住人口出现下降。地方政府为便于资源配置，进行了大规模撤并乡镇和村庄，2001～2012年乡镇总体数量由4.02万减少到3.3万，建制镇由2.03万减少到1.99万。每个县都重点发展一个或几个中心镇，特别是结合工业区建设以提高集聚程度。2004年2月，建设部、国家发展改革委、民政部公布了1887个国家级重点镇，通过有重点地发展小城镇，着力将重点镇培育为有较强辐射能力的农村区域性经济文化中心。

(4) 小城镇转型发展阶段（2013年至今）

2012年，我国流动人口达到2.36亿人，而流向直辖市、计划单列市和省会城市的人口比重超过50%，大中小城市发展不协调问题日益严重。同时，农民工群体市民化成本高，难以享受城市居民在就业、医疗、教育、社会保障等的同等待遇。探索就地就近城镇化成为新时期城镇化方向的重要路径。十八届三中全会对城乡发展的二元户籍、土地、就业、社会保障等制度改革提出了具体要求。2013年住房城乡建设部等部委对重点镇名单进行增补，重点镇要发挥推进新型城镇化战略、承接城市产业转移、缓解城市压力等重要作用。2014年《国家新型城镇化规划（2014—2020）》公布，提出推动大城市与中小城市、小城镇协调发展，产城融合发展。各省市也出台了一系列推动小城镇建设的政策支持和规划方案，特别是对重点镇的支持。如四川省实施了"百镇行动"，加大对基础设施好的乡镇支持力度。2016年，住房城乡建设部、国家发展改革委、财政部联合下发《关于开展特色小镇培育工作的通知》，选定了127个首批特色小镇，特色小镇建设成为加快小城镇发展的重要抓手。

2. 各类小城镇的提出

为了支持小城镇发展或是强化小城镇某一方面的功能，国务院有关部委出台了一些支持文件，提出重点镇、示范镇、生态乡镇、历史文化名镇（村）、宜居小镇、旅游特色景观旅游名镇等。如建设部和国家文物局在2003年提出了历史文化名镇。建设部等部委在2004年提出通过重点镇的培育来带动乡村区域经济增长。环保部在2014年提出以保护生态环境为发展导向，加快生态镇建设。

以重点镇为例，2004年2月，建设部、国家发展改革委、民政部、国土资源部、农业部、科技部等部委批准确定全国重点镇1887个，把重点镇作为当地县域经济的中心，推动城镇化进程和带动周围农村地区发展。2013年8月，7部委决定对2004年公布的全国重点镇进行增补调整，公布全国重点镇共3675个，将全国重点镇作为今后各地各有关部门扶持小城镇发展的优先支持对象，使其发挥推进新型城镇化战略、承接城市产业转移、缓解城市压力等重要作用。与2004年主要依据GDP的考量标准不同，2013年对全国重点镇的考量主要从人口规模、区位优势、经济潜力、服务功能、规划管理水平、科技创新能力6方面进行评比，如表2-1所示。

3. 新时期特色小镇的提出

"特色小镇"概念最早由浙江省政府提出，旨在搭建新型产业发展平台，培育特色小镇，促进新型城镇化建设和产业发展。2015年1月21日浙江"两会"上，时任浙江省省长李强提出："加快规划建设一批产业、文化和旅游功能叠加的特色小镇，以新理念、新机制、新载体推进产业集聚、产业创新和产业升级。"2015年6月，浙江省公布37个首批省级特色小镇，如基金小镇、梦想小镇、云栖小镇、黄酒小镇等。2016年2月国务院公布的《关于深入推进新型城镇化建设的若干意见》提出"加快特色镇发展……发展具有特色优势的休闲旅游、商贸物流、信息产业、先进制造、民俗文化传承、科技教育等魅力小镇"。

浙江培育特色小镇的探索得到国家层面高度关注和肯定。2015年12月底，习近平总书记对浙江"特色小镇"建设作出重要批示。2016年2月，国务院《关

国家有关部门认定的小城镇类型　　　　　　　　　　　　　　　　　表 2-1

类型	认定部门	标准	作用
示范镇	建设部 1997 年、1999 年公布两批示范镇，共 75 个	作为各地学习和借鉴的典型样板，充分体现统筹城乡、解决"三农"问题服务	示范镇的成功经验和做法带动了当地小城镇的建设与发展
历史文化名镇（村）	建设部和国家文物局共同评定，2003 年到 2014 年，共评选了六批中国历史文化古镇	保存文物特别丰富且具有重大历史价值或纪念意义，能较完整地反映一些历史时期的传统风貌和地方民族特色的镇	历史文化名镇名村保护与利用已成为各地经济社会发展的重要组成部分，成为培育地方特色产业、推动经济发展和提高农民收入的重要源泉
重点镇	建设部、国家发展改革委等七部委在 2004 年公布 1887 个全国重点镇，2013 年七部委对全国重点进行增补，公布的全国重点镇共 3675 个	2004 年着重从 GDP 进行考量，2013 年全国重点镇的增补调整推荐条件是人口达到一定规模、区位优势明显、经济发展潜力大、服务功能较完善、规划管理水平较高、科技创新能力较强	要有重点地发展小城镇，将全国重点镇建设成为规模适度、布局合理、功能健全、环境整洁、具有较强辐射能力的农村区域性经济文化中心。2013 年重点镇发挥推进新型城镇化战略、承接城市产业转移、缓解城市压力等重要作用
旅游特色景观旅游名镇、名村	住房城乡建设部、国家旅游局自 2010 年以来分三批确定 553 个镇、乡、村	实施有效的特色景观资源保护措施，市政公用及旅游服务设施相对完善、人居环境较好、服务监督管理工作开展较好	作为保护村镇的自然环境、田园景观、传统文化、民族特色、特色产业等资源，促进城乡统筹协调发展，促进城乡交流，增加农民收入，扩大内需，促进农村经济社会全面发展的重要举措
绿色低碳重点小城镇	财政部、住房城乡建设部 2011 年提出	没有统一的定义，只是在评分表的基础上达到合格标准即满足建设要求，突出绿色生态	重点开展污水和垃圾处理等环境建设项目；太阳能及浅层地能可再生能源建筑应用、既有居住建筑节能等改造建设项目；商贸流通设施、镇内道路、园林绿化及供排水设施等基础设施建设项目。分类探索小城镇建设发展模式
宜居小镇、美丽宜居村庄	住房城乡建设部 2013 年以来分 4 批共认定 190 个镇为宜居小镇，565 个村为美丽宜居村	美丽宜居小镇是指风景美、街区美、功能美、生态美、生活美的建制镇	美丽宜居小镇、村庄是建设美丽中国的重要行动和途径，是村镇建设工作主要目标和内容，有助于是推进新型城镇化和社会主义新农村建设、生态文明建设
生态乡镇	国家环境保护部 2014 年批准授予 829 个乡镇国家生态乡镇称号	达到国家生态文明建设示范区之"国家级生态乡镇"考核指标要求	其创建工作是建设国家生态市的重要基础，是推动农村环境保护工作的重要载体

于深入推进新型城镇化建设的若干意见》（国发〔2016〕8 号）提出加快培育中小城市和特色小城镇，带动农业现代化和农民就近城镇化。2016 年 7 月 1 日，住房城乡建设部、发改委、财政部联合发布《关于开展特色小镇培育工作的通知》（建

村〔2016〕147 号）提出到 2020 年，培育 1000 个左右各具特色、富有活力的休闲旅游、商贸物流、现代制造、教育科技、传统文化、美丽宜居等特色小镇，引领带动全国小城镇建设，不断提高建设水平和发展质量。

政府部门对特色小镇的内涵认知基本可以分为两种，一种是住房城乡建设部、国家发展和改革委员会、财政部联合发文《关于开展特色小镇培育工作的通知》（建村〔2016〕147 号文）中所指，特色小镇一般为县城关镇除外的建制镇，具有特色鲜明的产业形态、和谐宜居的美丽环境、彰显特色的传统文化、便捷完善的设施服务、充满活力的体制机制。另一种被广泛提及的特色小镇是浙江省文件中的界定，指相对独立于市区，具有明确产业定位、文化内涵、旅游和一定社区功能的发展空间平台。

2016 年 10 月，发改委在《关于加快美丽特色小（城）镇建设的指导意见》中，第一次明确了特色小（城）镇包括特色小镇、小城镇两种形态，"特色小镇主要指聚焦特色产业和新兴产业，集聚发展要素，不同于行政建制镇和产业园区的创新创业平台。特色小城镇是指以传统行政区划为单元，特色产业鲜明、具有一定人口和经济规模的建制镇。特色小镇和小城镇相得益彰、互为支撑"。根据此文件界定，住房城乡建设部等部门联合发文《关于开展特色小镇培育工作的通知》（建村〔2016〕147 号文）中认定的"特色小镇"是该文件中特色小城镇，浙江省认定的"特色小镇"是指该文件中特色小镇。

（二）新时期特色小镇特在何处

1. 官方怎么说

住房城乡建设部的特色小镇认定强调以镇域行政边界为单元，发挥镇域特色产业、特色自然资源、特色人居环境、特色文化等的引领作用，形成小城镇发展的优势，推动乡镇经济、社会、文化等方面的综合发展，进而推动乡村人口的就近、就地转移，是搭建城乡协调发展的重要空间平台。首批入选国家特色小镇名单的 127 个建制镇，并不都是经济强镇，主要体现在特色资源、特色产业和特色风貌上。第二批特色小镇更加注重文化建设，不仅要求申报举办了多少场文化活动，还要求参加人次和活动级别。此外，要求小镇具备相应的系统规划、产业支撑、特定要素以及形成价值链条的小镇项目。而对小镇引入的旅游、文化等大型项目，住房城乡建设部要求"符合当地实际"，建设的道路、公园设施"符合群众需求"。这表明住房城乡建设部要求特色小镇建设不追求制定过高的标准，而是通过培育特色产业推动小城镇发展，不断健全小城镇基础设施和公共服务，推动农村人口就地就近转移和城乡发展一体化。

北京古北水镇是住房城乡建设部首批认定的特色小镇之一。古北水镇位于北京市东北边陲，坐落于长城脚下，素有"燕京门户"、"京师锁钥"之称。利用丰富的自然资源、文化资源和古迹遗址，古北水镇形成了旅游带动的发展模式。近年，古北水镇、汤泉香谷、香草园等一批国际化休闲旅游项目相继落地，古北水镇度假区成为集观光游览、休闲度假、商务会展、创意文化等旅游业态为一体，配套相对齐全，是具有较高参与性和体验性的综合性特色休闲旅游度假目的地。同时，古北水镇加强生态环境建设、历史文化保护，不断完善消防、交通、养老、医疗等设施和服务的建设。在小城镇发展中，古北水镇多渠道保障搬迁村民利益，重构新型的社区关系。当地农村生产生活条件显著改善，所有行政村实现集中供水，农村污水处理率达到 90% 以上。

浙江省特色小镇认定区别于行政单元，空间上规划面积一般控制在 $3km^2$ 左右，建设面积一般控制在 $1km^2$ 范围。不同于传统的产业园区，特色小镇要有一定的居住功能、较好的服务配套能力以及良好的环境条件，能够满足小镇内工作人群的基本的生活需求。在产业发展上，浙江省特色小镇特色产业聚焦在信息经济、环保、健康、旅游、时尚、金融、高端装备制造等七大产业，同时兼顾茶叶、丝绸、黄酒、中药等历史经典产业。这些特色小镇本质上是以特色产业发展带动提升区域经济增长能力，推动产业结构转型升级，着力打破当地块状经济中存在的产业附加值低、品牌效应低、技术更新慢等问题。

浙江玉皇山南基金小镇是浙江特色小镇的典型代表，小镇位于杭州上城区南宋皇城遗址，规划面积 $3km^2$，对原有陶瓷厂旧厂房进行更新改造，从初期引进规划设计、基金公司转向以金融产业为主，是浙江省首批特色小镇创建对象，目标是建成中国的格林尼治基金小镇。玉皇山南基金小镇根据金融人才国际化、精英型的特点，坚持市场化运作、产业链招商、生态圈建设的模式，通过联合政府性行业组织、龙头企业和知名中介，开展海内外招商及合作业务，做好"店小二"，提供精准服务，快速推动私募金融集聚发展。针对基金小镇的产业特点和人才需求，玉皇山南基金小镇建设了国际医疗中心、出入境服务站、基金经理人之家等服务平台，吸引了涵盖股权投资、商品期货、固定收益等方面的金融精英汇聚小镇。2016 年，玉皇山基金小镇已集聚各类基金公司和配套机构 720 余家，专业人才 1600 多名，管理资产规模突破 3600 亿元，累计投向 580 余个项目，发挥了金融资本助推产业转型升级、推动实体经济发展，也实现了当地税收收入的快速增长。

2. 业界怎么看

国务院参事仇保兴认为，特色小镇的"特色"主要体现在两个维度，一是特色的"广度"，即小镇拥有多少种新奇的特色。二是特色的"深度"，即唯一性，指的是某个重要产业或者空间的特色，是否具有本地区"唯一性"，还是具有全省、全国或全球"唯一性"。同时，他提出好的特色小镇应该具有自组织性、共生性、多样性、强联接、产业集群、开放性、超规模效应、微循环、自适应、协同等十大特征。

住房城乡建设部总经济师赵晖认为特色小镇建设目的是为了促进国家新型城镇化建设，提出特色小镇就是将发展的注意力吸引到城市以外的地方，要充分调动有潜力的各种历史文化资源，推动小镇快速发展。特色小镇的认定要有特色产业支撑、规划建设特色、文化特色、管理体制创新以及一定的经济基础和建设基础。

国家发改委城市和小城镇改革发展中心总规划师、规划院院长沈迟认为，特色小镇是自己干出来的，而不是要靠中央拿钱打造出来的，特色小镇自身的发展能力要很强、可持续，同时需要在市场竞争中有优势。特色小镇只有先将本地的特色产业做起来，才能分流一些特大城市以及大城市的人口，同时解决就业问题，创造税收。

国家发改委城市和小城镇中心智慧城市所所长黎明认为，特色小镇发展以产业为导向，就是要形成自己的产业方向，其中可以包括制造业、信息产业、文化旅游、健康养生等领域。只有形成自己的核心产业方向，才能推动特色小镇建设。基于产业导入和产业培育带来人的集聚。

同济大学建筑城规学院教授彭震伟认为，特色小镇既非简单地以业兴城，也非以城兴业；既非行政概念，也非工业园区概念。浙江在城乡接合部建"小而精"的特色小镇，符合生产力配置的集聚与扩散之间寻找最佳平衡点，在城市化与逆城市化之间找到最佳平衡点，在生产、生活、生态之间找到最佳平衡点的规律。

中国城市规划学会副理事长石楠认为，特色小镇应强调综合性，生产与生活的协调，避免以往走过的单一卧城功能、单一产业园区功能的弯路。产业本身是"城"的组成要素，不能没有产业支撑的概念。增强城市的功能首先就是要看产业为居民提供多少就业、多少福祉；另一方面，也不能因为重视了产业，就又留下产城融合的隐患。

3. 国外怎么做

小镇在西方国家人口集聚和就业供给中具有重要地位，除了部分基于文化、教育、历史等原因形成的以外，绝大多数小镇在城镇化中后期逐渐发展起来。20世纪中期，西方发达国家大城市病的日益严重，租金上涨、堵车、污染和老城区犯罪率提升，而大城市周边小城镇土地便宜、税收较低、环境宜居、交通便利，一些产业和人口开始外迁。在现代交通工具的支持下，西方国家经历了城市郊区化、逆城镇化，小镇承载了大量的中心城市转移人口和产业。特别是美国在20世纪六七十年代，大城市周边的小镇快速成长起来，这些小城市围绕中心大城市，形成了大都市区形态的城市群。小镇分别承担大都市的不同功能，通过城市间密集的交通网络联系起来，以网络化功能区行使大都市区功能。

一些西方国家还通过规划的形式，在大城市周边规划建设了众多卫星镇。如英国伦敦在1946年《新城法》通过后，掀起了新镇建设运动，到19世纪50年代末，在离伦敦市中心50km的半径内建成8个被称为伦敦新城的卫星镇。建设8个卫星镇是为了解决城市人口集中，住房条件恶化，工业发展用地紧缺等问题，目标是"既能生活又能工作，内部平衡和自给自足"。另外，欧洲一些国家受城邦制历史的庄园经济和城堡经济影响，小镇成为重要的空间形式，这些小区域组织在松散的地理和文化个体中互存，成为相对独立的发展个体和城市体系的重要组成部分。

总体来看，国外发达国家小镇数量众多，在城镇体系中占有主导地位。一些区位条件好、资源丰富、体制机制活的小镇成为著名小镇。这些著名小镇相当于我们的特色小镇。一部分小镇依托深厚的历史文化遗迹、鲜明的城市风貌、丰富的文化资源、优美的自然环境。如法国的依云小镇，背靠阿尔卑斯山，面临莱芒湖，是欧洲人休闲度假、夏天疗养、冬天滑雪的场所，地区特色即是地理环境和依云矿泉水，小镇70%的财政收入来自于依云水文化息息相关的产业。也有小镇是著名大学、科研机构、国际会议、企业总部等的所在地。如美国的波音、微软、德国奥迪等公司总部都是位于小镇。美国硅谷也是由一连串的科技总部型小镇集聚而成。还有产业集聚地，如法国格拉斯小镇，从16世纪起就开始从事花卉种植及香水制造，有从事香水产业的基础，已成为基于香水产业的著名小镇。美国格林威治小镇集中了超过500家的对冲基金公司，其基金规模占全美1/3，是全球最著名的对冲基金小镇。除了环境优美，风景如画外，更是得益于位于靠近纽约、交通便利、税收优惠、物业便宜等因素。

4. 我们的认识

我们认为，特色小镇不同于其他类型的小城镇，最大差异体现在"特"字上。具体而言，特在理念上，特色小镇以特色为引领，强调求新求异与宜居宜业宜游。

特在功能上，特色小镇追求产城融合发展，强调生产、生活、生态功能复合与协同发展。特在产业上，特色小镇注重挖掘地方特色资源和要素优势，强调专业化生产与差别化发展。特在风貌上，特色小镇追求精而美，顺应地形地貌，保持小镇街道尺度，强调鲜明的景观辨识度。特在创意上，特色小镇以创新为驱动，强调对市场需求的适应和引领。

（三）特色小镇的五大典型特征

依据我们对特色小镇的认识，特色小镇应具备理念求新、功能复合、产业独特、风貌别致、创意引领五大典型特征。

1. 理念求新

理念创新是特色小镇的首要特征。首先，不同于传统以规模生产为导向的发展模式，特色小镇强调特色引领和专业化生产，寻求差异化发展模式。其次，不同于传统重经济增长而轻生态环境保护的发展方式，也不同于单纯强调生产功能而轻居住生活功能的园区开发模式，特色小镇强调生产、生活、生态的协同发展，追求在推动经济增长的同时，也注重提升当地的生活条件，改善当地生态环境。

2. 产业独特

特色产业是特色小镇的核心，既有基于本地资源形成的产业，也有传统产业升级改造或是满足新的市场需求而形成的新型产业。特色产业注重凸显地域特色，或是利用区位条件、市场需求等将产业链的某一环节做专、做精，形成品牌效应。从产业类型看，特色小镇的产业包括特色农业（中草药、茶叶、花卉等）、历史经典产业（丝绸、陶瓷、石器、木雕等）、新兴产业（金融、信息经济、时尚经济、健康养生、高端装备制造等）以及依托当地资源文化等发展起来的文旅产业（生态旅游、休闲旅游等）等。

3. 功能复合

功能复合是特色小镇建设的内在要求，具备经济、社会、生态等的复合功能，不同于其他类型小城镇强调某一方面。首先，特色小镇通过特色产业发展，形成具有竞争力的经济功能；其次，特色小镇通过配置提升基础设施和公共服务水平，形成完善的社会生活功能；再次，特色小镇通过保护山水环境，形成良好的生态功能。此外，特色小镇经济和生活功能要具有一定的空间邻近性，便于当地居民和外来人员对消费、娱乐等的需求。通过综合功能的提升，特色小镇成为宜业宜居宜游之地。

4. 生态宜人

可识别性是特色小镇风貌的内在特征，无论自然风光、历史人文的特色小镇，还是产业主导型的特色小镇，都应具备宜人的生态。具体而言，一是特色小镇格局要顺应山水地形特征，保持原有的自然本底和原有肌理。二是特色小镇尺度要控制小而宜人，不应照搬城市的建设模式，建设尺度、街道格局、开发街区要贴近当地居民生活、延续邻里关系，保持较为统一和鲜明的风貌特征。三是特色小镇要传承当地传统文化，保护传统建筑和艺术作品，不照搬其他地区文化。

5. 创意引领

创意是特色小镇发展的潜力所在，体现在产业培育、风貌设计、文化打造、管理创新等方面。在产业培育方面，体现地域要素特色和资源禀赋；在风貌设计上，要凸显可识别性；在文化打造方面，既要传承传统文化，也要积极引入企业文化、产品文化等新形态；在管理创新方面，要适应经济社会发展发展需求，不断提升特色小镇运营和管理效率。

二、特色小镇发展的理论支撑

特色小镇发展涉及产业、区域、人口集聚等方面，这里我们主要对产业升级、区域发展、城镇化、规划方面的相关理论进行梳理，以期为特色小镇发展提供理论支撑。

（一）产业发展理论

1. 雁形发展理论

日本经济学家赤松要根据产品生命周期理论，提出产业发展的"雁型模式"，用来描述后起国某一特定产业（如19世纪日本棉纺工业）产生、发展的过程。在工业化初期阶段，一些发展中国家由于经济和技术落后，不得不向发达国家开放某些工业产品的市场。当这种工业产品的国内需求达到一定数量时，就为本国生产该种产品准备了基本的市场条件和技术条件，国内逐步掌握了该行业的生产技术，并因资源和劳动力的价格优势占领国内市场，最终实现该产品的出口，达到经济发展和产业结构升级的目的。一些经济学家将这一理论应用于解释20世纪后半期东亚地区各国经济顺次起飞的态势，即日本—"四小龙"—东盟和中国东南沿海地区依次实现经济追赶的区域分工和贸易模式。

虽然雁形模式是以国家为单位研究产业在国家间"进口—生产—出口"的转变，以及从一般消费品到资本品或者是从低附加值产品到高附加值产品的演进，但该学说反映了一个基本的理论问题，即不断调整和优化产业结构，是区域经济增长的客观要求，也是区域经济发展的强大动力。特色小镇产业发展受到外部需求和周边大城市产业转移的影响，在市场经济条件下，一些企业和产业从某一地区或城市向小城镇转移，推动特色小镇产业结构在时间和空间维度的动态变化。

2. 产业集群理论

迈克尔·波特系统提出了以产业集群为主要研究目标的新竞争经济理论。波特认为产业集群是"一组通过垂直买方供应商或水平共同的客户、技术、渠道关系连接的产业"、"指在地理上集中、特定领域中有关联的企业、相关产业的厂商、服务供应商、专业化供应商以及相关的机构，相互间具有竞争与合作的关系"。波特在对工业化国家的集群现象分析时，发现产业集群是工业化过程中的普遍现象。在所有发达的经济体中，都可以明显看到各种产业集群。

产业集聚具有强烈的知识溢出效应，集群内企业间相互交流经营经验，共享技术信息，推动产业不断发展与升级。以制造业生产和流通等为主的小城镇，在产业集群形成过程中，通过需求更多的劳动力、资金等生产要素，形成自组织的城镇化。由于企业大量集聚、产业链延长，人员、设备、厂房也逐渐增多，从而对居住用地、工业用地和商业用地的需求也日渐增大，小城镇规模自然也随之增大，小城镇的经济实力也随之增强。工业集群的发展需要服务咨询、财务支持、教育培训等中介服务机构；工业集群还需要为生活服务的运输、商业、饮食等行业的发展，推动一些小城镇向城市的转变。

3. 创新网络理论

创新网络又称创新环境，是发展高技术产业所必需的社会文化环境，是地方行为主体（大学、科研院所、企业、地方政府等机构及个人）之间在长期正式或非正式的合作与交流基础上形成的相对稳定系统。创新环境是技术创新、企业和区域竞争力形成的重要基础。

熊彼特的创新理论旨在用创新来说明资本主义基本特征及其产生和发展的趋势，其中从创新角度说明产业集聚的一些重要内容。熊彼特认为创新有助于产业集聚，创新并不是企业的孤立行为，它需要企业集聚才能得以实现。同时在时间上也不是均匀分布，一些企业创新后，接着是大多数企业紧随其后并不断跟进。

其次，创新不是随机地分布于整个经济系统，而是倾向于集中在某些部门及其邻近部门。特色小镇的发展离不开创新的支持，既包括大城市的高校、科研力量的辐射带动，也包括在产业运营、新产业形态等方面的创新活动。

（二）区域发展理论

小城镇是连接城市和乡村的节点，特色小镇发展需要与其他地区相互协调，特别是通过特色小镇的建设来引领小城镇发展，推动城乡协调发展。这里着重从区域角度论述增长极理论，以及基于自身要素禀赋的区域比较优势理论。

1. 增长极理论

区域经济差异是各国经济发展到一定程度地区之间出现的普遍现象，一直受到经济学界的关注。区域发展理论长期存在区域均衡发展和非均衡发展的争论，产生了大量的学说和理论。增长极理论是非均衡发展理论的代表。经济学家佩鲁指出"增长并非同时出现在所有地方，它以不同的强度首先出现在一些增长点或增长极上，然后通过不同的渠道向外扩散，并对整个经济产生不同的最终影响"。他的学生布代维尔又把增长极定义为位于由推进型产业及其相关产业的空间集聚而形成的经济中心，它具有较强的创新和增长能力，并能通过扩散效应以自身发展带动其他产业和周围腹地的发展。从此，以布代维尔为代表的一批经济学家就把增长极理解为相关产业的空间集聚。

特色小镇在发展过程中，逐渐会成为乡村地区的一个增长极，形成一定影响力的经济空间，进而对周边地区起到支配作用。特色小镇发展需要注意连接城乡产业、人口、资金等要素，通过技术与制度创新发挥吸引与扩散作用，最终推动乡村地区经济社会的发展。

2. 区域比较优势理论

比较优势理论最初是用于分析国际贸易领域不同国家之间优势的差异。这一贸易思想源于英国古典经济学派主要代表人物亚当·斯密提出的绝对优势理论。大卫·李嘉图在其代表作《政治经济学及赋税原理》中提出了比较成本贸易理论，是对绝对优势理论的一种发展。进一步提出了要素禀赋理论即 H—O 理论，认为要素禀赋即一国或地区的自然资源状况决定了该国（地区）的优势。后来，有学者相继提出了产品生命周期理论、边际收益递增理论、国家竞争优势等理论。

要素禀赋始终是比较优势理论的基础，同时比较优势处于动态变化之中。经济发展处于初级阶段的地区一般具有丰富的廉价劳动力和自然资源，因此这类地区在劳动密集型产品或资源密集型产品的生产上具有比较优势。随着这些地区经济的发展，要素禀赋状况也会发生变化，劳动力成本优势丧失，自然资源的获得成本提高；同时资本加速积累，技术创新层出不穷，原有的劳动力和资源优势被新的、更高级的优势所取代。随着要素禀赋结构的变化，经济结构也会发生相应的变化，资本密集型和技术密集型产品会成为新的优势产品，同时也实现了产业结构的升级。因此，特色小镇想要提升本身的竞争力，特色产业选择必须要基于本地的资源要素禀赋，同时也要升级其要素禀赋。

（三）城镇化发展理论

特色小镇发展要顺应城镇化发展的大趋势，特别是在城镇化中后期，随着城乡产业结构、产业空间、消费结构等的变化，小城镇发展面临新的机遇。

1. 城镇化过程理论

美国地理学家诺瑟姆（Ray.M.Northam）在 1979 年提出城市发展进程曲线即"诺瑟姆曲线"。他对英、美等国家 100 ～ 200 年城市人口占总人口比重的变化规律进行总结，指出与各国的经济发展密切相关，世界各国城市化历史进程大体都表现为一条被拉长的 S 形曲线，即由慢到快、由快到慢，直至停滞不前的曲线发展过程。

这条曲线将城市化进程大致分为三个阶段，第一个阶段为初级阶段，城市化率在30% 以下，城市化进程比较缓慢，农民市民化也是相当缓慢的。它对应着经济学家罗斯托所划分的传统社会这一阶段，即农业占国民经济绝大部分比重，工业发展缓慢，城市提供的就业机会有限，城市人口一般占总人口的 10% 左右，且人口分散分布。第二阶段是加速阶段，城市化率在30% ～ 70%，工业的突飞猛进则造就了大量的就业机会，第二、第三产业增速超过农业且占比重越来越高，城市丰富的物质精神生活吸引着农民的流入，从而形成城市化和农民市民化的"拉动效应"，这两种力量的作用将使城市化和农民市民化步入一个高速发展时期，城市人口占比从 30% 增长到 50% 乃至 70%。最后一个阶段是成熟阶段，城市化水平超过 70%。城市与农村的差别日趋缩小，城市化进程和农民市民化进程呈现出停滞甚至下降的趋势。城市规模在达到 90% 以后趋于饱和。

诺瑟姆曲线阐明了城市化和农民市民化与一国经济发展的关系，揭示了城市化随工业化进程变化的一般规律。我国部分地区的一些实践中，往往忽视城市化随经济变动的内在规律，只是通过行政区划调整、户籍调整、空间扩张等形式追求城镇化率的提升，忽略经济结构和就业结构等的转换。随着新型城镇化的提出，城镇化发展由注重数量向质量转变，而选取合适的发展模式成为提高城镇化质量的重要方式。积极发展中小城市和小城镇，搭建农民工就地就近转移平台，是降低人口市民化成本的重要途径。

2. 城镇化空间理论

在城镇化过程之外，城镇体系受到广泛关注，具体可分为等级规模结构、职能结构和空间结构，这几方面均受到空间格局与组织过程的影响。在要素自由流动的前提下，要素倾向于从富裕地区流向能够产生较大社会经济效益的节点，进而为形成城镇乃至城镇体系奠定基础。随着时间推移，关注焦点从田园城市、卫星城镇逐渐转向城市群、城市带、城市化地区。1977年，哈格特从相互作用、节点、面、网络、等级、扩散六个角度研究了区域城镇群体的演变过程。

有关区域空间结构组织演化的研究中，弗里德曼提出的区域空间结构演变具有代表性。他在《区域发展政策》中将区域城镇空间演变划分为四个阶段。第一阶段：在前工业化时期，每个城市各自独立发展，各自拥有自己的腹地，彼此联系甚少，增长潜力有限，是一种相对均衡的发展阶段；第二阶段：进入工业化初期，随着城市经济的崛起，均衡的空间格局被打破，逐步形成中心越强、外围腹地越弱的态势，资源要素不断向中心移动，外围处于被剥夺的境地，发展缓慢甚至停滞；第三阶段，随着工业化进程不断推进，周围腹地也得到一定发展，形成多级中心的空间结构，"点—轴"状空间结构体系开始形成，能够有效遏制高等级中心的空间蔓延和膨胀，区域整体增长潜力提高；第四阶段，工业化发展后期，社会经济已经发展到较高水平，区域内部城镇间联系日趋紧密，中心与腹地之间的差距在缩小，腹地基本上被纳入中心城市的影响范围，交通网络发达，逐步形成空间一体化格局。显然，小城镇作为城市空间腹地的重要节点，随着空间层次结构的日益完善，在城镇空间的高级阶段会不断得到强化，成为空间结构的重要支撑。

（四）城镇规划理论

1. 花园城市理论

花园城市最早在1820年由著名的空想社会主义者罗伯特·欧文提出。1898年，霍华德发表了题为《明天的花园城市》专著，阐述了"花园城市"的理论，提出城市建设要科学规划，突出园林绿化。中心思想是使人们能够生活在既有良好的社会、经济、环境又有美好的自然环境的新型城市之中。"花园城市"因历史发展阶段、国家和地区民族、文化的不同，各地有着不同的时代观念、文化内涵、民族特征以及地域风貌。

"花园城市"的模式图是一个由核心、六条放射线和几个圈层组合的放射状同心圆结构，每个圈层由中心向外分别是：绿地、市政设施、商业服务区、居住区和外围绿化带，然后在一定的距离内配置工业区。整个城区被绿带网分割成不同的城市单元，每个单元都有一定的人口容量限制（约3万人左右）。新增人口再沿着放射线向外面新城扩展。从20世纪初开始，随着伦敦附近的莱斯奇沃思花园城和澳大利亚首都堪培拉等一系列花园新村、新区、城市的规划建设，"花园城市"的理想变成了现实。特色小镇借鉴花园城市理论，将城市和乡村结合，建设小规模小尺度的小城镇，并且具备自给自足的城镇功能和慢节奏生活、可持续的生态环境、田园式组团布局、便捷的交通网络、公平的社会服务、城乡一体化发展等特征。

2. 新城镇运动理论

新城镇运动起源于英国。第二次世界大战后，英国城市遭受到很大的破坏，急需重建，急需疏散过剩的人口和工业。1944年，由Patrick Abercronbie主持的大伦敦规划明确提出，在伦敦周围48公里范围内建设8个卫星城镇的规划。1945年由中央成立了新镇开发公司，1946年颁布了"新镇法"以立法形式确立在英国境内建立不同规模等级的新镇。一直到1974年，英国共设立了33个新城镇，容纳了180万人，迁入了2009个新企业，创造了上万个就业岗位。

新城镇运动理论主要涵盖以下内容：第一，新镇人口上限规模必须考虑，居住在住宅区的居民必须能方便地到达工业区、商业区和文化中心；必须考虑能合理有效地使用公共交通系统；新镇必须能方便地到达周围农村地区，农村居民亦可以方便地到达市中心新镇；必须获得一般城市不具备的环境效益。由此界定人口规模在2万~6万人，但在实际建设中，人口达到了10万~25万人。第二，新镇由新镇开发公司统一规划实施建立。新镇选址后，组建新镇开发公司，其成员由中央政府任命。公司不以赢利为目的，全部完成整个新镇的开发任务，包括编制新镇开发规划、征地、开发土地、管理土地、出售土地、建造房屋、供水、供电、供气、管线等。第三，新镇布局不宜采用低密度的田园城市模式，新城镇开发到一定程度，必须兴建新的新镇，但必须编制新镇群规划。第四，新镇强调居住与工作的自给自足，能为居民提供商店、学校、影剧院、公共交通等一些必要设施，也要提供一定的就业机会。当前，我国加快城市群建设，推动大城市资源向周边中小城市和小城镇扩散，新城镇建设实践为特色小镇人口规模、基础设施、公共服务供给等提供了经验，特别是特色小镇建设要有产业支撑，能够为当地一半以上的居民就近提供就业机会。

三、特色小镇的要素需求与类型划分

（一）特色小镇形成的要素需求

产业集群研究发现，产业集群具有地域根植性，根植性是产业集群长期积累的历史属性，是资源、文化、知识、制度、地理区位等要素的本地化，并认为这些要素是支持集群生产体系地理集中的关键要素。而产业集群的本地根植性一经形成，就难以复制。Johannisson 等（2002）将产业集群的根植性描述为企业与本地经济、社会、文化及政治上的连续，包括认知根植性、组织根植性、社会根植性、制度根植性及地理根植性。

特色产业是特色小镇形成的前提，特色产业发展离不开发展相关要素的支撑，这些要素数量、类型和组合影响特色产业和小镇发展基础和方向。不同要素在空间的流动性存在很大差异，特别是自然地理环境、历史文化、区位条件具有明显的不可移动性，不同地区制度环境也存在很大差异。除了特色产业的根植性因素外，特色小镇还直接受到自身产业基础、设施供给等的影响。这些使得特色小镇和特色产业受到地域根植性的明显影响（见图 2-1）。

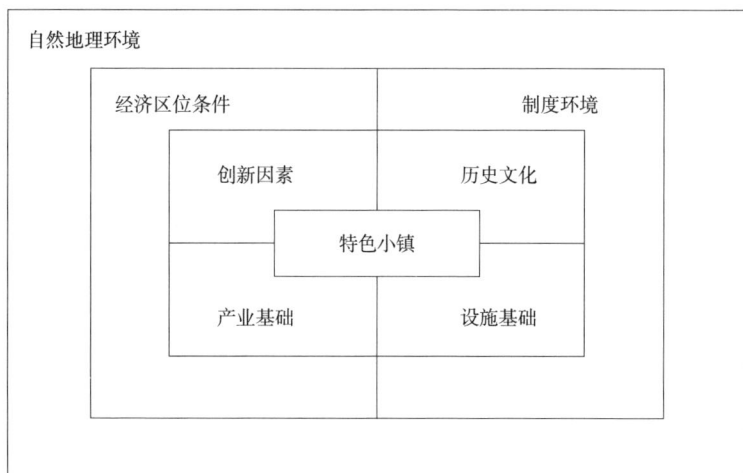

图 2-1 特色小镇发展的地域根植性

　　为理解特色小镇形成基础，我们对上述因素进行综合，着重从自然地理环境、经济区位条件、历史文化基础、创新发展要素四个方面进行分析。

　　1. 自然地理环境

　　自然地理环境包括自然资源和自然条件两方面，这是区域经济增长和城镇化的背景，虽然随着技术进步、交通条件改善，自然地理环境对区域发展的制约程度下降，但仍然起到基础性作用，如世界人口和经济主要分布在平原地区，城市和都市圈主要分布在沿海、沿江、湖泊的周围区域。同样，自然地理环境也是特色小镇建设的基础，主要体现在以下几方面：

　　一是自然与人文景观的形成基础。大江、大河、大山所形成山水等自然景观是一些旅游型小城镇的重要品牌，具有不可复制性、不可移动性特征。很大比例的古村落、古镇、庙宇、古建筑也是依山傍水而建，工业化、城镇化进程中，受交通不便、开发滞后等因素影响，我国中西部一些山地丘陵地区乡镇大量的历史文化遗迹保存下来，成为一些特色小镇发展旅游产业的基础。

　　二是民俗文化形成的基础。在农业文明时期，受山、水、气候以及交通不便、信息不畅等影响，形成了不同的民族文化、传统习俗、建筑群落、语言体系，如我国少数民族聚居区主要分布在中西部的山地、丘陵地区，这些地域差异和特点形成了小城镇发展文化旅游产业的重要基础。

　　三是依托自然地理环境的地理标识。一些农产品和加工产品生产往往依托特定的温度、降雨、海拔、光照甚至土壤条件和水质条件，而基于产品产地的地域形成品牌，如西湖龙井、祁门红茶、普洱茶等。

　　四是对良好环境的需求日益增多。随着城市病及城市环境问题的凸显，新兴产业发展和人们消费需求更倾向于自然条件和环境条件优良的地区，一些乡镇具备这方面的优势。"绿水青山就是金山银山"，新的发展方式为一些乡镇转型发展提供了机遇。

　　2. 经济区位条件

　　(1) 区域经济基础

　　特色产业是特色小镇的核心，特色产业建立在地方产业和经济条件基础上。区域经济条件既为特色小镇发展提供了良好的外部基础设施、区域联通能力，也为特色小镇发展提供了潜在的消费市场、转移产业、信息与技术等来源。而随着核心城市产业结构转型与升级，产业和人口的空间转移为城市周边小城镇提供发展机遇。随着我国进入城镇化中后期，大城市增长速度放缓，外围地区出现具备独特功能的小城镇。因此，特色小镇发展与区域经济发展阶段和发展水平密切相关。目前为止，我国城市和重点小城镇多的地区，其经济都较为发达。如浙江省试点的特色小镇依托良好的经济社会基础，原有传统产业功能区通过产业的更新、技术的升级、传统文化的提升，从而使得特色小镇成为城市经济的重要载体。

（2）产业发展基础

特色产业是特色小镇发展的基础，对于产业型特色小镇而言，不仅产业规模、类型影响特色小镇发展的方向和潜力，产业或产品知名度、收益能力更决定小城镇的市场竞争力。由于特色小镇受要素集聚规模的限制，难以形成从生产、加工、包装、储藏、运输到市场化的完整链条，以规模经济为导向的规模扩大和以外部经济为导向的产业链上下游产业合作难以实现。因此，特色小镇产业发展应基于区域优势，通过产业链环节的运营优势，在生产技术、加工能力、管理标准、市场拓展等某一个或几个方面提升竞争力，通过专业化分工来获取更高市场收益。一般来说，特色小镇或者依托核心城市的大型企业和产业基地形成配套产业体系，形成就近服务型的生产体系，可以节约交通成本和交易成本。

对于一些地理标示性产品和产业，特色小镇发展依托当地的资源、工艺、技术、文化、功能等的独特性和优势度。这种独特性和优势度带来地方发展的垄断性利润，推动知名度的形成。一些基于风景、民俗、文化、农业生产等形成的特色小镇正是依托这些本地化要素形成的发展基础，可以吸纳全省甚至全国范围的人群前来消费。

（3）空间区位条件

空间区位在交通可达性、经济基础、市场潜力等方面直接影响特色小镇的发展。按照东中西地区分，可以分为东部地区、中部地区、西部地区的特色小镇，暗示了区域经济发展水平和制度环境。按照距离城市的远近，可以分为郊区、远郊区、农村地区的特色小镇，影响消费需求和产业联系。按照城市大小，可以分为大城市、中等城市、小城市腹地的特色小镇，同样影响消费需求和产业联系。

特色小镇本质是人口聚居的空间区域，特别是以建制镇为载体的特色小镇。距离大城市近且具有较好的自然环境和人文条件的小城镇，更容易借助大城市的经济辐射和产业转移，承担外溢的城市功能，建立满足城市功能的生产体系和服务体系，成为产业集聚和人口集聚的重要载体。中等城市腹地的特色小镇或者依托城市的资源和产业联系，或者依靠自身地域特点形成特色产业，或者基于开发园区政策。而对于经济落后地区的特色小镇，一般独立于城市地区，往往拥有特色自然、人文景观，但受到地形地貌的限制，交通可达性较差，虽然发展空间潜力很大，但区域的资源环境承载能力有限，难以大规模开发。

（4）低成本发展优势

相比于城市地区，小城镇的创业成本及生活成本均比较低，有利于形成产业集聚。首先是较低的土地成本，小城镇大多是集体土地，在这里创办企业的土地价格远远低于大城市，一些企业的租赁住房和办公用房只需要较低的租金。其次是较低的管理成本，小城镇地区一般对特色产业发展都给予了扶持政策，帮助创新的企业家解决各类发展中的难题。再次是较低的消费水平，特色小镇最初聚集的多为创业者，消费水平过高的话则创业者无法负担，而且也会抬高雇佣人员的费用。

3. 历史文化基础

文化的本质在于个人及群体的自律和自我改善。它是基于当时人们所掌握的最新科技知识和人类对世界的最好认知，所形成的一切内化了的价值体系、道德规范、文学艺术、礼仪风俗、建筑符号、生活方式、管理制度等，以及内化了的对外部空间环境的感知及趋向于不断固化的用于不断改善人与自然、人与人之间关系的群体判断、行为、反思等的总和。同样，文化是特色小镇建设的重要基础，体现了一定地域空间的小镇特点、个性和魅力。历史文化则体现了文化的传承，是很多人文景观、风俗习惯、民族节日的价值内涵。

一般而言，特色小镇都具备自己的文化资源、文化设施、文化活动以及带有地域文化特征的生产与生活方式，这些均通过文化产生的感染力和凝聚力表达出来。文化资源是能够体现文化价值的物质财富，如艺术作品、文学作品、古建筑、文物等。文化设施是用于文化活动的基础设施，如文化馆、博物馆、绘画等的创作和演出场所等。文化活动是地区居民所进行的表演、庆祝及节日活动，特别是一些少数民族地区保留的特色民族节日活动。生活方式体现了与当地文化特点相互适应的生活态度和生活方式，如追求优雅闲适的生活、慢生活、田园生活等，而这些生活方式支持下则形成了一些如养生、保健、休养等医养产业。

显然，每个特色小镇都具有独特的文化，有的以某一种为主，有的是某几种的结合。不同文化价值往往通过不同的形式来实现，以传承性的文化价值实现为例，需要运用特定手法挖掘传统文化内涵，融入民族、历史和地域的特质，通过区域整体体现出来，特别是基于一系列的文化资源、设施、活动来共同展现。当前，越来越多的小城镇融入了企业文化，特别是与新技术、新需求适应的创意文化，这些新的文化表现形式给许多小城镇发展提供了机遇。如以新兴产业为载体的特色小镇，将艺术、互联网等融入特色小镇建设，构建以文化研究、艺术活动、时尚消费、特产经济、观光旅游为一体的特色小镇。

4. 创新发展要素

创新是知识、科技、管理等的不断更新，是特色小镇成长的动力。特色小镇作为引领中小城镇发展的重要载体，是落实新型城镇化的重要支撑，除了新技术、新工艺对产业转型的推动外，还需要通过发展理念、管理等方面的创新推动产城融合、城乡融合发展。

（1）发展理念的创新

特色小镇建设首先需要在发展理念上进行创新。传统的重点镇建设基于工业化发展思路，强调小城镇做大做强。但在城镇化加速阶段，城乡人口流动表现出向大城市和特大城市转移的趋势，小城镇由于在产业带动和设施服务上的不完善，人口吸纳能力很弱。除了一些发达地区和大城市周边工业型、物流型等小城镇发展较快外，其他地区小城镇发展缓慢。2016 年，我国城镇化率达到 57.35%，未来一段时间，人口由乡村向城市、由小城市向大城市集聚的态势将会放缓。特色小镇的提出，无论住房城乡建设部还是浙江省提出的特色小镇，均强调挖掘地区的特色产业，推动专业化、精细化、差异化发展，同时重视完善小城镇基础设施和公共服务，保留地区传统文化，追求就业和居住功能的融合，从而形成与中心城市不同的发展路径。

（2）管理运营创新

特色小镇发展离不开当地居民、政府、企业及社会组织的共同参与，特别是在特色小镇建设初期，需要对接区域内外的创新资源，包括资本、技术和人才。这需要由政府主导的行政推动向以市场主导的多利益相关者的参与，组织体系上主要表现为行政管理与发展功能的分离，特别在特色小镇产业发展、项目运营上具有自我组织的能力。

管理方面。一是改善特色小镇行政管理。创新县乡村管理体制，县级职能部门权限主动下放到乡镇，或在乡镇建立综合服务站，直接服务乡镇规划、建设、运营与管理。二是提高特色小镇社会治理。充分发挥社区自治组织、村民经济合作组织、非营利组织、企业作用，共同参与社会治理。

运营方面。整合人力资源机构、投资机构、商业服务机构等各种资源搭建信息、融资、招商平台。强化"政府主导、市场运作、企业为主"的运营开发模式，政府除了在基础设施和公共服务的投资外，要积极通过市场化手段来吸纳企业和资本进行开发建设，建设经营性基础设施，策划特色产业项目。

（3）平台价值的提升

特色小镇建设要着重推动小城镇或产业园区等空间平台的功能转型。以浙江为代表的特色小镇，聚焦互联网、大数据、云计算等新业态，或是引进新技术改造传统产业，来提升改造传统园区空间，引领城市经济增长。如浙江提出聚焦信息、环保、健康、旅游、时尚、金融、高端装备七大产业，在特色小镇这个空间平台进行人才、技术和资本的集聚。有名的基金小镇、云栖小镇均是在原有产业园区基础上进行的产业结构的升级和产业功能的"腾笼换鸟"，利用旧厂房、旧仓库、旧住宅进行改造，以实现经济的持续增长和新旧动能的转换。

以建制镇为载体的特色小镇，则需要提升镇建成区、古村落、风景区等空间的综合功能和服务能力。具体可以通过引进科研院所人才、外来资本和企业对原有特色空间进行提升改造；利用原有产业园区空间搭建创新平台，增加生活和娱乐等功能设施；借助景区等风景优美、环境好的特点，改造已有的建筑物、设施，建设成为新的空间。另外，为适应现代社会对旅游消费的需求，这些特色小镇要着力提升青山绿水、传统建筑、古代村落、特色文化等资源价值，提升村镇空间价值。

（二）国内特色小镇的分类情况

目前，对于特色小镇的类型划分没有明确的标准，很多划分依据产业类型，如文化旅游型小镇、特色产品型小镇，但由于随着创新要素和传统文化要素、自然风光价值的提升，一些特色小镇则表现出产业的融合化、绿色化、集群化等特征，难以通过单一产业来体现，尤其是随着新的产业的出现，多个产业融合发展成为趋势，如农业与旅游融合、制造业与创意产业融合、传统产业空间的改造升级等。也有基于功能进行划分，分为旅游、产业、科教、创新、居住空间等不同类型。

无论特色小镇以哪种主题进行命名，成熟的特色小镇兼具产业、居住、形态等多种功能，而成为功能复合型小镇。目前，社会划分中往往以侧重于产业或是旅游的驱动动力，将特色小镇分为产业主导型特色小镇和旅游主导型特色小镇，以及其他类特色小镇。根据住房城乡建设部和各省市公布的特色小镇名单，特色小镇类型情况主要如表2-2所示。

住房城乡建设部公布的首批特色小镇名单，主要集中在休闲旅游、商贸物流、现代制造、教育科技、传统文化、美丽宜居等类型。在各地特色小镇分类中，浙江省分类具有代表性。浙江省特色小镇着力聚焦信息经济、环保、健康、旅游、时尚、金融、高端装备制造未来重点发展的七大产业，同时兼顾茶叶、丝绸、黄酒、中药等历史经典产业。

住房城乡建设部及部分省市的特色小镇分类情况　　　　　　　　　　表2-2

部/省市	空间范围	特色产业或小镇类型
住房城乡建设部	建制镇	休闲旅游、商贸物流、现代制造、教育科技、传统文化、美丽宜居等特色小镇
北京市	建制镇、非镇非区	生产性服务业、医疗、教育产业、健康养老、休闲度假等特色产业
浙江省	非镇非区	信息经济、环保、健康、旅游、时尚、金融、高端装备制造等支撑浙江省未来发展的七大产业，同时兼顾茶叶、丝绸、黄酒、中药等历史经典产业
天津市	非镇非区	聚焦互联网智能制造、信息经济、生态农业、节能环保、民俗文化、电子商务、高端旅游、食品安全、健康养老等民生领域的优势产业、新兴产业
福建省	非镇非区	聚焦新一代信息技术、高端装备制造、新材料、生物与新医药、节能环保、海洋高新、旅游、互联网经济等新兴产业，兼顾工艺美术（木雕、石雕、陶瓷等）、纺织鞋服、茶叶、食品等传统特色产业
河北省	非镇非区	聚焦特色产业集群和文化旅游、健康养老等现代服务业，兼顾皮衣皮具、红木家具、石雕、剪纸、乐器等历史经典产业
江西省	建制镇、非镇非区	现代制造、商贸物流、休闲旅游、传统文化、美丽宜居等
贵州省	建制镇	交通枢纽型、旅游景观型、绿色产业性、工矿园区型、商贸集散型、移民安置型特色小镇

（三）我们对特色小镇的分类

特色小镇是产业、居住、环境、文化等功能的复合空间，其类型和发展方向受到多种要素数量和结构组合的综合影响。这里我们根据特色小镇发展的要素需求，分为外生型特色小镇和内生型特色小镇两种。外生型特色小镇主要依靠外来投资打造。内生型特色小镇主要依靠本地资源、文化、环境等要素发展起来。这种是否以本地化要素为主的内生型和外生型划分，有助于把握特色小镇的培育方向和发展规律。

1. 外生型特色小镇

（1）外生型特色小镇特征

外生型特色小镇具有区位、市场、创新、政策等方面的发展优势。特色产业强调与外部产业的分工合作，满足外部市场的需求。特色产业一般以产业链的某个环节或具有竞争优势的某个产品为依托，充分利用特色小镇的区位、政策及创新优势，细分行业或产品，形成该产业与城镇生产、生活相融合的特色产业功能集聚区。而在小镇内部，企业与企业之间、企业与城市之间建立起密切联系，充分利用了小镇内外的各种要素，进而形成了小镇发展的垄断优势，通过产业集群的形式与其他地区进行合作与竞争。

浙江云栖小镇是外生型的特色小镇。随着杭州市产业结构升级和城市建设的需求，云栖小镇所在的转塘工业园的产业不适合发展所需。为淘汰科技含量低、附加值低的产业，整合工业用地、传统工业厂房"腾笼换鸟"，2013 年，杭州市西湖区整合杭州云计算产业园、阿里云创业创新基地两大平台，成立了云栖小镇。云栖小镇以云生态为主导，并基于云计算产业的特点，依靠阿里巴巴、富士康、Intel 等知名企业带动，云栖小镇在大数据、游戏、电商、金融、App 开发和智能硬件等领域形成了产业优势。目前每年一届的云栖大会成为云栖小镇的标志性事件。

美国以巧克力闻名的好时小镇也是外生型特色小镇。好时小镇位于宾夕法尼亚州首府哈里斯堡市（Harrisburg）的东部市郊。好时小镇源起于好时企业创始人密尔顿·史内夫里·赫尔希先生（Milton Snavely Hershey）创建的巧克力工厂。1903 年在这里初创巧克力制造业时，好时镇还是一片少有人烟的牧场。目前，好时镇拥有 3 家现代化的巧克力工厂，是世界上最大的巧克力产地，拥有花园式酒店、购物中心、游乐园、3D 影院、体育场，是巧克力香味的糖果王国，每年吸引大量游客前来休闲体验。

（2）外生型特色小镇的形成

这类小镇的形成以外部市场需求为导向，外部投资为驱动，以大型企业与知名机构为引领，成为在某一领域具有竞争优势的专业化生产和服务地区。在形成过程中，外生型特色小镇在城市建设、管理等方面享受更多的政策优惠，降低了企业的发展成本。外向型特色小镇要依据当地要素禀赋和外部条件确定发展方向，避免脱离地区发展实际和过度追求新兴产业，进而不能体现小城镇发展的优势和竞争力。

对内外部因素需求的差异，外生型特色小镇有不同的发展形式。一是基于某些当地的要素（如某项工艺、某些资源、文化）而不断传承发展形成。如以某些农产品加工、手工品生产、机械加工等为主的小镇最为明显，形成一些产品品牌的特色小镇。二是利用外部机会而发展起来。位于城市圈内的小镇利用城市的产业转移、消费需求外溢的时机，一些小城镇形成具有鲜明特色的产业集聚区。有的小镇形成了专业化的工业生产、商贸物流、创客空间等产业集聚区，一些小镇则集商贸物流、文化展示、休闲旅游于一体，吸纳城市人口前来消费。三是本地产业的转型升级。我国很多小镇一般都具有一定的产业、就业和服务功能，但基本存在规模小、技术含量低、创新能力弱等问题，陷入低端制造、低端服务的困境，这类小镇以生产制造业为主，而通过引进一些新的技术、创新经营方式，促使传统产业升级改造，从而形成新的发展优势。

2. 内生型特色小镇

（1）内生型特色小镇特征

内生型特色小镇在本地自然风貌、历史文化、民族聚居等方面具有明显优势，这些本地化的特色资源、历史文化、建筑等是内生型特色小镇形成的基础。基于不同的本地资源，这类特色小镇主要分为自然景观主导型、历史文化主导型、民族聚居主导型等。我国绍兴黄酒小镇、龙泉青瓷小镇、湖州丝绸小镇、湘西边城小镇、平遥古城是典型的历史文化主导型特色小镇。其中，湘西边城小镇依托沈从文《边城》的原型地——边城茶洞，依托明清古建筑群、苗族文化、清水江等资源，通过完善小镇旅游服务配套基础设施，成为集风情体验、古镇休闲、亲水感受、文化体验为核心的特色小镇。

内生型特色小镇往往以本地化资源旅游开发为导向，并围绕旅游产业进行相应的城镇建设、管理和服务，吸纳游客前来消费。小镇强调游客对整个区域的旅游感知，包括对良好的城镇环境、便利的交通、特色产品等的体验。随着经济增长和消费需求的多样性，传统以观光旅游为主的消费形式也逐渐转向体验型消费，如短期居住、慢生活、农耕体验、文化学习等。

（2）内生型特色小镇的形成

内生型特色小镇的形成首先依托于当地历史文化、风俗习惯、生活状态等。地方的独特基因离不开当地居民与小城镇的承载，建筑形态、民俗文化等是当地居民在长期生活中保留下来的，具有人文景观的小城镇也是经过长期发展而慢慢形成。在经济增长和社会需求的推动下，这些小镇经过市场挖掘和适度开发建设，围绕"游、住、购、食、娱"等环节，成为旅游消费主导的内生型特色小镇。

不同类型的内生型特色小镇开发过程和价值实现存在较大差异。一般而言，以自然资源为基础的小镇，往往受到地形地貌的影响，既远离城市地区、交通不方便，发展基础差，也面临旅游设施不完善，城乡建设、管理服务滞后的问题，尽管小镇资源丰富、景观独特，开发潜力大，但多数小镇发展仍然停留在初级的观光旅游阶段。而人文景观为特色的小镇，往往区位条件好于自然资源主导的小镇，既有文化底蕴、历史特色、建筑形态，也有较大规模的消费人口。这类小城镇通过古建筑修复、文化习俗展示、文物展览及当地居民生活的体验等方式，便可以较快满足旅游发展的需求。

四、特色小镇的成长规律解析

（一）特色小镇的成长阶段

与生产力水平提高相适应，一个地区的产业结构和社会水平表现为不同的发展特征。罗斯托 1960 年把所有国家的经济发展过程划分为五个阶段：传统社会阶段、起飞准备阶段、起飞阶段、走向成熟阶段、高额群众消费阶段，后在其著作《政治和经济增长》中提出了发展的第六个阶段，即追求生活质量阶段。可以看出，不同发展阶段的产业类型和消费结构均发生了很大变化。

结合城镇化过程的三个阶段思考，特色小镇受经济增长和人口流动的影响，也必然经历不同阶段，表现为产业规模由小到大，人口规模由少到多，空间规模呈现扩张，以及小镇综合功能的不断完善。我们将特色小镇的成长阶段分为四个阶段（见图 2-2）。

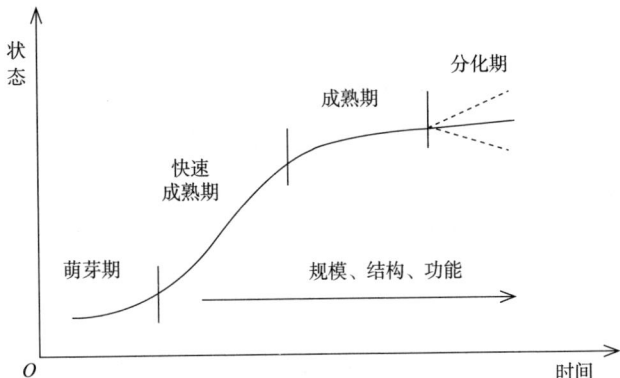

图 2-2　特色小镇成长阶段示意图

第一阶段是萌芽期。特色小镇处于初级阶段，产业层次低、发展速度缓慢，特色引领不明显。外生型特色小镇以传统产品生产为主，产业规模小，缺乏标准化、品牌化引导，也缺乏技术加工环节。为了利用当地劳动资源、劳动技能、生产原料或者靠近消费市场的优势，众多生产同类产品的小企业在特定地区范围内集中分布,但企业间联系不紧密,缺乏产业合作。内生型特色小镇一般以景点开发为主,仅仅依靠门票和租金收入,消费层次较低。该时期小城镇缺乏基础设施和公共服务,特色小镇的城镇功能不完善。

第二阶段是快速成长期。特色小镇通过特色产业引领,区域影响力不断扩大,大量吸纳周边劳动力、资金等资源,逐渐具备产业与居住等功能。外生型特色小镇通过深加工、规模化和标准化等多种方式进行产业链的延伸。内生型特色小镇在已有基础上进行整体开发,对历史建筑整体保护和修缮,并完善基础设施及配套服务,核心地区建成集旅游、娱乐和文化活动的场所。地方政府一般为产业发展和特色小镇建设提供相应的政策支持,特别是通过搭建产业创新平台,提供创新基金和人才引进支持政策,促使企业进行技术创新,为品牌设计、销售能力、研发等创造条件。这一时期,特色小镇建设以产业为核心,建设了较多的商业配套,但运营程度较弱。尽管特色小镇基础设施和服务功能不断完善,但仍难以满足小镇建设的需求。

第三阶段是成熟期。特色小镇逐渐成为特色产业引领、产城融合、人地协同的综合功能区。外生型特色小镇重视整合资源、提升技术含量、进行品牌创意和营销、强化研发和服务,产品品牌效应形成,生产、商贸、创意和旅游等多种产业有机结合。内生型特色小镇重视本地资源开发与当地的环境、文化融合,建设者、消费者和本地居民的历史文化认识的融合,成为文化传承、社区功能、环境保护等功能的载体。这一时期特色小镇具备了产业、居住、环境、服务等的综合功能。

第四阶段是分化期。随着社会需求、产品竞争、制度环境等外部因素的变化,特色小镇面临产业和功能方面的发展机遇或挑战,需要及时进行调整,以寻求进一步发展。该阶段通常存在保持、转型、衰退三种情形。

(二) 特色小镇的分化态势

小城镇在经过萌芽期、快速成长期、成熟期三个阶段后,成为有特色产业引领和居住、文化等多功能的特色小镇。而在外部市场、技术、政策变化下,不同特色小镇的当地决策者和居民的响应差异将使小镇面临不同的发展情形。需要说明的是,保持、转型、衰退是三种相对的情形,没有明确的界限,同一个特色小镇可能成熟后的不同阶段均会遇到。我们对三种态势进行分析,以便于更为深入的理解特色小镇的发展规律。

1.特色小镇发展保持情形

特色小镇进入成熟阶段后,拥有优势的特色产业和完善的基础设施、公共服务，成为宜居宜业宜游地区。多数的特色小镇在现有成熟的运营模式下，可以较长时间保持产业发展优势，成功吸引外部资金和人员集聚，传承当地文化和特色。在保持情形上，特色小镇也表现出规模扩大和结构优化。一些特色小镇在保持原有产业发展优势的同时，也积极寻求新的发展机会。

乌镇位于上海、苏州、杭州之间，区位优势明显，是著名的江南水乡古镇，有"鱼米之乡，丝绸之府"美称。具有六千余年悠久历史，历史上有谢灵运、范成大等文化名人，现当代有文化大师沈雁冰、木心等名人。作为典型江南水乡，乌镇完整地保存着原有晚清和民国时期水乡古镇的风貌和格局。1991年被评为浙江省历史文化名城，1999年开始古镇保护和旅游开发工程。乌镇在2006年引入中青旅集团，对古镇进行旅游开发，采取了风貌的整体性保护，并完善基础设施配套。在丰富的历史文化、建筑古迹、特色的加工产品引领下，加上区位条件优越，乌镇长期作为宜业宜游的特色小镇，每年吸引大量国内外游客前来休闲体验。近年来，乌镇在发展旅游产业的同时，成功举办了国际戏剧节和世界互联网大会，吸引了互联网医院、浙江大数据交易中心、5G车联网、壹壹租车、椿熙堂智慧养老、埃洛客无人机等数十家互联网企业。乌镇在传统与现代的交融下，形成了多元化产业发展态势。

2. 特色小镇发展转型情形

特色小镇发展转型是小镇对外部环境变化的积极响应，并在经济增长、社会发展和生态保护等方面实现转变。当新的需求产生时，一些特色小镇成功把握发展机遇，重新定位小镇发展方向，充分利用本地资源和生产优势，调整特色产业结构。国外许多著名小镇在成长过程中，经历了一次甚至多次的发展转型。

法国格拉斯（Grasse）小镇位于法国东南部，位于地中海和南阿尔卑斯山之间，距离海边20公里路程，是一座环境优美清幽、气候温和湿润、街道交错狭窄的中世纪小城。山区较为温暖的气候适合花卉种植，再加上当地人文和产业偏好，小镇逐渐大规模种植花卉并发展香水工业，从而成为现代香水发源地。格拉斯小镇目前形成了以绿色农业为基础（鲜花）、新型工业为主导（香水）、现代服务业为支撑（旅游）的经济发展模式。

格拉斯小镇经历了两次大的转型。拉斯小镇最初成名于皮革业，但因环境污染而发展了花卉产业，第一次转型从16世纪初开始一直持续到17世纪中叶，格拉斯人抛弃了污染严重的手工皮手套生产，转而生产更环保、附加值也更高的香精和香水。小镇第二次转型是近半个世纪左右，成功融入了全球产业链，借助了花卉加工成了世界的香水之都，如今旅游业又成了小镇的主导产业。小镇里一般使用蒸馏法来提炼精油，为了保证精油的质量，尽管成本很高但是作为原料的鲜花一直是手工采摘，特别是当地一种素馨花只能在凌晨 4 点到上午 10 点间采摘，这种近乎苛刻的传统被一代代沿袭了下来。

3. 特色小镇发展衰退情形

特色小镇的衰退情形是指外部环境发生变化时，由于当地决策者和参与者没能及时响应，或是没能对产业选择、发展方向做出正确的选择，致使小镇难以维持原有的发展优势，使得小镇出现经营困难、人口规模较少、税收来源降低等现象。特色小镇的衰退可能是阶段性的，也可能是长期的。如果小镇在衰退发生时，积极寻求解决办法和各种力量的帮助，便可能促使小镇由衰退转向新的发展。

美国华盛顿州莱文沃思镇（Leavenworth）就面临衰退情形，通过努力而转型成功的特色旅游小镇。莱文沃思镇位于 Wenatchee 国家森林的山区中，在 20 世纪前半叶是一个锯木厂和伐木小城镇。北方大铁路公司离开小镇后，火车站也迁移走了，伐木和锯木工业慢慢衰落。到 20 世纪 60 年代早期，镇上人口从 5000 多人减少到 1100 人。几十年时间里，小镇都处在消亡的边缘，镇中心成为贫民窟。

1962 年，小镇维斯塔青年俱乐部的 11 名妇女在华盛顿大学成立社区发展委员会，来为小镇的未来发展寻求建议。超过 2/3 的当地居民参与其中，结果小镇看到了旅游业的前景。有两个人在小镇附近开了巴伐利亚风格的饭馆，之后小镇围绕巴伐利亚风格开始建设。如今莱文沃思镇是一个有着两千多人口、充满活力的小镇，小镇两边是古典欧洲建筑，墙上有着唯美的图画，路边餐馆售卖正宗的德餐，烤香肠的香味在空气中弥漫。

五、特色小镇发展的几个重要关系

（一）特色小镇与几个相近概念的关系

特色小镇被提出后，各省也出台了本省的培育规划。在实践中，特色小镇被作为投资热点、经济增长点来看待，有些地方政府往往偏重经济导向，而忽略了特色小镇对居住功能、文化功能、景观形态等多方面的要求。这里对特色小镇与新城区、产业园区、旅游景区的区别进行梳理。

1. 特色小镇与新区、新城

特色小镇不是新区、新城，但有可能发展成为新区、新城。新区或新城建设是城镇化过程中各地实现城市空间扩张的重要方式，表现为城市空间的外延，以承接城市新进入人口、产业为主要目的。国家首批试点建设特色小镇以建制镇为载体，着重突出特色产业引领，提升区域品牌价值和发展能力，引导乡村转移人口就近就地城镇化。浙江省认定的特色小镇重在以创新为引领，对原有产业空间的升级改造，完善设施和服务配套，推动形成创新创业空间。特色小镇体现了产城融合、特色引领、传承文化等内涵，不是城市空间和功能的外延，但随着特色小镇的发展壮大，一些外生型特色小镇可能成为城市的一部分或是自身成长为城市，从而有可能演变为新区、新城。

2. 特色小镇与产业园区

特色小镇不是产业园区，但产业园区有可能发展成为特色小镇。产业园区是为促进某个或几个产业发展为目标而设立的空间区域，享受一定的产业发展、土地使用、税收等方面优惠政策，是区域经济发展、产业结构调整的重要空间形式。产业园区开发一般占用较大的土地面积，可达二三十平方公里甚至更大，其目的通过企业集聚而共享基础设施。园区一般是实行企业管理或是建立园区管委会，作为政府的派出机构，管理职能较为单一，以服务于产业发展为主。

特色小镇以产业为支撑，通过发展特色优势产业，促进城镇经济的转型。除了产业外，特色小镇强调宜居功能，需要与当地产业、人群需求相配套的基础设施和公共服务，重视产城融合发展。无论住房城乡建设部公布的特色小镇还是浙江等省份公布的特色小镇，均不能按照产业园区开发模式建设。但是，原有的产业园区可以通过完善基础设施和公共服务，或者依托附近的小城镇，提高当地的生活和居住功能，逐步实现产城融合发展。因此，产业园区有可能成为特色小镇。

3. 特色小镇与旅游景区

特色小镇不是旅游景区，但在空间范围内可以有旅游景区。旅游景区是以旅游及相关活动为主要功能的区域场所，满足游客参观旅游、休闲度假等需求，主要围绕山、河、湖、寺庙、博物馆、公园等进行开发建设。一些特色小镇也具有优美的自然风光、风景名胜、文化古迹，甚至依托当地的旅游景区，但特色小镇不同于传统景区只是宜游的发展模式，特色小镇重视本地居民和组织的生活状态、方式以及在发展中的参与，强调外来游客在当地旅游消费中的生活和文化体验。

（二）特色小镇发展与政府作用的关系

政府在特色小镇发展中发挥重要的引导和支持作用。一是特色小镇基础设施和公共服务离不开政府的财政资金支持。二是通过规划引领，加大对特色小镇在土地利用、风貌保护、设施供给上的规范。三是搭建特色小镇发展平台，出台发展支持政策。由于我国地方乡镇经济基础薄弱，小城镇建设融资渠道单一，需要区县及以上政府制定特色小镇发展的土地利用、产业培育、资金筹措等方面的具体措施。四是优化管理服务，营造良好的营商环境。提高镇级政府在经济、社会等方面的管理职能，改进现存的"七站八所"机构，设立综合服务大厅，方便企业和居民办理事务。另外，通过设立镇级开发公司或是购买服务的形式引进经营管理机构，提升特色小镇在运营、项目开发方面的能力。

政府在特色小镇建设中不能大包大揽，特别是不能成为产业发展投资主体和运营主体。政府作用主要体现在基础设施和服务供给、软环境营造、行政管理等方面，不应替代市场在资源配置、要素流动上的基础性作用。

一方面，避免地方政府成为主要的投资主体和利益主体。无论制造业、农产品加工业、生产性服务业，还是以旅游为主题的休闲观光和文化创意产业，其实现主体都是企业。由于政府在产业发展和运营上的局限性，当地政府应鼓励企业力量、企业主体参与，吸纳国企、科研企业、社会资本等参与特色小镇建设和运营。但调研发现，当前我国多数特色小镇倾向于吸纳国有大型企业，而对民营企业存在偏见，民营企业也因抵押担保能力不足、经营风险高、信息不对称等因素，难以获得商业银行和开发性金融的支持。

另一方面，避免地方政府对特色产业的直接干预。产业政策是小城镇支持政策的重要内容，大多数地方政府都会对产业进行选址，并制定相应的支持政策，在财政、税收、土地等方面给予优惠。但如果政府忽视地方发展实际和要素禀赋而照搬其他地区的产业政策，追求高新技术产业或是时髦的新兴产业，很可能造成地区间产业同质化。若地方政府仍将原先产业园区发展模式应用小城镇中，这只是在形态上做了一个改变，不但不符合特色小镇发展模式，而且会面临产业园区模式遭遇的各种问题。

（三）特色小镇建设与本地发展的关系

特色小镇建设为当地经济增长、完善城镇功能、传承当地文化等提供了机遇，有助于吸纳当地就业人口与改善居住环境。由于特色小镇建设不可避免对原有的土地利用方式、就业方式、社会关系等形成冲击，特色小镇建设同时需要充分考虑当地发展的利益诉求。

1. 保障当地发展权益

保障当地居民发展权益是特色小镇建设的内在要求。我国存在明显的城乡二元土地制度，在集体用地转为国有建设用地的过程中，各种利益诉求凸显。在土地财政依赖型的传统城镇化背景下，出现圈占土地、占而不用、低效使用等问题，而征收补偿的不合理损害了农村集体和村民的利益。特色小镇的建设必然会占用一定的土地指标，将农用地转为非农业建设用地。在土地转换过程中需要保护农民的土地开发权益，可以考虑在特色小镇率先试点推动农村集体土地管理制度改革，鼓励集体经营性建设用地和农民的宅基地参与特色小镇开发，探索宅基地出租和入股、集体经营性建设用地入市等途径，降低征地成本。另外，也要通过职业培训等方式，引导当地居民参与到特色小镇的开发建设中，为其提供一定的就业岗位。

2. 注重当地文化传承

特色小镇建设要传承当地历史文化，重视文化对特色小镇的塑造。文化是特色小镇的灵魂，特色小镇应将历史文化等的保护作为建设特色小镇的重要任务，尊重原住民、原生态、原业态、原传统和习俗。以"历史的真实性、风貌的完整性、生活的延续性"为保护原则，出台相关的保护规划、条例或办法，保护特色小镇的文化遗产和文化空间。采取多种手段筹集保护资金，对相关的文化遗产进行抢救保护。在不损害文物本体、格局和历史风貌前提下，科学合理地对原有水、电、交通、通信、民居等基础设施进行升级改造。通过政策引导、制度约束，提高居民的对特色小镇文化遗产的保护意识。而对保留的古建筑，可结合整治环境、发展旅游、文化产业的规划，将其建立成非物质文化遗产传习所、展示馆和传承、研究基地等，从而使特色小镇建设"保护促进利用、利用强化保护"的良性循环。

3. 注重当地景观保护

特色小镇建设不能破坏当地的景观形态。这些景观既包括山水自然形成的大景观，也包括存在的街道格局和建筑形态。特色小镇景观要具有较强的识别性，同时也满足当地居民生活、文化传承等需求。如果特色小镇建设对原有城镇景观进行"大拆大建"式的改造，则会破坏小城镇赖以存在的山体、植被、水系和农田等周边环境系统，以及当地的街区形态和建筑景观。

依据住房城乡建设部《关于保持和彰显特色小镇特色若干问题的通知》，一是要顺应地形地貌。小镇规划要与地形地貌有机结合，融入山水林田湖等自然要素，彰显优美的山水格局和高低错落的天际线。严禁挖山填湖、破坏水系、破坏生态环境。二是要保持现状肌理。尊重小镇现有路网、空间格局和生产生活方式，在此基础上，下细致功夫解决老街区功能不完善、环境脏乱差等风貌特色缺乏问题。严禁盲目拉直道路，严禁对老街区进行大拆大建或简单粗暴地推倒重建，避免采取将现有居民整体迁出的开发模式。三是要延续传统风貌。统筹小镇建筑布局，协调景观风貌，体现地域特征、民族特色和时代风貌。新建区域应延续老街区的肌理和文脉特征，形成有机的整体。新建建筑的风格、色彩、材质等应传承传统风貌，雕塑、小品等构筑物应体现优秀传统文化。

（四）特色小镇建设与房地产开发的关系

特色小镇建设不是单纯的房地产开发。特色小镇提出以来成为社会各界关注和投资的热点，受一二线城市拿地成本高企而三四线城市去库存影响，特色小镇成为地产开发的新热点。特色小镇依赖特色产业的发展，并可以为特色产业提供低成本的发展环境。而房地产业先行、房地产主导则会托高小城镇的产业创新、商业配套及生活居住成本，在房屋租金高涨形势下，对其他各种特色产业形成一定的挤出效应。当前中央提出培育特色小镇的思路，其根本出发点是希望回归以实体经济为主导的发展模式，以给实体经济创造更多的空间。因此，追求以房地产为主导的特色小镇，并不符合政策思路和方向，也无助于城市和经济发展模式的转型。

特色小镇建设需要创新房地产开发模式。特色小镇建设需要建设相关的产业配套、公共服务等设施，对众创空间、旅游地产、古建筑修复等形成了巨大的市场需求。开发商需要转变"传统拿地—建房—销售"的开发模式，以特色产业、旅游产业、建设修复、文化传承需求为导向，积极探索新型地产模式。企业发展与特色小镇的发展紧密融合，参与到特色小镇运营中。通过 PPP 模式积极参与特色小镇的建设投资，对特色小镇的基础设施建设、特色产业培育进行投资，以促进人口的集聚，然后再根据需求进行房地产开发。

（五）特色小镇与旅游开发的关系

特色小镇具有宜业宜居宜游的复合功能，梳理各省市出台的特色小镇培育方案，将特色小镇按照 3A 景区或更高标准打造。住房城乡建设部公布的首批特色小镇中，以旅游主导和与旅游相关的特色小镇数量也约占一半。尽管第二批特色小镇中，为了鼓励更多类型的产业型小镇申报，住房城乡建设部要求各地申报旅游型特色小镇数量不得超过 1/3，但是以旅游开发为导向的特色小镇仍将占有重要位置。

　　显然对于内生型和外生型两种特色小镇，旅游开发在其发展中的地位和作用存在明显不同。对于内生型特色小镇，要充分利用山水自然景观、民俗文化、古镇古村等基础，通过旅游的展示功能，吸引外部人口前来观光、休闲与体验。创新开发方式，增强当地生活、文化的体验和感知水平，以旅游开发为导向推动特色小镇建设。在服务平台和居住功能方面，这些资源型小镇应多建旅游服务设施以及酒店、民宿，服务于外来消费人群的短期居住需求。

　　对于外生型特色小镇，要通过创新打造来提升特色小镇的展示功能。有的外生型特色小镇积极拓展与当地资源有关的农产品、加工产品等，如茶叶、丝绸、石刻、文房、青瓷等，更可以通过信息经济、环保、健康、时尚等新兴产业的引领，使其更具有独特的地方特色，通过旅游综合开发吸引外部游客前往消费。许多不以旅游为主导产业的生产型特色小镇，可以结合旅游需求进行主题公园开发，拓展其知名度和影响力。如浙江诸暨大唐镇积极推动袜业生产的转型，推动生产、文化、旅游一体化发展，着力打造全球唯一以袜子为图腾的风情小镇。

第三部分
国外著名小镇的成功案例与经验

本部分尽可能多地选择国外不同类型的代表性著名小镇进行研究，分国别对小镇的基本情况、发展历程、特色魅力、成功因素及政府和市场的作用等多方面进行剖析，进而在总结其成功经验基础上，提出对发展我国特色小镇的启示。

一、概述

由于全球各地的历史文化背景和人口经济发展状况不同，不同国家的行政体制和城镇体系对小镇的定义及定位都有差别。

（一）行政体制影响城镇设置标准

国外市镇设置不仅仅是行政区划的简单调整，更是地方自治权限的一种强化，体现了市镇设置是否符合民意逻辑。市镇与民众的日常生活更为息息相关，与多样性的地理和社会生态环境的联系更为密切。地方政府要求自治权限的扩大一直是各国中央政府面临的重大问题，它涵盖了公民对政治参与权的尊重和实现。

受国家政体不同的影响，市镇设置的逻辑不同。单一制国家和联邦制国家的市镇设置都涉及地方自治权限大小的问题。市镇设置是所有国家的地方政府为获得政治权限与中央进行的博弈，只是不同国家、不同地区的抗争的动机有差异，这涉及民众利益、地方政府利益以及中央政府权益的再分割，分割公平与否，其主要依据是市镇设置的出发点是政府主导还是民众诉求。

以美国为例，美国联邦制度是复杂多样的治理体系，是由联邦政府、州政府、地方政府、政党、利益集团等组成的网络动态体系，其多样性和差异性不仅表现在自然、社会和历史传统上，更表现在政治制度上。即使在一个州内部，甚至在一个城市地区地方政府制度的差异性和多样性也很明显。市（镇）政府是美国最普遍、作用最大的地方政府。早期的市（镇）是新移民出于自身安全等原因而"自行组织起来的联合体"，其成立时间早于县政府；后期的市镇设置是基于统一的法律与秩序、经济与贸易等因素。市（镇）政府由于大小不同，职能也有很大差异，一般较大的市职能比较齐全；一些规模较小的市（镇），不设警察局、消防队等机构，而是将这些职能委托临近的其他较大的市来代管，或者几个规模较小的市联合起来，成立一个管理机构。美国市、镇的设立非常自由，成立一个新的市、镇只要具备三个条件，一是社区 2/3 的居民同意，二是财政能够自理，三是该社区人口不少于 500 人。满足这三个条件，就可以向州政府提出成立市或镇的要求，经批准后即可成立。

再以英国为例，英国是一元化的地方自治国家，包括教区、郡、市镇三个地方政府单位。一段时期以来，权力下放，地区自治成为发达国家捍卫民主之路。这种权力下放赋予地方政府自己决策的权力，依照自己的政策优先排序来治理，从而带动了市镇的发展。除了考虑国家层面的区划，更主要的是考虑其特色性和长期的发展动力及基础条件。2004年至今，英国采用基于栅格单元的城乡划分方法，是建立在单元公顷栅格网上，将每一个栅格单元作为最小地域单元进行类型划分；在此基础上，对不同尺度的普查区和行政区进行汇总与叠加。首先将地域划分为若干面积为1公顷的栅格网，将每一个栅格内的居住地址数量记为该单元的居住密度。同样的栅格数量，在更大的空间范围内可能纳入更多的开敞空间，居住密度则相对降低。基于栅格的密度剖面来判定其所属的聚落类型。以栅格为圆心，分别计算其周围200～1600m（D200、D400、D600、D800、D1600）半径范围内的居住密度，再根据实证研究获得的阈值标准判断该栅格所属的聚落类型，如表3-1所示。

英国200-1600米半径范围内的栅格平均家庭密度（单位：户/公顷）				表3-1
聚落类型	平均居住家庭密度			
	D200	D400	D800	D1600
城市地区	16.07	15.17	13.78	11.89
小城镇	8.23	8.99	8.29	5.59
边缘区	6.46	7.21	5.90	4.68
村庄	3.81	2.28	0.83	0.58
半城市化区	0.30	0.59	1.57	2.80
村庄外围	0.94	1.15	1.31	0.59
半城市化区中的村庄外围	2.96	3.27	1.81	2.13
小村庄	0.65	0.21	0.13	0.20
分散居民点	0.39	0.17	0.15	0.23

本书研究特色小镇强调城镇的特色发展，而不着重于城镇的行政设置与划分方法或者小镇规模的大小，但不同国家体制对小镇发展的重大影响不可忽视，所以对国外小镇发展的成功经验也不能完全照搬。

（二）选取的代表性特色小镇名单

根据资料可得性和小镇的代表性，本书选取的小镇如表3-2所示。类型包括基金小镇、高科技小镇、航空小镇、巧克力小镇、二手书镇、总部经济小镇、生态小镇、环保小镇、风貌小镇、彩色小镇、动漫小镇、大学城小镇等特色鲜明的小镇。

代表性著名小镇名单　　　　　　　　　表 3-2

国家	小镇名称	特色	小镇名称	特色
美国	格林威治 硅谷 好时小镇 布兰森	基金 高科技 巧克力 现场音乐	斯普鲁斯溪 罗斯维尔 汤姆斯通 莱文沃斯	航空 飞碟 枪战纪念 德国风格
法国	格拉斯 干邑 普罗旺斯	香水 白兰地 薰衣草	依云 埃吉谢姆	矿泉水 风景
德国	布莱萨赫 弗莱堡 斯特勒贝克	葡萄酒 太阳能 象棋	沃尔夫斯堡 英戈尔斯塔特	大众汽车城 奥迪之城
英国	温莎 圣安德鲁斯	皇室 宗教圣地	海伊 剑桥镇	二手书 大学城
瑞士	达沃斯 朗根塔尔	综合旅游 纺织总部	利斯 拉绍德封	高端制造 钟表总部
日本	箱根 轻井泽町	温泉 度假	上胜町 小山町	零垃圾 动漫
其他	芬兰波尔沃 丹麦卡伦堡 冰岛维克 荷兰羊角村 奥地利瓦腾斯	木屋 生态 黑沙滩 绿色 水晶	意大利阿尔贝罗贝洛 意大利波托菲诺 西班牙隆达 澳大利亚谢菲尔德 新西兰皇后镇	色彩 海港 斗牛 壁画 户外运动

二、美国的典型案例

美国正在经历的第三次人口迁移浪潮，为小镇发展带来机遇。第一次迁移浪潮是人口从小城镇和农村到城市地区，第二次迁移浪潮是从城市到郊区，目前正在经历的第三次浪潮是从郊区到部分有吸引力的小城镇，每年大约有 100 万人迁出大城市，给小城镇建设带来了契机。

长年致力于小城镇发展的美国埃嘉索公司首席执行官杰克·舒尔茨利用 2000 年人口普查数据和实证研究，从美国非大都市统计区的 15800 个小镇中筛选出了前 397 个成功小城镇，并将之命名为乡村都市（前 100 名的小镇被命名为金鹰城），非大都市统计区中这 2.5% 的小镇在人口、就业和收入增长方面，都好于全国所有县的平均水平、大都市统计区所在县平均水平、非大都市统计区所在县的平均水平，尤其是就业增长率高于人口增长率，显示了这些小镇健康发展的态势（表 3-3）。其中部分小镇立足于自身优势，特色鲜明，它们发展具有惊人的力量，著名小镇充分利用自由的力量、积极肯干的劳动力、较低的成本、不断改善的交通和通信条件、生活质量这五大有利条件得以繁荣。再结合其他研究资料，考虑资料可得性、类型多样性和著名程度等原则，选择格林威治、好时小镇、布兰森等美国小镇进行剖析。

县的比较　　　　　　　　　　　　　　　　　　　表 3-3

地区	2000 年人口	年均人口增长率	年均就业增长率	年均人均收入增长率
前 100 名乡村都市所在县	515 万人	27.90%	32.10%	51.10%
所有 397 个乡村都市所在县	1630 万人	19.70%	24.00%	51.00%
非大都市统计区所在县（不包括乡村都市）	3711 万人	7.50%	8.30%	47.10%
非大都市统计区所在县（2320 个）	5340 万人	11.30%	13.10%	48.3%
大都市统计区所在县（822 个）	22024 万人	17.90%	14.70%	50.00%
美国所有的县（3142 个）	27364 万人	13.10%	13.80%	50.00%

（一）格林威治——世界对冲基金之都

格林威治（Greenwich）小镇集中了超过 500 家的对冲基金公司，其基金规模占全美 1/3，是全球最著名的对冲基金小镇。

1. 基本情况

格林威治小镇是美国康涅狄格州（CT）最富有的小镇，也是美国最富有的小镇之一，离纽约州很近，坐火车 35 ~ 40 分钟，大概相当于深圳到广州的距离。

格林威治是金融产业集聚区。在美国，格林威治跟硅谷一样有名，只不过硅谷讲的是二进制（IT），这里讲的是衍生品（金融）。在硅谷，有神一样存在的独角兽公司，在格林威治，有传说中才听过的千亿美元级对冲基金大鳄。这就是格林威治，世界对冲基金之都。格林威治只有 174km^2，却集中了 500 多家对冲基金公司，其掌握的财富规模更是惊人，仅 Bridge Water 这一家公司就控制着 1500 亿美元的资金规模。格林威治小镇是对冲基金的传奇圣地，全球 350 多只管理着 10 亿美元以上资产的对冲基金中，近半数公司都把总部设在这里。

2. 发展历程

起初，这里只是纽约金融从业者逃避城市生活之地，1965 年，巴顿·比格斯，一位在投资界与索罗斯、朱利安齐名的传奇投资人，在格林威治设立了第一个对冲基金，这个有着 300 多年历史的小镇的命运悄然改变。20 世纪 90 年代，对冲基金开始在格林威治周边涌现，最多时近 4000 家。

3. 特色魅力

格林威治特别优惠的税收吸引了很多对冲基金在那里落户。格林威治开始发力吸引对冲基金的时候，当地税收比纽约要低很多，大概 1000 万美元的年收入，在格林威治要比在纽约省 50 万美元。再如房地产税，小镇只有 12‰，近在咫尺的纽约州就要 30‰。这些节省的税金切切实实吸引了最早的一批对冲基金企业。由于税率低，格林威治政府很大程度上要靠对冲基金大佬捐款，包括公立学校、教堂和图书馆等，这是平衡预算的很重要方面。与之形成鲜明对比的是，20 世纪 80 年代日本的对冲基金非常厉害，但因为税负过高、政策监管严格等原因最终没有形成气候。

格林威治环境优美，风景如画，别墅区众多，非常安静，是世界最美的对冲基金之都。除了富丽堂皇的豪宅，还以水道、蜿蜒的乡村路、森林、草地和峡谷著称，如图 3-1 所示。大多数对冲基金的工作人员都能步行上班，满眼尽是绿色，每天早上很多年轻人充满朝气、衣着讲究地从纽约州赶到康涅狄格州上班，形成一条亮丽的风景线。同时这个地方还很适合老年人，60 岁以上的基金经理都能安安静静地过日子。

图 3-1　格林威治概貌

（图片来自网络）

此外，加州的门罗帕克（Menlo Park）小镇是美国风险投资基金聚集地，纳斯达克一半以上的高科技公司都是这个镇上的风险投资基金投资的。

（二）硅谷——高科技之都

硅谷（Silicon Valley）作为美国的高科技之都，获得了举世认可。因为高新产业的蓬勃发展和高科技先锋聚集而被人们所熟知，被称为创业者的摇篮，是崇尚创新的智慧经济的"孵化器"。

1. 基本情况

硅谷，不是地图上的一个地名，而是指加州北部旧金山湾以南的圣克拉拉山谷及其周边的部分区域，是加州最早以硅芯片的设计与制造而得名的 25km 长的山谷，高科技巨头云集于此，是一连串的科技总部型小镇聚集而成，如库比蒂诺、山景城、帕罗奥图、森尼韦尔等高科技产业小城镇，它们依托世界知名院校，用作企业发展必需的科研和人才力量。其中，山景城小镇是美国人均最富有的小镇之一，谷歌的 20 多栋办公楼就散落在这个美丽的小镇里，除此之外还有很多高科技公司（图 3-2）。

图 3-2　汇集了世界领先科技企业的硅谷

（图片来自网络）

2. 发展历程

硅谷的成功首先归结于惠普公司，他们发现以军事工业推动的微波技术小企业成长地非常快，这也归功于第二次世界大战和冷战时期美国财政对军工产业的扶持。由微波技术开始，硅谷有了自己的特色产业——半导体产业。20 世纪 70 年代，当地的产业主要是与由高纯度的硅制造的半导体及电脑相关的，所以它就有了"硅谷"之称。

硅谷自创第一个半导体产业后，风险投资业也相继兴起在硅谷，这是硅谷的独创，而后衍生出计算机产业、清洁能源以及各种高新技术产业。

20世纪90年代以来，硅谷更成为信息产业的发动机，在为美国带来巨大财富的同时，它也深刻地影响了全人类的社会文明进程与生活方式。

3. 特色魅力

不断创新是高科技之都的主要魅力，如硅谷近年建立了国防创新实验单元。2015年8月，美国国防部在硅谷正式启动国防创新实验单元，它的主要使命有三点：一是加强并构建与企业的关系；二是寻找颠覆性和新兴技术；三是作为国防部在硅谷的一个"前哨"。国防创新实验单元的建立与美国注重维持技术优势、长期关注新兴商用技术的快速发展态势，以及谋求更好地将民用技术整合进入军用系统和作战概念密不可分。从引导创新的方向来看，这是一家与国防高级研究计划局创新方向截然相反的机构，国防高级研究计划局注重内部创新，国防创新实验单元注重外部创新，成为美国国防创新中一次具有进步意义的改革与尝试，其核心工作领域是在国防部和硅谷之间开展军民两用技术开发与合作，最终目的是想让整个硅谷的企业成为国防部创新生态系统的一部分。

前瞻性的教育，开放的人才流动，宽松的移民制度，活跃多元的思想文化，加上完善的法律、财务、人力资源、市场等辅助服务系统，这些共同构成了硅谷飞速发展的基石。风险投资毫无疑问为创业、创新提供了最为重要的动力。

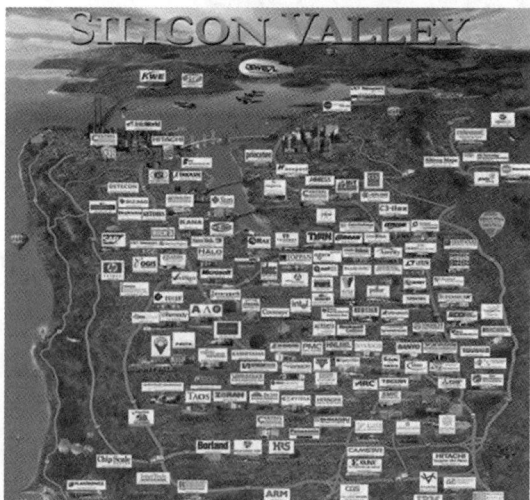

首先，硅谷周边的研究型大学和本地企业强强联手，对技术人员进行教育和培训，让他们成为硅谷持续发展的核心源动力。硅谷由斯坦福大学创建，它依托斯坦福大学并利用其扩散效应，把新理论、新技术、技术人才、商业模式等导入到产业领域中，并形成了自身独特的品牌效应（图3-3）。

图3-3 遍布硅谷的企业与学院

（图片来自网络）

其次，硅谷成功的根本是由于它市场化的运作机制以及自身的创新演变能力，而当地政府对创新型技术的支持及金融资助，也为硅谷的快速发展奠定了基础。

最后，硅谷良好的产业生产、基础设施的配套建设也是它稳定发展的保障。

（三）好时——巧克力小镇

好时小镇（Hershey，也被译为赫尔希镇）被称为世界上最甜蜜的地方，是北美地区最大的巧克力及巧克力类糖果制造商好时企业所在地。

1. 基本情况

好时小镇位于宾夕法尼亚州（PA）首府哈里斯堡市（Harrisburg）的东部市郊。距离华盛顿 203 公里，离哈里斯堡国际机场仅 10 分钟车程。周围群山环绕、林森水绿，郁郁葱葱，自然环境相当优美。

好时公司总部位于宾夕法尼亚州赫尔希镇，是全球领先的巧克力和美味零食公司之一，通过提供高品质巧克力、糖果、薄荷糖及其他美味的休闲食品向世界传递快乐。好时公司聘有约 21000 名员工，业务遍布全球，致力于为全球消费者提供美味且品质上乘的产品。公司拥有超过 80 个知名巧克力和糖果品牌，年收益超过 74 亿美元。在核心业务的基础上，好时正在扩大美味零食类产品组合。公司专注在主要国际市场扩充布局的同时继续巩固其在北美地区的竞争优势。

2. 发展历程

好时企业是一家具有 120 年历史的老字号公司。创始人密尔顿·史内夫里·赫尔希先生（Milton Snavely Hershey）出生于好时镇一个门诺教派家庭，15 岁在糖果店当学徒，19 岁在费城开始了自己的糖果生意，大部分是制作焦糖糖果。对好时而言，整个事业的成功契机是出现在 1893 年，当他到芝加哥参观哥伦布博览会时，购买了一台德国巧克力滚动机。那时巧克力是昂贵的欧洲奢侈品，美国人对牛奶巧克力闻所未闻。1903 年在这里初创巧克力制造业时，好时镇还是一片少有人烟的牧场。好时先生以他的智慧和长远眼光创建了世界一流的巧克力工厂，牧场专送的新鲜牛奶，精心筛选的可可豆，加上传统的经典工艺，使得好时巧克力纯正幼滑，滋味浓烈。整座好时小镇变成了一个巧克力香味满溢的巧克力王国。

在 20 世纪上半叶，好时镇就是好时公司，镇上的居民几乎全是好时公司的员工。好时公司铺筑了道路，修建了医院，建造了体育馆、剧场、游乐场、巧克力温泉等几乎镇上的一切公共设施，并带头把好时镇建成美国小城镇绿化建设中的模范。以这样一个小镇的规模，其公共设施之现代、豪华，连美国许多中小型城市都自叹不如。好时乐园当初是好时先生为了让员工在小镇感受和大城市同样的乐趣而建造的。好时公司建造的剧场馆，每年举办许多大型演出活动。雪儿、U2、滚石乐队等美国大牌明星或著名乐队都来这里演出，可见其在美国演艺界的影响力。好时公司为镇上的所有人创造了一切生活、娱乐之需，人们也非常享受和好时在一起的生活。

好时镇拥有 3 家现代化的巧克力工厂，是世界上最大的巧克力产地。每天生产的巧克力仅 KISSES 一个品种就多达 3300 万颗。好时企业品牌在世界品牌实验室编制的 2006 年度《世界品牌 500 强》排行榜中名列第 292，是一个很好的公司。2013 年年收入超过 71 亿美元。2014 年，荣膺《财富》杂志美国 500 强企业第 366 位，是自 1955 年来连续位列 500 强的 57 家企业之一。

目前好时公司比创立时期扩大了数倍，但公司始终秉承生产美味优质糖果产品的传统，以满足全球各地消费者的需求。在全球约 70 个国家销售 6 个全球品牌和 80 多个巧克力及糖果品牌。将全球化品牌扩张作为公司全球发展愿景的一部分，目标到 2017 年实现年收益额 100 亿美元，扩大在世界各地的消费产品组合，专注于主要国际市场，包括中国以及泛亚洲地区。

3. 特色魅力

好时夫妇创建"好时小镇"，亲力亲为，打造的巧克力王国，不仅有美味 KISSES 巧克力，还有梦想的小巷，多少人慕名而来，总部也开放供游人参观。小镇上的一切，花园式酒店、购物中心、游乐园、3D 影院、体育场，还有一所好时学校，这里的一切都源于巧克力。

好时乐园游乐设施之丰富和现代化，堪与一些大城市的游乐园相媲美。多达 9 座的各式过山车，足以让每个游客玩到头晕目眩，精疲力竭。即便在这个和食品不太沾边的地方，好时的影子也是随处可见。高耸的过山车上高挂着好时巧克力排条的形象，各家礼品店里，卖的商品照例还是琳琅满目的好时巧克力和衍生纪念品。

好时镇可以有多种旅游方式。路过的游客可以花上两三个小时在这里逛逛巧克力工厂，看看 3D 影院，坐上小火车在展示大厅里转一圈，再去亲手制作个属于自己的巧克力。除了巧克力工厂和游乐园，走在安静却处处拥有甜蜜滋味的街道上也是个不错的选择，这里很多街道两旁的路灯灯罩都是巧克力形状。

好时小镇每年的游客数以十万计，而游客中的儿童比例之高，这是在其他周边地方从未见过的。一踏上好时镇，每一个旅客都会发现此后的每一天都将被

巧克力包围。客房里的床单是著名的好时
KISSES 巧克力的图案。床头柜和书桌上，
各摆放着 4 枚精致的巧克力。

　　震撼人心的景点，奢华的住所，令人垂
涎的美食，全年各个季节都不缺精彩，所有
的这一切，都使这个充满了巧克力香味的糖
果王国毫无疑问地成为举家旅行的最佳去
处，是好时公司使得该城镇成为全球知名的
地方并被游客争相访问，该公司的道路布满
了形如好时巧克力香吻的街灯，空气中也弥
漫着巧克力的迷人香味（图 3-4）。

　　在好时，美好一直都不仅仅意味着提供
美味的产品。120 年来，好时致力于以公平、
合乎道德和可持续的方式运营。好时公司创

图 3-4　好时小镇外景

（图片来自网络）

始人密尔顿·好时先生于 1909 年建立了好时学校。目前好时镇上的好时学校在全
美最富学校排名中名列第 5。仅在耶鲁、哈佛、普林斯顿、斯坦福之后，拥有资
产超过 90 亿美元。这对一个区区 1500 人的中学来说，简直是不可思议。而这个
学校之所以如此富有，完全是好时创始人密尔顿·好时先生的一手安排的。好时
先生在他的遗嘱中明确把他的所有遗产设立好时基金，学校是这个基金的拥有者，
拥有好时公司 70% 的投票权。除了创办慈善教育，好时公司还出资承办了一年一
度的北美青少年运动会。好时镇自称"世界上最甜蜜的地方"，公司致力于为需要
帮助的孩子提供成功所需技能与支持。

　　如今好时镇的管理者不再是好时公司的老板，而是一个由居民选出的 5 人委
员会。这个委员会充分认识到好时公司对于这个镇的意义，在各个层面与好时公
司紧密合作，经常与公司联手举办一些大型活动。每年圣诞节，好时公司都会把
全镇的马路用漂亮的灯饰装扮得绚丽无比，在一些重要的节庆日，好时公司会承
办精彩的烟花表演。

　　该镇成功因素突出的表现在充分利用了交通区位优势及优越的自然资源，强有
力的领导人具有远见卓识和企业家精神，长期致力于发展品牌。好时企业选择落户
于此，一方面是由于好时小镇是创始人密尔顿·好时先生的出生地，更重要的是小镇
区位满足糖果行业发展要求。糖果行业的单位利润低，扩大销售是盈利的主要手段，
因此销售市场资源成为产业发展的重要因素。好时小镇所在的哈里斯堡市位于宾州中

部美国东西海岸的交通要冲，是由东海岸通往中西部各州的重要门户，也是一个纵贯南北、横贯西东的重要贸易口岸，自古即为交通要地，是货物批发、零售中心。同时郊区的牧场资源、生态环境则为巧克力的生产提供了新鲜的牛奶及干净的生产环境。

（四）布兰森——世界现场音乐之都

布兰森（Branson）是美国著名的独特风格的休闲旅游胜地，被称为现场音乐之都，是仅次于纽约百老汇和拉斯维加斯的美国第三大演艺中心。

1. 基本情况

布兰森是坐落于美国中部密苏里州西南部的音乐小镇。虽居内陆，却依山傍水，风景秀丽。布兰森地处欧扎克山腹地，被欧扎克湖环绕，周围还有三大湖，有了湖，这个地方就灵动起来。

布兰森人口仅 1 万多人，面积只有 19km^2，但其演艺市场却十分发达，拥有 64000 多座位的 50 多家剧院，常年上演着 100 多个剧目，每年吸引着来自世界各地的游客高达 800 多万，相对于镇子的规模，实在令人惊叹，以超过百老汇的上座率而自豪。人们生活悠闲自在，无论是娱乐还是美食都独具一格。

2. 发展历程

布兰森虽然小，但呈兴旺之势，人口在不断增加，2003 年布兰森只有 6050 人口，2010 年时接近 1 万，2012 年为 10520 人。

自 20 世纪 50 年代开始，有两个家庭开始举办家庭乡村音乐会，之后几乎每个布兰森家庭都建起各自的音乐中心，不久越来越多的歌唱家来到小镇，于是更多的剧院开放了。这些剧院大多建于同一条街或者相距不远。许多游人来到该镇的目的是一睹著名歌唱家登台演出的风采。音乐家们也非常乐意有机会给诸多观众演奏音乐，他们无须风尘仆仆从一个城市赶到另一个城市演出，有些音乐家决定在布兰森建起自己的剧院。美国著名歌唱家罗伊·克拉克于 1983 年开放了他建在布兰森的第一家音乐家剧院，并命名为"罗伊·克拉克剧院"。

20 世纪 80 年代初，美国音乐家们正在选择一个最好的地方来建设第一个国家现场直播的音乐中心，这些住在大城市的音乐家们，将选择纳什维尔、芝加哥、洛杉矶、纽约、新奥尔良或其他的大都市，根本不会考虑中心地区之外的小镇，例如布兰森。布兰森当时只有一个小剧院——吉姆·欧文的山地音乐剧院。欧文邀请电影明星和歌唱家来到剧院门口摆姿势照相，地方商会也积极地把布兰森的特性介绍给每一位客人。布兰森的人们不断地改善他们的小镇，建立第二个、第三个剧院，并且一直在建，1995 年布兰森镇已拥有约 30 座音乐厅，3 座露天剧场以及 3 个规模较大的家庭游乐公园，随后还计划再修建一个综合中心供游人购物、吃饭以及参加音乐会之用。直到 2003 年超过了 30 多个剧院。其成功来源于个人的远见和热情改变了小镇，产生了许多工作机会。

3. 特色魅力

演艺中心是布兰森最有知名度的地方。分布在一条主要街道上的大大小小的剧院有的由演出团体长期租用，有的则是演出单位自己拥有。剧团演员来自世界各地，演出的节目风格多样，摇滚乐、爵士乐、乡村音乐、街舞、杂技、魔术、马术等应有尽有，我国的杂技团也在这里常驻。中国剧院"新上海剧院"在一条热闹的大街口，几个金色中国字在这个满是洋文的小世界里极为醒目，这里常年演出的是来自上海的杂技。

剧院带来的商机处处皆是：湖里有游船，连游湖带看秀附带午餐或晚餐；沿河有供游人漫步的步道、喷泉、花园、购物的品牌商店；街上餐馆、旅馆、礼品店家家相连。现在，这里已经成为除了东西两海岸外美国中部的演出重镇。

小镇虽说有了身价，赚钱机会无所不在，但可贵的是街上没有小摊小贩或沿街招揽生意的人。物价、票价合理（如游船 $49/ 人），街道整洁，环境清新，停车全部免费，服务人员诚恳热情，处处体现的是民风淳朴。2012 年恰逢布兰森市成立 100 周年，从 4 月 1 日～ 7 月 9 日，将有一项"100 种方式 100 天"的庆祝活动。又恰逢泰坦尼克号遇难 100 周年，为此，聪明的布兰森建立了一个泰坦尼克永久博物馆作为纪念，现已开馆。2 月，一场龙卷风卷过小镇，部分建筑遭到破坏，好在不很严重，几乎所有剧场照常演出。

布兰森的名声还吸引了国际投资。2009 年 12 月 14 日，中国港中旅集团所属天创国际演艺制作交流有限公司，以 354 万美元购买了布兰森的白宫剧院，中国公司购买美国剧院被美国主流媒体当作中国资本进入美国置业投资的象征性事件（图 3-5）。2015 年济南杂技团"粉墨"剧院在布兰森揭幕（图 3-6）。

（五）斯普鲁斯溪——航空小镇

斯普鲁斯溪（Spruce Creek）航空小镇是世界上最大的航空社区。目前全美成规模的飞行小镇超过 300 个，而斯普鲁斯溪航空小镇规模最大、最典型。

1. 基本情况

斯普鲁斯溪航空小镇位于佛罗里达州。镇上有居民 5000 人，1500 座住宅，

图 3-5　白宫剧院门柱间挂着的中国红灯笼

（图片来自网络）

图 3-6　2015 年济南"粉墨剧院"在布兰森揭幕

（资料来源：济南"粉墨剧院"在布兰森揭幕，杂技与魔术，2015，5）

光是飞机库就有 700 个，有的家庭拥有的飞机还不止一架。

斯普鲁斯溪航空小镇目前拥有一条 1214m 跑道，两家固定运营基地，为通用航空飞机提供、停场、检修、加油、休息等服务，一个锦标赛级高尔夫球场，多家高级餐厅和俱乐部，整个社区设有围界与外界隔离并有 24 小时巡逻。社区内主要居住着处于社会上层的富豪及明星。一幢直接与跑道相连、机库泳池齐备、建筑面积 700 余平方米的典型别墅售价超过 250 万美元。

2. 发展历程

斯普鲁斯溪小镇原是第二次世界大战时期的空军村，后来经过改造，现在成了闻名的飞机村。汤姆·克鲁斯和妮可·基德曼 20 世纪 90 年代在佛罗里达拍电影

时，到了晚上他们就会开着飞机到斯
普鲁斯溪航空小镇过夜。

3. 特色魅力

斯普鲁斯溪小镇风景优美，安静
隐秘的别墅住宅区内，坐落着风格各
异的房屋。屋门前的大道整齐宽阔，
并直通毗邻小区的一条修葺完整的飞
机跑道。当地居民把飞机停在房屋门
前或是车库内（图3-7）。

图3-7　航空小镇街景

（图片来自网络）

小镇上公路使飞机能够直接从机
场开到居民的住宅处，而公路上的标志牌提醒民众和汽车驾驶人，飞机在公路上
拥有优先的路权，也就是汽车要为飞机让路。

住在这个小镇的居民每天可以从自家门前驶出飞机，在社区公路上前往机场，
然后驾着飞机去干自己的公务。办完事开着飞机回家，这是很多当地居民的日常
生活场景。

在当地社区，如果一户住宅的飞机库大门是打开的，那表明住宅的主人欢迎
与任何人交谈和交流开飞机的心得。

斯普鲁斯溪这样的航空小镇被称之为住宅型航空小镇，它为富有的居民提供
了用飞机取代汽车作为交通工具的便利条件。而美国研制出可以飞的汽车投入量
产后，以后有可能会加速在美国形成更多的住宅型航空小镇。

（六）罗斯维尔——外星人小镇

罗斯维尔（Roswell）因为外星人而名声大噪，被不明飞行物研究者推崇为研
究"圣地"之一。

1. 基本情况

罗斯维尔位于新墨西哥州东南部沙漠地带查韦斯县城，2010年普查人口为
48411人，比2000年有所增长，面积为77.5km²，产业有灌溉农业、牧场、制造
业、石油生产，是新墨西哥军事学院所在地。1947年，这里传出发生了一起UFO
意外坠毁事件，更有传言军方还解剖了在飞碟里发现的若干具外行人尸体，不过
多年来美国当局都极力否认，但当地民众都对UFO的造访确信不疑，这里的居民
100%都相信外星人光顾过小镇，并引以为豪。

2. 发展历程

在 1947 年 7 月 8 日，这里发生了一件震惊全球的大事件，空军在罗斯维尔发现坠落的飞碟，并寻找到了几具形态非常怪异的尸体。随后这个消息外传，马上被《纽约时报》等各大报刊转载，无线电波载讯传遍世界。这个曾经默默无闻的小镇因外星人事件彻底火了，吸引了无数科幻迷们的到访。

该事件一度引发全美的 UFO 热潮，也正是因为罗斯维尔事件，美国空军在 1947 年开始实施名为"蓝皮书计划"的 UFO 专项研究，直到 1969 年被勒令终止。美国政府坚称这只是一个坠毁的美国军方侦查气球，美国军方认定坠落物为实验性高空监控气球的残骸，因该计划当时尚属绝密而没有当即公开细节，而许多民间 UFO 爱好者及阴谋论者则认为坠落物确为外星飞船，其乘员被捕获，整个事件被军方掩盖，但还是有很多人猜想，这些 UFO 残骸以及外星人尸体都被藏在了美国黑色地带 51 区中。

3. 特色魅力

整个小镇几乎成了外星人的"世界"，随处可见外星人元素，外星人主题酒吧餐馆，外星人博物馆（图 3-8），外星人纪念品商店，大街上的街灯都是外星人形状的，还有一个以飞碟的形式建立的麦当劳建筑。罗斯维尔小镇上的所有的标示、橱窗的摆设，以及 UFO 展览厅、电影院、卖纪念品的商店，无一例外的有一位外星人的照片摆在最显眼的位置上（图 3-9）。

每年该镇都会举办外星人纪念活动，全世界 UFO 爱好者都会聚集在这。

（七）汤姆斯通——枪战纪念小镇

汤姆斯通（Tombstone）又被直译为墓碑镇，是亚利桑那州的著名西部小镇，因百年前（1881）O.K Corral 畜栏的一场枪战而闻名于世。墓碑镇并不晦气，更多的是让人看到一种开拓的精神和特有的异域情调。现在以旅游为主要经济来源，是美国乡村都市中前 100 个金鹰城之一。

1. 基本情况

汤姆斯通是美国边境崛起的小镇。全镇人口 1500 人左右，面积 11.2km²。旅游业及售卖西方纪念品是其主要的产业，每年接待约 50 万名游客。

2. 发展历程

汤姆斯通镇是 19 世纪末美国西部亚利桑那州科奇斯郡图森市南部的一个边境小镇，毗邻美墨边境，是美国国家历史遗迹，一种西部的记忆，这里世界平静，

图 3-8 外星人博物馆

（图片来自网络）

图 3-9 外星人小镇的主街

（图片来自网络）

远离了贪婪、残酷的争斗。1879年建立后就进入繁荣发展时期，曾是亚利桑那州最大的银矿产地，在当时不到7年的时间内，人口从100人迅速增加到约14000人。但1886年的大火摧毁了采矿公司昂贵的提升机和抽水机，再加上种族对抗、劳资矛盾、犯罪横行等原因，小镇逐渐没落几乎成了空城，1890年人口不到1900人，到1910年人口减少到646人，然而到了2010年又增长到1380人。墓碑镇经常被列在不寻常的地名名单上。

现在以旅游业为主要经济来源。它确是一座特别有特点的小镇，好莱坞很多西部枪战大片是在这里拍摄，最著名的就是1992年根据O.KCorral.枪战为题材拍摄的电影《墓碑镇》。

3. 特色魅力

墓碑镇最为人所知的就是1881年在O.K Corral畜栏发生的枪战。当时怀雅特·厄普、他的兄弟以及他们的同党道克·豪乐迪和一伙牛仔之间发生了致命的交火。每年来自世界各地的游客游览镇中心的酒吧和驿站马车，在靴山墓地向逝去的那些当年的边疆先民表示敬意，观赏经过重新演绎、栩栩如生的老西部的故事。

汤姆斯通现在是一个稳重的地区，只有几个酒吧在晚上开放，这与它当年鼎盛时期特色酒吧24小时开放形成鲜明对比。墓碑镇有各种住宿、餐馆和景点选择。

东艾伦街是墓碑镇的旅游景点中心，有三块木板遮盖着的礼品商店、酒吧和餐馆。艾伦街的历史街区从城市公园与围栏所在的第三街到鸟笼剧院所在的第六街，不允许汽车通行。整个小镇都能看到景点，甚至80号高速公路上都有靴山墓地，2001～2005年在此举办了墓碑西方电影节（图3-10～图3-12）。

图3-10　位于艾伦街上的围栏建筑正面

（图片来自网络）

图 3-11　每日重演的围栏枪战

（图片来自网络）

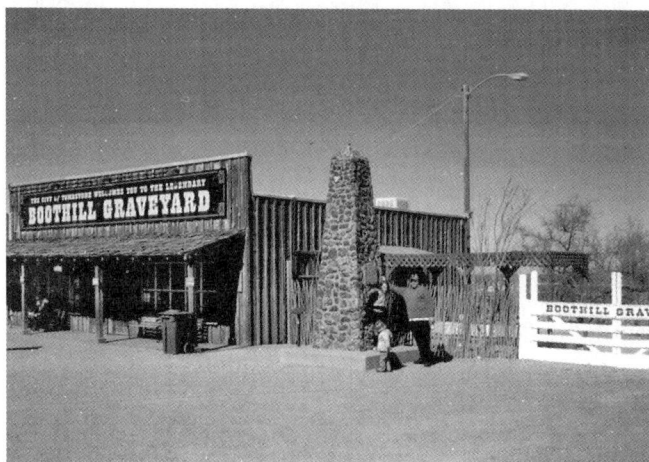

图 3-12　靴山墓地入口

（图片来自网络）

汤姆斯通还安葬着一位中国奇女子"中国玛丽"，有个美国人根据"中国玛丽"的生平记录，写了一本书叫：《中国龙——墓碑镇》。

（八）莱文沃思——巴伐利亚风格小镇

莱文沃思（Leavenworth）距离西雅图 201km，是美国人眼里的德国村。这里不大，但是整个镇子都是德国巴伐利亚风格的建筑，是美国小城镇品牌转型发展的成功典范，被美国有线电视和卫星电视网络称为终极度假小镇。

1. 基本情况

莱文沃思位于美国华盛顿州，是一座拥有历史感同时不失优雅的城市。2010年人口为 1965 人，面积为 3.24km²。最适合自驾前往，它在美国 2 号公路沿线，从西雅图出发先上 5 号公路再转上 2 号公路可直达，大约 3 小时的车程。火车可从西雅图乘坐美国铁路公司前往莱文沃思。

2. 发展历程

莱文沃思镇位于国家森林的山区中，20 世纪前半叶是一个锯木厂和伐木小城镇。北方大铁路公司离开小镇后，伐木和锯木工业慢慢衰落了，几十年的时间里，莱文沃思都处在消亡的边缘。到 20 世纪 60 年代早期，镇上的人口从 5000 多人减少到了 1100 人，市中心都是些贫民窟，但小镇并没有惊慌。

维斯塔青年女子俱乐部的 11 名妇女亲眼看到年轻人都离开了小镇，1962年她们在华盛顿大学召集成立了社区发展委员会，超过 2/3 的城镇居民都参与寻求小城镇未来发展的建议，小镇自己找到了问题的答案，他们看到了旅游业的前景。

有两个人在小镇附近开了巴伐利亚风格的饭馆，巴伐利亚主题的思想就开始产生了。11 个青年女子俱乐部的成员之一把自己的美国风格的旅馆重新装修成德国风格。到 60 年代中期，几个组织重新装修了 12 栋建筑，1968 年《展望》杂志称该镇是全美国所有城镇中最卓越的一个，因为它最真诚、最开放，鼓励市民关注、行动起来，证明美国人仍然能够齐心协力、和平共处。

没有得到联邦和州的资助，自己投资，一个巴伐利亚的乡村小镇的思想开始起飞，全年都有很多的节日，每年吸引超过 150 万的游客。成了充满活力、前途光明的发展中的城镇。

3. 特色魅力

莱文沃思小镇是四季皆美到地方，如诗如画，美到窒息，一年四季游客不断。集欧洲的优雅与美国的热情于一体。特别适合短途来逃避一下都市的喧嚣，湖泊、雪地、树林、小街、美食等，都是游客一路欢歌笑语的场地。中心两边是古典欧洲建筑，墙上有着唯美的图画，路边餐馆售卖着正宗的德餐，烤香肠的香味在空气中弥漫。

在这里各种活动也是很多，夏天各种水上活动，冬日滑雪绝佳。选择这里度夏或消磨一个带着欧洲风情的圣诞节都是非常不错的。圣诞节期间，小镇树上挂上各种照明，吸引了无数游客感受一下带有欧洲风情的圣诞节小镇（图 3-13）。

图 3-13　莱文沃思主街风景

（图片来自网络）

三、法国的典型案例

法国是一个善于缔造浪漫色彩的国度，除孕育了像巴黎这样奢侈大气的浪漫之都，也拥有许多充满生活气息的绝美小镇。最美的小镇主要散落在蔚蓝海岸、普罗旺斯、阿尔卑斯以及阿尔萨斯区域。

（一）格拉斯——世界香水之都

格拉斯（Grasse）小镇是现代香水发源地，是世界上最著名的香水原料供应地，也是世界香氛爱好者的朝圣之地，格拉斯香水产品被认可为结合了豪华、优雅和质量。其成功来源于地域传统产品和工艺的不断升级。

1. 基本情况

格拉斯小镇位于法国东南部，地中海和南阿尔卑斯山之间，位处坡地，面朝大海，是一座环境优美清幽、气候温和湿润、街道交错狭窄的中世纪小城。距离海边 20km 路程，夏季地中海吹来的季风湿润宜人，特殊的气候非常适合花卉种植，再加上地区人文和产业偏好，小镇重点产业逐渐偏向花卉种植业及香水工业。阿

图 3-14　法国格拉斯小镇

（图片来自网络）

尔卑斯山下的地下水加上充足的阳光和山坡地形使各种花卉均找到了适宜生长的海拔高度，令格拉斯成为花草优生地带。花卉种植业包括了茉莉、月下香、玫瑰、水仙、风信子、紫罗兰、康乃馨及薰衣草等众多品种，其香精成为众多香水师趋之若鹜的理由，小镇人口由 1946 年的 21217 人增加到 2008 年 51580 人（图 3-14）。

法国是世界第一香水出口大国，占全世界香水出口量的 38%。而位居蔚蓝海岸的美丽小镇——格拉斯，则是法国香水的第一产地，有超过 30 家的香水工厂，格拉斯小镇生产法国 2/3 的天然芳香，用于制造香水和食品调味料，每年香水业为小镇创造超过 6 亿欧元的财富。

2.发展历程

产业持续转型升级是格拉斯成功的重要因素。法国小镇格拉斯最初成名于皮革业，后来因环境污染发展了养花，再后来格拉斯便借了花的精髓成了世界的香水之都，如今旅游业又成了小镇的主导产业。由此可见，格拉斯小镇历经了多次的产业转型，并最终走上了以绿色农业为基础（鲜花）、新型工业为主导（香水）、现代服务业为支撑（旅游）的经济发展模式。

第一次转型从 16 世纪初开始一直持续到 17 世纪中叶，这次转型使格拉斯人抛弃了污染严重的手工皮手套生产，转而生产更环保、附加值也更高的香精和香水，从 16 世纪起就从事花卉种植业及香水制造，使小镇有大量世代从事此产业的技师以及相关产业基础。这次转型有两个方面的成功之处，第一是实现了香味皮手套对异味皮手套的淘汰，实现了产业的升级换代，提高了人们的生活质量；第二是善于发现商机的手工匠们主动放弃了皮手套产业，转而进入附加值更高、具有更大社会需求的新兴产业——香精和香水产业，以获取更高的收益。自 18 世纪末以来，格拉斯的香水制造业一直相当繁荣，风靡世界的品牌香奈儿 5 号香水就诞生于此，它也为法国赢得了"香水之国"的美誉。小镇第二次转型是近半个世纪左右的事情，它成功融入了全球产业链降低成本。今天，小镇里一般使用蒸馏法来提炼精油，为了保证精油的质量，尽管成本很高但是作为原料的鲜花一直是手工采摘，特别是当地一种素馨花只能在凌晨 4 点到上午 10 点间采摘，这种近乎苛刻的传统被一代代沿袭了下来。由于格拉斯本地采摘的鲜花成本过高，使得香水制造厂商进而转向进口原材料，比如高质量的玫瑰花从保加利亚、土耳其和摩洛哥等国进口，茉莉花来自埃及、意大利，依兰来自热带的科摩罗和印度尼西亚，苦橙和柠檬主要产地也是意大利，珍贵原料霍广香则多从印度尼西亚进口的。格拉斯小镇始终保持着活力，如今也仍在产业创新与升级中。

3. 特色魅力

小镇因为香水设有国际香水博物馆、弗拉戈纳尔美术馆、弗拉戈纳尔香水工厂、普罗旺斯艺术历史博物馆等著名景点，吸引全世界的爱香及旅游的人士到来。格拉斯每年举行国际玫瑰博览会和"茉莉花节"，在茉莉花节要举行盛大的活动，装饰华丽的花车穿过市镇，并设置焰火、免费派对、民间音乐团体和街头表演者等活动。格拉斯小镇已成为探访香水之路的旅行者们争相拜访的圣地之一。

格拉斯小镇傍山而建，陡峭的台阶像一条条蜿蜒的带子，把小镇那些散落的塔式建筑和窄窄的石板路串在了一起。这里面朝大海，夏季地中海吹来的季风湿润宜人，阿尔卑斯山下的地下水加上充足的阳光，使格拉斯成为花草优生地带。冬季圣诞节后，来自澳洲的黄绒花将格拉斯及整个蓝色海岸染成金黄色；春季，染料木的黄花取代黄绒花；夏季，田中是紫色的薰衣草；5～6月是玫瑰的季节，7～9月茉莉盛开。此外，还有月下香、玫瑰、水仙、风信子、紫罗兰、康乃馨及薰衣草……由于格拉斯位处坡地，各个品种的花均找到了自己需要的海拔高度而各得其乐。每年在这个地区采集的花朵有700万公斤之多。

在格拉斯小镇附近的山丘里，一座宁静的溪谷若隐若现，蜿蜒的乡间小路从中间划开，一条叫塞瓦捏的小溪平静地流过，另一边平坦的玫瑰与茉莉花田就是世界著名的香水圣地。这座名为LePetit Campadieu的花田，法语的意思为"上帝的小营地"，是世界上最著名的香水的原料供应地。

（二）干邑——白兰地故乡

干邑（Cognac）是坐落于法国西南角的一座宁静朴素的小镇。白兰地是法国的一张名片，而干邑白兰地更是这张名片上的一大亮点。

1. 基本情况

因优质白兰地而享誉全球的干邑是法国西南部的一个小镇，位于法国濒临大西洋的夏朗德省，距离法国著名葡萄酒产区波尔多不远。干邑地区占地约11000km²，夏朗德河从产区中间穿梭而过。该地区生产葡萄酒的历史可以追溯到公元 3 世纪，而干邑白兰地则诞生在 17 世纪。时至今日，这里已有超过 4000 家葡萄园主在酿制生产白兰地，还有 100 多名从事白兰地蒸馏的蒸馏酒专家。蜚声海内外的轩尼诗和拿破仑这样的大品牌总部也位于此。每一年法国干邑的出口比例超过 95%。2016 年干邑的出口量再创新高，至 1.791 亿瓶。

2. 发展历程

干邑是法国历史上最著名也最受爱戴的国王之一弗朗索瓦一世的出生地。弗朗索瓦一世特许此地进行食盐贸易，干邑地区由此渐渐繁荣起来，荷兰人带走食盐的同时，把这里的葡萄酒也带向了世界，经过数百年的发展，干邑成了如今法式白兰地的国际贸易中心，高达九成的产量出口世界。酒庄庞大的生产价值，支撑着干邑人的生计。

3. 特色魅力

(1) 古城风貌与现代生活相融合

夏朗德河穿城而过，碧绿的河水有成对的白天鹅。古城的中心是崎岖不平的石板路，斑驳的古城墙和中世纪的古堡表明了小镇悠久的历史。欧洲是尚古的国家，几乎每个城市的老城都尽可能地保持几个世纪的原貌，并且和现代生活相融合。作为干邑厂商豪达的酿酒房和小型博物馆，是法国国王弗朗索瓦一世的出生地（图 3-15）。

(2) 开放是小镇发展的精髓

开放是出生在此的弗朗索瓦一世人文君王给这座小城的最大遗产。干邑早在百年前就已经把目光投向了遥远中国，干邑博物馆里陈列的 20 世纪初期的招贴画

图 3-15　法国干邑风景

(图片来自网络)

上，中国风格便已经占据一席之地：印有"中华民国拾五年岁次丙寅"（1926 年）字样的年历，画着宋朝皇帝出游行猎图，缀有一幅广告性质的对联。

（3）众多顶级酒庄风格迥异

撑起干邑盛名的一家家酒庄，各有"天堂酒窖"，用来存放年份最老的珍酿。如干邑四大品牌之一人头马，大品牌大手笔，巨大而精致的酿酒间存满望不到边的橡木桶令人震撼。它的 290 周年纪念单品由四代酿酒师传承保存，曾拍卖达到全场最高价，3 万 9 千欧元（图 3-16）。帝雅酒庄特色在于帝雅酒瓶设计中体现出来的现代艺术之美，简洁的线条，寥寥几笔就勾勒出酒庄的风格，酒庄拥有数十个传统的蒸馏器，蒸馏质量全程可控，经典的 XO，酒体醇厚，香气复杂。看似后现代名字的 ABK6 酒庄最为传统，集团拥有数百公顷的葡萄园，是很罕见的从葡萄园开始就全权管理的酒庄，酒庄有不锈钢桶发酵间，也是很罕见的在酒精发酵这一步也在酒庄里控制的酒庄，在世界烈酒大奖赛中，曾获得"世界最佳干邑"称号（图 3-17）。

图 3-16　法国干邑人头马酒庄中的一滴陈酒

（图片来自网络）

图 3-17　法国干邑佳酿从葡萄园开始

（图片来自网络）

伯爵斯云利酒庄是被干邑吸引而来的挪威家族, 品牌的干邑酒品以香气浓郁著称, 深受挪威市场的欢迎。

(三) 普罗旺斯——薰衣草之乡

普罗旺斯 (Provence) 标志性的薰衣草花海让人赞叹和向往, 被全球众多旅游景点模仿。同时, 它还以梵高的向日葵、星夜让人难忘, 以古罗马的历史古迹令人铭记, 成为世界浪漫之都。

1. 基本情况

普罗旺斯位于法国东南部, 毗邻地中海, 和意大利接壤, 是从地中海沿岸延伸到内陆的丘陵地带, 是典型的地中海气候, 夏季炎热干燥, 冬季温和多雨, 是薰衣草的故乡。从阿尔卑斯山经里昂南流的罗讷河, 在普罗旺斯附近分为两大支流, 然后注入地中海。

普罗旺斯是世界闻名的薰衣草故乡, 并出产优质葡萄酒。普罗旺斯还是欧洲的"骑士之城", 是中世纪重要文学体裁骑士抒情诗的发源地。

2. 发展历程

12 世纪时, 普罗旺斯以骑士爱情而闻名。而这里除了浪漫的爱情传奇, 更具吸引力的是风景。这里不但以优美的风景、明媚的阳光、清新的空气著称, 也以闲适无忧、简朴宁静的生活闻名, 代表了一种简单无忧、轻松慵懒的生活方式。

3. 特色魅力

薰衣草是普罗旺斯的名花, 每年 7 ~ 8 月, 夏季期间, 普罗旺斯的薰衣草绽放在阳光下, 一大片一大片的紫色花田, 点缀法国南部山谷 (图 3-18)。

彼得·梅尔的《山居岁月》一书中, 大部分文字描述的是普罗旺斯小镇小鲁伯隆山谷村落的人情和生活。卡维隆小镇守着鲁伯隆的山谷, 是进入山谷村镇的门户。这里盛产的香瓜最著名, 每年夏天, 可以来参与香瓜节, 和当地人一起庆祝。镇上著名的糕饼店欧哲曾出现在彼得·梅尔的书里, 现在是生意兴隆的小店。还有书里提到的"奔牛村车站咖啡店", 现在也成为旅客必游之地。这些共同组成了普罗旺斯独具特色的一面, 带动了当地经济的发展。彼得·梅尔概括"普罗旺斯是这个世界上唯一不用做任何事情, 就可以呆得舒舒服服的地方"。

阿尔勒是普罗旺斯地区众多小城里的一个。画家梵高一生中最热情奔放的日子就是在阿尔勒渡过的。1888 年, 梵高来到普罗旺斯的小城阿尔勒, 这里碧蓝的天空中悬挂着炫目的太阳, 大地仿佛被炽热的阳光点燃, 显示出强烈的色彩。他发自内心地说："画面里的色彩就是生活里的热情。"他在阿尔勒停留的 1 年零 3 个月，创作了约 200 幅油画，包括梵高《卧室》《夜晚的咖啡馆》《阿尔勒的吊桥》等，最有名的是《向日葵》，梵高热烈的性格爱上了热情的色彩——黄色，而太阳的光在他看来是黄色的，他怀着强烈的感情不厌其烦地画他最喜欢的向日葵。此外梵高曾常去的咖啡厅，本来不是黄色的，因为梵高画的是灯光下的它，所以绘成了黄色的（图 3-19）。

图 3-18　法国薰衣草之乡

（图片来自网络）

图 3-19　梵高咖啡馆

（图片来自网络）

薰衣草有镇静、舒缓的作用，当地人会把薰衣草收集起来，制作成各种产品，比如薰衣草香袋，就是很多人喜欢在普罗旺斯购买的东西。

（四）依云小镇——因优质矿泉水著名

依云（Evian 来源于拉丁文，本意就是水）镇因依云水而闻名于世，背后雄伟的阿尔卑斯山是依云水的源头。

1. 基本情况

依云镇位于法国东南部地区，坐落在日内瓦南岸，距离瑞士日内瓦机场 1 个多小时的车程。小镇呈半圆形湖面而建，在小镇的背后，阿尔卑斯山高耸入云。雄伟的青山、碧绿的湖水、鲜艳的花儿、精致的住宅，把依云小镇点缀得美丽而又温情（图 3-20）。

依云镇只有 7500 名居民，是法国人休闲度假的好去处，夏天作疗养，冬天来滑雪。它的开支预算相当于一个 4 万多人的城市，这样富足的生活源于它所处的自然环境，当地居民对依云水也充满着深厚的感情，依云镇 70% 的财政收入来自和依云矿泉水息息相关的产业。矿泉水厂 900 多名工人中，3/4 来自当地，全世界的依云水都来自依云镇，这也是依云镇人非常自豪的一件事情。因为无论在世界的任何角落都可以看到家乡的水，小镇的人们生活安宁、祥和，手工灵巧的花匠把小镇打扮得多姿多彩，满眼的鲜花，满眼的绿色，来依云工作和生活的人，一旦定居下来，都不愿离开。

图 3-20　法国依云小镇街景

（图片来自网络）

2. 发展历程

1789 年夏，法国正处于大革命中，一个法国贵族患上了肾结石。当时流行喝矿泉水，他散步到附近的依云小镇时，他取了一些源自绅士花园的泉水。饮用了一段时间，他惊奇地发现自己的病奇迹般痊愈了。这件奇闻迅速传开，专家们就此专门做了分析并且证明了依云水的疗效。此后，大量的人们涌到了依云小镇，亲自体验依云水的神奇，医生们更是将它列入药方。Cachat 绅士决定将他的泉水用篱笆围起来，并开始出售依云水。拿破仑三世及其皇后对依云镇的矿泉水更是情有独钟，1864 年正式赐名其为依云镇。泉边一时间名流云集，享受依云水。

3. 特色魅力

依云镇独特的地理构造成就了依云水，融自阿尔卑斯雪峰的冰川水在往山下流的时候，先要经过一个封闭的砂石过滤层，水流渗过这层砂石，要用 15 年的时间。经过 15 年的渗透，普通的冰川水就成了珠圆玉润的依云矿泉水。水厂将珍贵的依云水接进来，不经过任何人工处理，不添加任何添加剂，直接灌装入瓶，贴上 EVIAN 标签，在世界各地销售，绝对健康安全。

Cachat 花园作为依云天然矿泉水最著名的源头之一，已经成为依云镇一个著名的旅游景点。来依云度假的人们总不会忘记到 Cachat 花园去看看，然后饮用一下这来自源头的天然矿泉水。与依云镇仅一湖之隔的瑞士人如果来度假，回家的时候总喜欢装一些依云水回家。

位于依云镇中心的另一个依云水 Cordeliers 源头也是镇上人们或游客经常光顾的地方，沿着 Cordeliers 源头处的林荫小道走上去，就来到了闻名法国乃至全世界的依云水平衡中心（Evian Spa）。因为依云矿泉水在世界上许多科学机构得到认可和赞誉，它对于一些疾病有显著疗效，1902 年，一个专门的依云水治疗中心成立，1984 年，这个中心被改建为设施一流的依云水平衡中心，在这个中心里，可以轻松享受到依云天然矿泉水的神奇力量；SPA 所用的水都是依云水，在按摩浴缸里可以尽情放松，有专业的按摩师根据病痛的部位进行全方位的按摩，装满依云天然矿泉水的游泳池更是前来 SPA 中心的人们喜欢去的地方。在婴儿出生后的 3 ～ 9月，妈妈们带着宝宝来到 SPA，宝宝在依云水泳池里游泳，产后的母亲也可以在此迅速恢复体形。

（五）埃吉谢姆——法国最美小镇

埃吉谢姆（Eguisheim）自 1989 年来就被法国连续评选为"四星级鲜花城镇"，近年还被评为法国最美的小镇之一。古老深邃的历史、多姿多彩的文化、精致可爱的建造风格以及蜿蜒浪漫的街道，埃吉谢姆正散发出其独特的迷人魅力。

1. 基本情况

埃吉谢姆位于科尔马区，科尔马（Colmar）地处法国东北角，与德国只有咫尺之遥，是阿尔萨斯区莱茵省的首府，莱茵河水环绕小城，使其素有"西欧威尼斯"之称，被欧洲旅游局评为最高级旅游区，有"世界上最美丽的小城"和"欧洲最美丽的小城"之称。埃吉谢姆曾获得"法国最宜居小镇"的称号，2013 年入选法国最美小镇，同时也拥有法国鲜花小镇"四朵花"等级的荣誉。

2. 发展历程

埃吉谢姆建于中世纪，罗马人曾于此驻军，建立兵营并开始种植葡萄。之后遭到法国国王路易十四军队的洗劫，还在欧洲三十年战争中受到波及，人口剧减，实力被削弱，于 1680 年被迫并入法国。这里的建筑仍旧保留着浓厚的中世纪色彩。

从 4 世纪以来，埃吉谢姆就被认为是阿尔萨斯葡萄酒酿造的摇篮，斯特拉斯堡主教和某些修道院在这里加大对葡萄园的发展，开始扩张葡萄酒酿造工业。这一带葡萄酒的声誉很快传开，并被送上了荷兰和英国皇室的餐桌。由于这里所流传下来的精湛葡萄种植技术，以及肥沃的土质和特别适合葡萄生长的微气候，埃吉谢姆的两个区域被阿尔萨斯列为特级葡萄园。

1959 年始，法国国家议会和市、镇议会以及旅游部就创立了"鲜花小镇（城市）"竞选活动。其主要目的是为了提高市民的生活品质，用花草园艺来美化或改善市镇面貌，保护自然环境以更好地迎接游客，同时推进本地经济发展。评奖级别有"一朵花""两朵花""三朵花""四朵花"——最高荣誉的四朵花小镇是最美乡村的典范。到 2014 年，法国一半的市镇都加入鲜花城市竞选的申请，共有 227 座市镇获得四朵花的荣誉，让当地居民感到无上的荣耀。埃吉谢姆就名列其中。

图 3-21　埃吉谢姆街景

（图片来自网络）

3. 特色魅力

埃吉谢姆是法国一座历史悠久的葡萄园小村落。埃吉谢姆小镇彩色的小房子，曲曲折折的鹅卵石街道和路边窗前的花花草草都给人童话村的错觉，恍如美好的梦境之中。再加上古老建筑以及路边小店美景胜似天堂，吸引了众多旅游爱好者前来观光（图 3-21）。

小镇上不只有鲜花，还有美酒。埃吉谢姆被誉为"阿尔萨斯葡萄酒的摇篮"，镇子周围有大片的葡萄园。

此外，法国南部地中海沿岸的瓦尔省，已有近千年的历史的博尔姆莱米莫萨（Bormes Les Mimosas）小镇也曾多次获得鲜花小镇"四朵花"等级的荣誉，它是法国前总统希拉克最喜爱的度假胜地。米莫萨在法语中是金合欢的意思，每年 2 月，整个小城都笼罩在嫩黄如粉扑般的金合欢花中，还有热闹非凡的花车游行。4 月，三角梅、紫阳花、紫薇、蔷薇、百日草也次第盛开，粉红色瓷砖的小房子，中世纪的城堡、曲曲折折的小巷和满城的花香都让人沉醉。

四、德国的典型案例

德国作为世界上最早完成工业化的国家之一，经济实力位居欧洲首位，属于欧洲人口较稠密的国家，拥有 8200 多万人。城镇化发展以 0.2 万～10 万人之间的中小城镇为主，承载了 4970 万人口（约占德国人口的 60%）。百万人口以上的大城市只有 4 个，人口最多的柏林也只有不到 400 万人口，但乡镇数量众多，超过 13500 个，其中 75% 以上乡镇的人口少于 5000 人。以两个最大的州为例，南德的巴伐利亚州总面积为 7 万平方公里，总人口 1200 万，拥有小城镇 2200 个；北德的北莱茵—威斯特法伦州，总人口 1800 万，拥有小城镇 360 个。大中城市越来越多的中产阶级家庭都分散居住在郊外的小城镇。

德国近似"完美"的小城镇体系，是基于其自身历史渊源、法律约束、组织体制、经济基础。

　　德国政府机构分为联邦政府、州政府和地方政府三级，其中地方政府分为县市政府和乡镇政府，法律对于各级政府的职责有着十分清晰的规定。各级政府和区域间事权的统筹，有效地保障了区域间小城镇均衡发展能力。

　　德国财政体制从横向和纵向两个层面为区域平衡提供了支持。横向层面上，财政平衡政策是各州、各地方之间通过"富帮穷"方式实现的财政转移支付。纵向财政平衡即上下层级政府间的财政转移支付，包括联邦对州和州对地方两个层次。通过科学的财政平衡制度，财政资金在各级政府间，特别是在联邦政府与地方各级政府间的再分配，使地方政府财权和事权不匹配的矛盾有所缓解，从而有助于地方政府正常履行其职责，也成为区域经济平衡的有效工具，这是保证大中城市和小城镇平衡发展的又一重大因素。

　　从德国小城镇的发展阶段看，大致经历了三个时期。一是19世纪初，德国城镇化进入快速发展阶段，人口主要向中心城市集中，小城镇则发展缓慢，甚至出现衰退。二是从1960年开始，居民为了追求更好的居住环境，逐步向郊区迁移，同时发达的公共和私人交通工具，使得"郊区生活、市区工作"模式得以实现。三是到1980年，随着区域之间联系的时间成本和经济成本进一步下降，中心城市向外扩散的动力进一步增强，更大范围的小城镇受到了中心城市的辐射带动作用，得到了良好的发展，特别是距离中心城市较近，且位于交通走廊沿线的小城镇获得了更多的发展机会。但从不同区域来看，小城镇的发展也有各自的特点。由于东部地区整体经济的衰落，导致人口以向柏林、德累斯顿、莱比锡等大城市集中为主，小城镇则人口空心化现象严重；而位于西部鲁尔工业区和南部地区的城市，由于大力发展现代服务业和高新技术产业，经济水平快速发展，中心与周边小城镇一体化发展不断得到了强化。

　　德国在区域平衡发展和共同富裕的理念下，建立了大中城市和小城镇均衡发展的城镇体系格局，这得益于强大的区域协调能力、完善的地方自治水平和较高的公共参与程度。

　　德国的特色小镇有很多，经过长期实践与探索，德国开辟了在小规模的空间单元里高度集聚创新要素，培育地方特色产业与发展现代经济产业多元结合的道路。

　　德国依靠工业强镇，走出了一条小城镇的胜利之路。每一个小城镇都是一个产业中心，各有特色支柱经济，小城镇留住了竞争力强的企业，也就具备了留住年轻人的核心竞争力，解决了70%人口的就业。德国排名前100的大企业中，只有3个将总部放在首都柏林。更多德国血统的世界巨头，依然扎根在其出生地，耕耘长达数百年。

以德国人最引以为傲的汽车产业为例，大众、奥迪、欧宝的总部分别在世人不熟悉的沃尔夫斯堡、因戈尔施塔特和吕塞尔斯海姆，人口分别是 12 万、13 万、6.3 万。

（一）布莱萨赫——葡萄酒小镇

布莱萨赫（Breisach）是德国日照量最高的葡萄种植区，欧洲著名的戈尔德曼（Geldermann）气泡酒酿造厂就在此。

1. 基本情况

布莱萨赫位于德国西南部黑森林地区莱茵河畔德法交界处，人口 1.5 万，面积 54.6km²，距离法国科尔马与德国弗莱堡分别约为 20km，南接瑞士巴塞尔，北邻法国斯特拉斯堡。独特的地理位置赋予了布莱萨赫特有的意义与功能：它是连接德国西南部与法国东部阿尔萨斯地区的重要枢纽。

布莱萨赫以当地历史老城及传统葡萄酒酿造工艺为基础打造地区特色零售与葡萄酒产业，并在此基础上积极发展物流、制造等现代经济产业，如拥有 50 多年历史的铺轨机制造厂、专业玻璃瓶生产与回收企业、知名墙纸制造商、物流类家族企业等等，实现了多元产业互补为主，旅游业为辅。在过去 15 ~ 20 年内，以徒步、自行车、皮划艇、游船等户外项目为主的旅游业逐渐成为布莱萨赫经济结构的组成部分并保持不断增长，近年来还扩建了现代旅游服务中心。旅游业主要由当地政府下属专业部门分管，全面负责对外及对内旅游市场营销与游客照管服务。布莱萨赫全年接待游客过夜数达 16 万，此外还有约 68 万名日间游客（2016 年统计数据），其中外国游客数量约占 20%。游船和房车是重要的过夜游客来源项目（图 3-22）。

2. 发展历程

布莱萨赫的历史要追溯到 4000 多年前，早在新石器时代就有人类居住在该地区的山林中。布莱萨赫市始建于公元 369 年，当时罗马人意识到布莱萨赫山的重要战略意义，在此修建了城堡。在之后的战争年代，布莱萨赫屡遭破坏，第二次世界大战期间的破坏程度达 85%。尽管如此，人们现今依然可以在这里看到很多历史古迹，因为第二次世界大战后老城的风貌在很大程度上得到复原。

图 3-22　布莱萨赫街景

（图片来自网络）

布莱萨赫是一座备受人们喜爱的购物城，其零售业主要集中在老城区，以精致的手工艺品商店和品质优良的小商铺为主。在中心城区外围区域则分布着多个大型购物超市。除此之外，在城市多个区域还有诸多农场直销店，当地生产的新鲜农产品可直接在此出售。人们在布莱萨赫中心城区购物可以享受到轻松愉快的氛围，因为整个内城自 2012 年起实施交通安静区措施。在新一轮老城区整改项目中，布莱萨赫将进一步从城市建设与功能两个方面提升中心城区的价值，以长期改善老城内居住质量并促进零售业发展。

3. 特色魅力

(1) 国际知名的葡萄酒庄

葡萄酒产业在布莱萨赫有着悠久的历史。布莱萨赫市地处上莱茵地区凯泽施图尔低地，是整个德国日照量最高、最温暖的葡萄种植区。同时，该地区位于法国佛日山脉背风面雨影区，最南部年平均降水量仅为 600mm。优良的气候条件使其成为发展葡萄酒产业的理想基地。

葡萄酒酿造传统早在美索不达米亚（现今伊拉克）就已诞生，后经埃及、希腊、西班牙传入欧洲。凯泽施图尔地区自公元 769 年起就已开始发展葡萄酒酿造工艺。1813 年，凯泽施图尔所在的德国南部巴登地区拥有葡萄园面积达 260km^2，为德国最大。20 世纪 90 年代中期，巴登葡萄园总面积约为 40km^2，年产量在 3500 万升左右。现今，葡萄园面积不再增长，每公顷的产量基本固定在 7000 ～ 9000 升之间。

布莱萨赫及其周边既有大量私家酒庄，也有数个大型气泡酒酿造厂。欧洲著名的戈尔德曼气泡酒酿造厂就位于布莱萨赫。该私家酒窖的历史要追溯到 1838 年始建于法国香槟产区的德茨酒庄（Deutz）。20 世纪初，德茨酒庄在法国东部阿尔萨斯地区设立分部，并于 1924 年将分部迁至布莱萨赫。

此外，巴登酒窖（Badischer Winzerkeller）于 1952 年在布莱萨赫落成。巴登酒窖代表着巴登地区九大葡萄种植基地，联合了约 4000 家酒庄，提供品种多样的高品质葡萄酒。该酒窖是现今欧洲仍在使用的最大木桶酒窖之一，象征着悠久而又精良的酿酒手工艺。地下室中收藏有记载葡萄酒发展史的文献资料。游客既可以在这品尝美酒，也可以徜徉其中感受深厚的历史文化与工匠艺术。

凯泽施图尔既出产地区葡萄酒，也盛产国际知名的顶级葡萄酒。人们在这里可以直接在酒庄、酒庄合作社品尝美酒。南德葡萄种植地区有一种被政府许可的民俗和餐饮经营方式，只要在酒庄大门口挂上一把扫帚，酒庄就可以为当地居民和来此的游客提供餐饮服务。这种酒庄经营的餐厅和酒馆一般是一年最多可对外营业 4 个月的临时餐馆，想要体验乡村生活的游客可以在这最典型、最乡土的地方来品尝当地的美酒美食。

（2）德法文化交流桥梁

鉴于布莱萨赫所处的独特位置，为进一步推动该地区文化旅游发展，该市所在的莱茵中部地区即将开始新的项目：在莱茵河及其运河之间的狭长岛屿上将诞生一座文化旅游交流与市民中心。法国阿尔萨斯省莱茵地区城镇协会计划将该法属岛屿建设成大型跨地区服务基地。

城镇协会计划通过欧盟促进跨地区合作项目资金推动该项目进程，布莱萨赫市也将提供相关资助。该项目已于 2015 年年底动工，文化与市民中心将在 2019 年落成。此外，在该区域还将建造一条仅供行人和骑自行车者通行的桥，类似于凯尔和斯特拉斯堡之间的现代时尚步行桥。

规划方案目前已经完成。设计中很巧妙地结合了当地地形：三层楼高的文化与市民中心直接位于岛屿较低侧的莱茵河岸，上层高度接近岛上的主干道。该处将修建行人通道，直接通往建筑物北端的大型观景台，人们在这里可以获得更开阔的视野——从布莱萨赫的教堂到德国莱茵河岸。

文化与市民中心的主厅能够容纳 400 人，能够适用于所有类型的文化活动，从音乐会到戏剧再到舞蹈，同时也能用于展览、会议及各类节庆活动等。此外，未来在该建筑内也会设置信息与咨询中心、双边旅游信息办公室以及跨地区协会办事处。在建筑物周边还将开辟露天广场，为大型户外活动提供空间。文化与市民中心除了开展自己的活动项目外，也会给莱茵河两岸的相关地方性机构与组织（如：各城镇及其协会等）提供使用场地。

此项目的建设费用预计为 890 万欧元。其中，250 万将由来自欧盟跨地区项目资助，布莱萨赫市将资助 67.5 万欧元，由此也将获得在该建筑内举办本市活动的权利。其余费用将由法方支付。每年的运营费用预计为 45.2 万欧元。布莱萨赫市将承担其中的 5 万欧元，阿尔萨斯城镇承担 23.3 万欧元。中心外部还将有新的建设项目：露天广场西侧办公楼、现有室内泳池旁新建露天游泳池、在贯穿岛屿的主干道南侧修建房车停车场以及酒店。从长期角度来看，还将在莱茵河上修建步行桥，实现从布莱萨赫市中心直通岛屿。

（二）弗莱堡——太阳能绿色之都

弗莱堡（Freiburg im Breisgau）是世界闻名的太阳能之城，拥有全欧洲最大的太阳能开发利用研究机构。

1. 基本情况

弗莱堡地处德国最南端（北纬48度），是德国日照最充足的城市。弗莱堡在太阳能产业和绿色产业中的地位已经无人能及，不仅建立了全欧洲最先进的太阳能系统研究所，囊括了全德最优秀太阳能企业的信息产业中心，还获得了1992年德国"环保及永续市镇"的荣衔，2004年又再度拥有德国"永续之城"的名号。

2. 发展历程

1986年切尔诺贝利核事故发生之后，弗莱堡市议会当即决定放弃使用核能，将太阳能发电作为首要的发展任务；同年成立了环保署，成为德国最早拥有环保署的城市之一，并果断利用日照优势，发展太阳能产业。

在城市规划上，弗莱堡制定了"绿色"远景规划，率先成为绿色城市规划的典范：规定了绿色发展的框架与准绳，把城市自然与风景规划提到了首位，要打造最自然、最生态的城市开放空间。一方面加强原有自然保护区的保护力度，另一方面将市辖区的生态群落连接成网，以前是兴建小公园，现在要建设全域的城市绿色开放空间，以绿道串联城市。优美的环境使这个小城吸引来大量旅客，也吸引了学术会议和博览会，以及随之而来迁入的新的企业。"产业宜游"为弗莱堡太阳能之都和绿色之都地位的奠定，做出了巨大贡献（图3-23）。

图3-23　弗莱堡街景

（图片来自网络）

弗莱堡大力推行绿色城市品牌营销。弗莱堡利用城市的生活场景，大力宣传营销绿色出行理念。为了更好地鼓励市民参与，弗莱堡提出建设自行车之城。不仅重新规划了以自行车导向的道路交通体系，弗莱堡交通部门还与德国著名的自行车俱乐部合作，推出了一款限量版"弗莱堡城市自行车"，产品线相当齐全，深受市民喜爱。弗莱堡的城市主要道路上都设有自行车流量监测器，有的大街上每天平均有 6705 次的自行车穿行，有的桥上一年有 245 万次的自行车穿行而过。自行车已经不仅仅是交通工具，已经成为城市营销的标志产品。

弗莱堡的全城营销方式不仅带动了太阳能产业的发展，还将红利带到了健康产业以及旅游业，每年有 140 万人选择弗莱堡进行健康旅游。在弗莱堡每一万名居民就有 110 张病床可以安排就诊，全德国是 61 张病床，在整个德国因空床率普遍偏高而缩减全国病床数量的情况下，弗莱堡却由于平均高达 81.5% 的病床占有率无须缩减。"绿色城市"的概念延展了弗莱堡太阳能产业的内涵，规避了太阳能产业过剩带来的弊端，撬动了弗莱堡旅游经济、会展经济、健康经济、自行车经济的共同发展，为产业的持续创新提供了动力。

3. 特色魅力

硬件设施上，小到一栋建筑，大到一个园区，都可以成为太阳能产业的展览馆和新技术的试验地。

(1) 太阳能运用无处不在

在弗莱堡，太阳能发电被运用到了城市的各个角落。教堂和民居、学校和便利超市、市政厅大楼以及巴登诺瓦足球场，太阳能电池可谓无处不在；弗莱堡还重点打造了丽瑟菲尔德新城区和沃邦小区两个示范区，作为业内考察团的首要目的地。

(2) 追日旋转建筑吸引大批参观者

弗莱堡还将"大师建筑"旅游发挥到了极致，建筑大师罗孚·迪士（Rolf Disch）设计建造的旋转屋，整个建筑可以追日旋转，每年都吸引了大批参观者。十几年来，弗莱堡的城市规划与建筑设计一直是世界各国环保团体、能源业者，甚至建筑业者想要朝圣的热门考察点之一（图 3-24）。

图 3-24　追日旋转建筑

（图片来自网络）

启示：德国的工业小城镇发展路径中，始终强调了工业布局与城市发展的共赢，注重人口、劳动力与技术创新的可持续。小城镇是重要的人口吸引极，也是工业的核心力量所在。这种始终不脱离工业的小城镇特色化建设，值得中国学习和借鉴，因为中国新型城镇化的难点在于如何依托工业化实现就地城镇化。

（三）斯特勒贝克——国际象棋镇

斯特勒贝克（Ströbeck）因为独特的象棋风俗而成了国际象棋镇。

1. 基本情况

斯特勒贝克在德国哈茨山区东部，因其独特的"象棋风俗"每年吸引众多的游客前往，不少象棋爱好者则以到此与当地的棋友下一盘国际象棋为荣，无论输赢，无论语言是否相通，双方都谈笑风生，拼杀中透着和谐，因此这里被人称为"国际象棋镇"。

2. 发展历程

几百年前，小镇通过了一项离奇的"结婚法"，镇上的姑娘们把小伙子棋艺的高低作为选择丈夫的一个主要条件。如今，这项"法律"有"变本加厉"之势。

这里的中小学校将"国际象棋"课作为一门必修课来开设，请下棋高手向孩子们传授棋艺并陪孩子们练习下棋，至今已有 180 余年的历史。

3. 特色魅力

建筑布局非常独特，客栈、民居和教堂等都巧妙地融入了象棋的图案。街头巷尾用古德语书写着下棋的好处。教堂塔尖上的风向标也做成了国际象棋棋子的形状。商店、宾馆、饭店、民居等建筑物上，也都被巧妙地融入了象棋图案。在镇中心，专门设有一个弈棋广场，满眼都是象棋棋盘，当地居民闲暇时均到此杀上几个回合，以进一步交流棋艺。前来旅游的游客中若有象棋爱好者，也禁不住坐下来杀上几盘，旁人则频举相机。广场周围则建有众多的弈棋咖啡馆、弈棋商场及弈棋俱乐部，人们在这里下棋、说棋、谈棋，不少游客还专门购上一副象棋以期纪念（图 3-25）。

小镇上还拥有德国唯一的象棋博物馆。博物馆里收藏有各种造型精美的国际象棋和各种版本的有关象棋的书籍，在这里游客们可以了解国际象棋的发展历史、有关国际赛事的战况以及国际象棋对当今社会生活的影响等。

当地居民对象棋很痴迷。在街

图 3-25 德国象棋镇街景

（图片来自网络）

上执勤巡逻的民警所戴警帽的帽徽被设计成了国际象棋的棋盘，姑娘们穿的各式裙装上或印或绣有国际象棋的元素，而男人们的公文包里除一些办公用品、工作上的材料和必要的开销外，必定装着一套袖珍棋具，疲劳时以放松休闲。孩子们拿着大棋盘去学校上课。

小镇有一个特别的习俗，即"择偶和国象挂钩"。通过"弈棋考试"并选定婚期，结婚那天，一对新人高高兴兴地穿上黑白相间的象棋婚礼服，在全镇人的簇拥下，来到弈棋广场举行结婚典礼。在新郎新娘同唱小镇流传下来的《弈棋歌》后，人们开始跳舞庆祝。

国际象棋镇民风古朴，本镇姑娘一般不与外地人结婚。外来的小伙若要想娶到这儿的姑娘，绝非易事，因为必须通过两道"难关"。首先要与镇长对弈，只有胜者才有望获准成为镇上的女婿。然后再和相中的姑娘的父亲"杀"上一盘，只能赢不可输，否则就无法订婚。外面的姑娘如果要和镇上的小伙子成亲，同样也得过这两关。

另外，逢年过节，该镇都举办全镇性的象棋比赛，男女老少都会到弈棋广场参加博弈。每逢有人登门拜访，邀请下棋已成为一种必不可少的待客方式，一边对弈一边交谈。除此之外，每个家庭则经常举行小型比赛，到年底，镇上还要举行全镇家庭弈棋联赛。由于该镇开展了以下棋为主的娱乐活动，因而全镇杜绝了赌博、盗窃、酗酒等不良行为，全镇的社会治安始终保持在最佳状态。每个家庭相处得也十分和睦、融洽，给每一个前往参观的游人留下了深刻印象。

此外，荷兰维克安泽小镇也因"国际象棋"小镇而举世闻名，已举办了 76 届国际象棋超级大赛，每年会吸引数以亿计的棋迷们前去观赛。

（四）沃尔夫斯堡——大众汽车城

沃尔夫斯堡（Wolfsburg）是世界著名的大众汽车总部所在地，是业内人士和铁杆粉丝必去朝圣膜拜的地方。它是大型企业、知名企业传播影响力的和传承企业文化的成功典范，其企业博物馆开放度高，专业性强，且带动了小镇发展。

1. 基本情况

沃尔夫斯堡位于下萨克森州，阿勒尔河及中部运河畔。距首府汉诺威市 74km（沃尔夫斯堡以西），距不伦瑞克市仅 26km（以南），距离马格德堡 64km（东南）。人口约为 12 万人，面积大约 $204km^2$。

作为汽车城，沃尔夫斯堡提供了以汽车、技术、科技和革新等为主题的精彩游览景点，其中沃尔夫斯堡汽车城最负盛名。位于沃尔夫斯堡宫内的市立美术馆内展出了许多现代派艺术的重要作品。其他的还包括艺术博物馆、费诺科学中心等。

2. 发展历程

1937年5月28日大众汽车有限公司正式成立。同年12月，希特勒亲自决定了城市的建筑样式和风格以及他希望的城市生活方式。1938年7月1日，官方宣布城市建立，划归汉诺威省。1945年，德国战败，大众汽车工厂被英军占领。当年6月22日，由英国军政府成立的市议会决定将城市改名为"沃尔夫斯堡"，这是他们以当地一座16世纪的文艺复兴城堡命名的，由英国军政府设计了市徽。

3. 特色魅力

(1) 大众汽车文化融入小镇各场景中

在沃尔夫斯堡，大众深厚的汽车工业积累，是不经意间呈现在小镇的场景中，而不是封存在工厂博物馆的陈列柜里。一下火车，巨大的大众LOGO就映入眼帘，一边是红褐色的厂房背景，一边的林间草坪会有大众的新车型在进行场地测试。城市的业态方面，大众集团旗下的银行、房地产中介、物流公司等，在保时捷大街附近随处可见，大众的服务产业早已完完全全渗透到沃尔夫斯堡的方方面面。这种开放式、生活性的展示模式，非常明确地表达了这座城市与汽车的密切关系。对于车迷来说，即使没有看到工厂，内心的热情无疑已经在不断高涨（图3-26）。

图3-26　沃尔夫斯堡概貌

（图片来自网络）

(2) 汽车产业新科技的运用吸引游客

沃尔夫斯堡吸引人来的另一个核心就是把产业科技做得引人入胜。曾经的火力发电厂，改造为通体透明的玻璃停车塔。不仅前来提车的客户能见证车辆如何通过酷炫的方式，穿越高耸的机动王国，从高空优雅地降落到自己身旁的全过程。而那些非准车主的纯游客，也可以体验到大众精湛的工业传输技术：每个汽车塔坐拥 23 层，可存放 800 多辆新车；进入每个车位的汽车，都由一个全自动的 360 度旋转电梯被送上去，完全不经人手。

从博物馆到"汽车城"，沃尔夫斯堡"工业小城镇"的概念和形象已经发生了翻天覆地的变化。工业也可以通过与城市文化的交融、通过与科技生活的交融，让城市焕发出与众不同的魅力。

（五）英戈尔斯塔特——奥迪之城

德国的汽车制造业领先全球，英戈尔斯塔特（Ingolstadt）因奥迪的全球总部和欧洲工厂集中于此而闻名。

1. 基本情况

英戈尔斯塔特坐落在巴伐利亚中心，是一座充满生机的魅力之城。奥迪总部所在的英戈尔斯塔特的镇区人口只有两三万人，但却是高端人才的核心聚集地。

英戈尔斯塔特工厂占地大约 199 万 m^2，其中大约 86 万 m^2 已经修建完毕，工厂可用面积为 169 万 m^2。英戈尔斯塔特的压制车间每天处理 1350 吨原材料，可以用来生产大约 2100 辆汽车，所有的废料都被循环利用。

2. 发展历程

早在 1949 年，汽车联盟股份公司已在巴伐利亚注册成立。目前，该州约拥有 12 万人口，现在奥迪公司拥有员工 31150 人（2004 年平均人数），是该地区规模最大的公司。

奥迪汽车的质量保证，首先来源于奥迪一流的作业工具制造车间。1999 年 5 月，奥迪工具生产车间成为世界上同类厂家中第一个被认证为符合德国汽车工业联合会规程认证的汽车厂商。2000 年 4 月开设新的工具生产车间，向奥迪以及大众集团内外的其他公司供应生产工具。2002 年，奥迪工具生产车间同时通过了德国与国际认证。奥迪工具制造部在德国工具制造大奖赛"最佳生产"组评比中荣膺德国最佳工具车间。

3. 特色魅力

英戈尔斯塔特是巴伐利亚州中心的一座富有传统和历史意义的城市，它的标志是庄严的后哥特式圣母玛利亚大教堂。另一个建筑珍品是外观朴素的玛利亚·德·维克托利亚巴洛克式教堂。它不但是奥迪最大的工厂，也是奥迪公司总部和技术开发部的所在地（图 3-27）。

　　这座城市将历史、传统和现代魔法般地融合在一起。整修一新的可爱的三角墙宅第、气势宏伟的大门、高高耸立的塔楼以及那些令人深刻印象的堡垒，都散发着老城的魅力。英戈尔斯塔特是一座艺术和文化之都。美术馆里许多作品的灵感都来自于美丽的多瑙河畔的英戈尔斯塔特风光。城中坐落着阿尔夫莱

图 3-27　德国奥迪之城工厂概况

（图片来自网络）

希纳博物馆、具体艺术博物馆等著名博物馆，并且众多的私人画廊也散布在英戈尔斯塔特城市的各个角落。

　　除了奥迪技术开发部，这里还有冲压车间、装配车间、塑料制品车间、喷涂车间等。此外，工厂还设有培训部，提供基础和高级培训。在这里，人们可以自己来提取奥迪汽车，并作为英戈尔斯塔特奥迪品位车苑的客人度过充满体验的一天，比如在汽车生产日人们可以参观总厂车间，奥迪 A3 和 A4 车就是在这里制造出来的；还可以跟随向导参观奥迪博物馆，或在奥迪饭店轻松的氛围中吃上一顿。

　　以总部经济闻名的小镇在其他国家也有，如英国的细芬（Sinfin）小镇是世界著名的航空发动机公司罗伊斯·罗尔斯总部所在地，距离伦敦 180km 左右，2011 年人口 15128 人，比 2001 年增长了近 10%（图 3-28）。小镇中间是办公和核心工厂，周边是绿地和低密度住宅区，看起来很普通，却能生产出我们举国之力研发数十年都还未能生产的高端航空发动机，拥有英国目前最先进的产业即航空发动机制造。

图 3-28　英国罗伊斯·罗尔斯公司总部概貌

（图片来自网络）

五、英国的典型案例

英国在"二战"结束后，发起的"新城运动"，颁布了《新城法案》，主要目的是通过对特色小镇开发建设，疏解大城市的过剩人口。初期主要是针对大都市50km内的斯蒂夫尼奇、克劳利、哈洛等特色小镇的发展规划。后来，随着私家车保有量的上升和交通运输条件的改善，逐渐向更远的区域扩展。目前有许多风景宜人、各具特色、保存了传统风貌的小镇。

（一）温莎——皇室小镇

温莎（Windsor）是英国最著名的王室小镇，位于伦敦近郊，以温莎古堡闻名。

1. 基本情况

自治市镇温莎位于英国英格兰东南部区域伯克郡，距伦敦近郊约40km，其温莎城堡目前是英国王室温莎王朝的家族城堡，也是现今世界上有人居住的城堡中最大的一个，见图3-29。

2. 发展历程

以温莎古堡闻名温莎街景镇上的标志性建筑温莎古堡始建于1070年，是当时的君王威廉一世为了防止英国人民的反抗在伦敦郊区选址建造的。后来它的军事用途逐渐被削弱，取而代之的是用来展示国家威严并作为王室的活动场所。在经过历代君王的扩建与改造之后，19世纪初期的温莎古堡已经成了拥有近千个房间的奢华王堡。

温莎城堡见证过一段倾国倾城之恋的，"不爱江山爱美人"的爱情故事为这座城堡增添了无数浪漫的痕迹。20世纪初，英王爱德华八世邂逅了有妇之夫辛普森夫人，并在此向曾两度离婚的美国平民辛普森夫人求婚，爱德华八世为了爱情毅然放弃王冠，降为温莎公爵。温莎城堡因为这段爱情故事声名远播，它又是自12世纪以来英国历届王室的行宫，温莎城堡自带光环的神秘气质一直都是全世界的人都想要前往一探究竟的地方。

3. 特色魅力

英国城堡数量众多，名声在外，最让人向往的是温莎城堡。温莎城堡位于泰晤士河南岸小山丘上，是一组花岗石建筑群，气势雄伟，挺拔壮观，最初由威廉一世营建。城堡的地面面积大约有 45000m²，现任的英国女王伊丽莎白二世每年有相当多的时间在温莎城堡度过，在这里进行国家或是私人的娱乐活动，也承载着女王少女时期的时光。

图 3-29　温莎小镇街景

（图片来自网络）

这个城堡景点中浓缩了 900 年的英国历史，分为上区、中区和下区这三个区域。东面的上区为王室私宅，包括国王和女王的餐厅、画室以及宴会厅等等，这里以收藏皇家名画和珍宝著称。玩偶之家则是温莎堡里不可错过的游览地之一，是世界上最著名的玩偶之家。中区是一座由玫瑰花园围绕的圆塔，下区有圣乔治礼拜堂和艾伯特纪念礼拜堂，英国历史上许多重大事件都发生在这里。温莎城堡内还收藏着英国王室数不清的珍宝，其中不乏达·芬奇、鲁本斯、伦勃朗等大师的作品，还有流传自中世纪的家具和装饰品等等。温莎城堡里重现 18 世纪的皇室生活部分的家具原件，至今仍摆设在英国近郊的温莎城堡 188 号、196 号、207 号、208 号、214 号和 225 号房间，可以说这里的每一个房间都是一座小型的艺术展室。

（二）圣安德鲁斯——宗教圣地

圣安德鲁斯（St Andrews）是英国的宗教圣地，因圣安德鲁斯主教而闻名。

1. 基本情况

圣安德鲁斯是苏格兰东海岸的海边小镇，人口只有 1 万 6 千多。这里的房子或独栋而立或是连成一片，设计精致色彩明亮；街道不宽，规划很整齐，横竖分明，小巷全是石头铺成的。

小镇各处散布大大小小高而尖的天主教堂，最著名的就是圣安德鲁斯教堂废墟。作为苏格兰一个历史悠久的名镇，圣安德鲁斯是过去的宗教中心，圣安德鲁斯大教堂以及城堡虽早已经成为废墟遗迹。保留着大量古老悠远的历史人文风光，所以每年来这里游览的人络绎不绝。同时拥有苏格兰最古老的大学圣安德鲁斯大学。此外小镇也是高尔夫球的发源地，成为球迷们的圣地。

2. 发展历程

小镇的名字来源于苏格兰的保护神，圣安德鲁斯也是耶稣的十二门徒之一。

小镇曾经是苏格兰王国的宗教中心。15 世纪中叶，圣安德鲁斯主教成为苏格兰两大主教之一，众多使徒慕名来到这里虔诚地朝拜，后来宗教改革和三国纷争使这里的建筑遭到重创。如今这里的教堂、城堡、城门依旧残存。

3. 特色魅力

圣安德鲁斯大教堂是苏格兰现存的最宏伟的中世纪建筑之一，这座巨大的教堂早在 1160 年就已开始修建，最早的祭祀仪式可以追溯到 1318 年。宗教改革期间，大教堂被洗劫一空，如今这剩下了部分残垣断壁。博物馆里有一些在遗址上发现的凯尔特十字架和墓碑，见图 3-30。

圣三一教堂位于圣安德鲁斯镇中心，是当地以及周边一带的教区教堂，经常举办宗教活动。

著名的高尔夫球场，距今已有 100 多年的历史了，是高尔夫球的故乡。皇家和老高尔夫球俱乐部会所位于高尔夫球博物馆对面，见证了英国高尔夫球的悠久历史与深厚传统。英国高尔夫球博物馆里的展品介绍了高尔夫球的历史及其发展过程，还有圣安德鲁斯在其中扮演的重要角色。

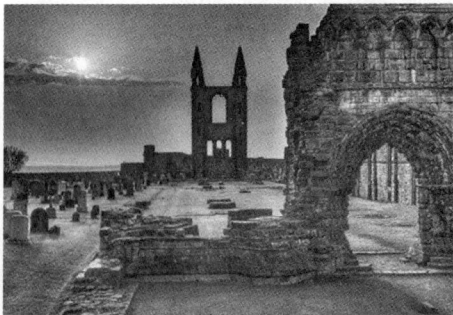

图 3-30　圣安德鲁斯教堂废墟

（图片来自网络）

圣安德鲁斯老球场是高尔夫球的发源地，它最早使用于 1457 年，距今已有 600 年的历史。这里有欧洲最复杂的高尔夫场地，是全球顶级的高尔夫旅游体验地。在小镇共有六个公共球场，而老球场是其中最有名的一个，也是高尔夫球世界锦标赛的举办地。老球场被称为上帝创造的球场。这里有历经千年岁月形成的天然沙坑，有茂密的杂草区，也有天然草坪。老球场的第 17 洞号称世界最困难球洞，想要在圣安德鲁斯老球场打一次高尔夫，需要提前一年就申请。

圣安德鲁斯大学建立于 1410 ～ 1413 年，是苏格兰第一所大学、英语世界中第三古老的大学（仅晚于牛津、剑桥），是世界知名的教学与研究中心。它最有名的传统是学生长袍，经常可以看到穿红袍的本科生和穿黑袍的神学院学生出入。威廉王子曾就读于此。

（三）海伊——二手书镇

海伊（Hay）小镇以书店众多而闻名，是英国最大的二手书镇。

1. 基本情况

海伊小镇位于英国西部威尔士翠绿的黑山脚下，清澈的瓦伊河畔，人口不足 2000 人，风景秀丽，有大约 50 家书店、数百万册图书，享有"英伦书都"美誉，是英国乃至世界上最大的二手书镇，见图 3-31。

图 3-31　海伊小镇街景

（图片来自网络）

海伊以书店众多而闻名，这里的书足以用卷帙浩繁、汗牛充栋来形容，镇上有许多销售专门类书籍和各类古书的书店。走在海伊的街上，书店无处不在，城堡里有书店。电影院里有书店，消防站里有书店。

2. 发展历程

海伊图书业的发展，很大程度上归功于一个名叫理查德·布斯的人。1961 年，布斯在海伊的一个老消防站旧址开办了第一家书店，然后带着一些人到美国，从倒闭的书店收购和运回了许多个集装箱的书。很快，他的书店发展为欧洲最大的二手书店。不少人争相效仿，各类书店如雨后春笋般在海伊落户，形成了相当的规模。

1977年4月1日，即西方国家的"愚人节"那天，布斯宣布海伊为"独立王国"，并自命为"国王"，把自己的马任命为"总理"，甚至还要发行"护照"等。此番滑稽之举，经许多媒体的报道，让原本名不见经传的海伊小镇成功进入大众的视野。从此，海伊凭借人们对文学的兴趣发展起旅游业，并逐渐走向世界，成为国际知名的"二手书镇"，每年吸引约100万游客。

3. 特色魅力

"海伊文学节"是与图书相伴而生的产物。1987年，书籍爱好者诺曼和弗洛伦斯在厨房餐桌边闲聊，提出举办"海伊文学节"的创意。1988年，"海伊文学节"首次举办，受到广泛好评，并逐渐从一个地方性活动变成英国最大的文学庆典。2010年，"海伊文学节"售出的门票突破20万张。

如今，"海伊文学节"已举办了近30年，在世界文学版图上占有举足轻重的位置。每年5月文学节期间，来自五湖四海的近10万名作家、出版商、影片制作人、音乐家和文学爱好者齐聚小镇。小说家分享故事，诗人诵读诗歌，政治家展开辩论，哲学家进行思想交锋，戏剧家表演戏剧……所有的人在交谈和思考中接受新思想，畅谈对世界的看法，享受精神的狂欢盛宴，感受能够改变人类思维方式的精神力量。

小镇成功来源于海伊旧书小镇的创办人理查德·布斯（Richard Booth）先生，他从牛津大学毕业后回乡率先开起二手书店，并对随他开设的各家书店严格制定经营特色，避免同质化竞争。在布斯先生的带领下，小镇陆续出现近40家旧书店，成为全球最大的二手书市场，形成以旧书为主题的特色小镇。

（四）剑桥镇——大学城

剑桥（Cambridge）镇因剑桥大学而闻名于世，风景秀丽，剑桥大学是世界上诺贝尔奖得主最多的高校，剑桥镇是典型的大学城。

1. 基本情况

剑桥镇距离伦敦80km，人口不到十万。骑车十五分钟即可横穿主镇区，这里是英国教育和科技创新中心。英国的剑桥大学就在该镇，是英国也是全世界最顶尖的大学之一。英国许多著名的科学家、作家、政治家都来自于这所大学。剑桥大学也是诞生最多诺贝尔奖得主的高等学府，大约有80多名诺贝尔奖获得者曾经在此执教或学习，70多人是剑桥大学的学生。剑桥大学还是英国的名校联盟"罗素集团"和欧洲的大学联盟科英布拉集团的成员。

进入21世纪，每年有400万人游览剑桥，其中35%来自国外，带动了小镇旅游业的繁荣。

2. 发展历程

800多年来，剑桥大学与所在的英格兰剑桥小镇，一直处于斗争合作的微妙关系中。虽然学校长期以来提供大量就业机会，并滋育出了小镇广阔的文化背景，但学校地盘的扩张，却把当地人挤出了原先的镇中心，大学和小镇经历了漫长的激烈争夺才确立了今天的格局。

1209年，逃离牛津大学的牛津学者和学生初到剑桥时，剑桥就已存在一个相对稳固的修士学者圈。学者的到来使得剑桥的学术地位需要被重新评估，王室也急需训练有素的神职人员协助管理国家，于是学校领导很快谋得了王室的支持。由于剑桥镇距离天主教总堂以利镇仅有32km，这点也让它获得教会青睐。于是，教会和王室很快便赋予剑桥大学多种特权。这些惊人的特权就是大学与小镇矛盾的源头。

1270年始，王室应剑桥大学校长的要求禁止剑桥镇开展"马术、格斗……"，并禁止剑桥镇享受英国其他地区已经普及的多项权利，比如戏剧演出、星期天乘火车出镇等。由此，剑桥大学管束着镇民的举止行为。剑桥大学还控制着剑桥镇的租金确定权、度量衡控制权、酒馆营业执照发放权、向镇地方议会派遣代表权等。同时，剑桥毕业生多在法院和教会担任高职。在小镇规划上，剑桥大学又凭借王室授予的土地"强行收购权"，赶走小镇居民，一步步扩建成如今的格局。在执法上，剑桥大学又拥有对小镇的绝对主导权。法律明文规定镇警无权管辖校方人员，相比之下，校督察却对市镇和学校都有管辖权。这些意味着，剑桥镇的政治、生活与商业命脉都掌握在剑桥大学手中，两者间的敌意和冲突迅速滋生。

剑桥镇被大学统治的情况持续到20世纪。步入21世纪，镇校之间，合作取代了斗争。时至今日，虽仍会听到一些当地人抱怨剑桥大学傲慢自大，但更多时候是骄傲于小镇和剑桥内化为一体。

3. 特色魅力

大学把小镇带到了世界中心，大学成了小镇的骄傲，小镇的居民从一出生起，就注定了他的成长和生活环境中浓重的剑桥氛围。可能他的父亲、母亲、叔叔、阿姨都毕业于剑桥大学，他也将会毕业于剑桥大学。

剑桥大学享有的特权对应着它对国家政治、文化、生活的独特贡献。英国历史上有六成的国会成员毕业于剑桥或牛津，甚至今天还是如此。因为同一所大学里读书，会不自觉地使用类似的思考方式而相互理解，从而帮助弥合了内战带来的很多问题，

剑桥大学主导的文化运动，不仅影响着英国还影响着世界的许多地方。英国社会的许多习惯用语、生活方式都来自剑桥大学，比如"绅士"概念，都以熟悉剑桥的习俗和风景为荣。十九世纪波及中国的"新教传教运动"源自剑桥大学，甚至敲响大西洋贩奴生意丧钟的"废奴运动"，源自于剑桥大学的一场论文比赛。今天全世界的本科生获准毕业时都要穿的学士服，也是来自剑桥中世纪牧师服。

剑桥大学最耀眼的贡献是自然科学的成就。剑桥 80 位诺奖得主中，有 70 位集中在物理、化学和医学领域。如牛顿、达尔文、图灵、霍金的贡献，都惠及整个人类。《牛津大辞典》汇编的科学词汇，几乎都是剑桥学者发明创造的。剑桥还另有一些改变人类生活方式的重要发明，如牙医乔治·卡宁汗普及的牙刷，约翰·哈灵顿创造的抽水马桶。

剑桥大学半数学生来自海外。剑桥的诺奖学者超过了世界任何一所大学，但实际上，很多诺奖都是由外国人获得的。现在，剑桥的毕业生中有五成来自海外，中国学生的数量，甚至超过了美国学生。

剑桥的学院体制给学校和小镇引入了社会进步的关键因素：竞争。院长想吸引最聪明的学生和院士，师生想要最漂亮的建筑。在竞争中，礼拜堂越来越壮丽，图书馆越来越宽敞，餐席上的食物越来越精美。

剑桥镇充满了剑桥大学的书香气。剑桥大学如今约有 120 座图书馆，新图书馆还在兴建，老图书馆偶有拆除或并入其他。每家学院、每个系、每座博物馆都有自己的图书馆，许多学院，甚至有两座图书馆。这些学院极强调书籍在自身文化中的重要性，彰显了读书的荣耀。一直以来，书籍为当地居民制造了各种各样的工作机会。旧式书籍时代，居民可以抄书、买卖羊皮纸、精饰手稿配画等。印刷书籍时代，居民可以装订，可以卖书，也可以帮人在学院和讲堂间搬运沉重的大部头。大学图书馆至今还雇有"搬书人"。

众多的书店也是剑桥镇的重要特色。16 世纪以来，剑桥镇从不缺书店。三一街在 19 世纪改造成商业街，从此成为藏书家的乐园。如今，小镇大约有 25 家书店，不时有新书店开张，也有老书店关门。

剑桥镇建筑风貌别具特色，剑桥大学 35 个学院错落有致地分布在小镇里，建于不同的时代，最早的已有七八百年历史，其建筑各具特色。此外，镇上还有 20

多所教堂。引人入胜的剑河，南北走向、曲折前行，剑河两岸风景秀丽，芳草青青，河上架设着许多设计精巧，造型美观的桥梁，其中以数学桥、格蕾桥和叹息桥最为著名，剑桥之名由此而来，另外还有徐志摩诗碑等景点。剑桥大学没有围墙，没有校牌，整个校园一派田园情调，和剑桥镇融为一体，见图3-32、图3-33。

图 3-32　剑桥大学最早建立的彼得学院

（图片来自网络）

图 3-33　国王学院礼拜堂背面

（图片来自网络）

六、瑞士的典型案例

瑞士的有名小镇基于其优美的自然资源和传统产业的升级。瑞士多高山、湖泊，地形及气候多样。尤其是南部山区，风景秀美、人烟稀少，更有多座数千米的山峰和终年不化的冰河，催生出达沃斯等多个著名的旅游小镇。

瑞士是一个内陆山地国家，阿尔卑斯山和汝拉山占了国土面积的70%，通常内陆山区经济无法与平原区相比，但瑞士却创造了奇迹，常年位居世界经济论坛全球竞争力排名第一位，在全部12项重要指标中，除市场规模外，全在世界前十。按人头计算，瑞士企业在《财富》杂志世界500强中所占的比例最高，是最接近的竞争者荷兰的两倍。瑞士也是全球人均财富最高的国家，根据安联全球财富报告，基于53个国家和地区提供的数据，瑞士人均净金融资产第一，为170589欧元，美国160949欧元，列第二，中国11496欧元，居第28位；瑞士人均国库黄金储量也居世界第一。

瑞士财富的创造离不开高端旅游小镇群和产业小镇群，以高端旅游为代表的达沃斯、高端制造业闻名的朗根塔尔小镇最为典型。

（一）达沃斯小镇——避暑及文化疗养综合旅游胜地

达沃斯（Davos）小镇是国际知名的温泉度假、会议、户外运动度假胜地。度假胜地的综合性优势，吸引到电影节、世界经济论坛等重要节庆和会议将此地定为永久会址，更加提高了其知名度和客流。

1. 基本情况

达沃斯小镇位于瑞士东南部格里松斯地区，隶属格劳宾登州，坐落在一条17km长的山谷里，兰德瓦瑟河畔，靠近奥地利边境，它是阿尔卑斯山系最高的小镇，群山环抱，气候宜人，为温泉与运动度假的好去处，是疗养和旅游胜地，见图3-34。人口约1.3万，主要讲德语。达沃斯拥有欧洲最大的天然溜冰场，冬天还可以在此滑雪、滑冰、进行丰富多彩的活动。另外，这里还是阿尔卑斯山中一块因空气洁净清爽而大受好评的地区。

2. 发展历程

瑞士达沃斯是阿尔卑斯山系最高的小镇，19 世纪初就是夏季避暑胜地。1877年，欧洲最大的天然滑雪场在达沃斯落成，世界级的选手都在这里训练，成为国际冬季运动中心。

20 世纪起成为国际冬季运动中心之一。电缆车可达海拔 1530 ~ 2610m 的滑冰运动场。20 世纪初这里设立了呼吸系统疾病的治疗所，奠定了现今宾馆业发展的基础。除此之外，世界经济论坛等大型会议多在此召开。

图 3-34　瑞士达沃斯小镇

（图片来自网络）

3. 特色魅力

达沃斯小镇之所以独树一帜，是世界经济论坛每年都会在这里召开年会，世界经济论坛也因此被冠为"达沃斯论坛"。

每年的世界经济论坛年会均有来自许多国家的政界、商界、学术界、新闻机构等人士参加，它已成为研讨世界经济问题最重要的非官方聚会平台之一。随着国际形势的发展变化，世界经济论坛所探讨的议题逐渐突破了纯经济领域，许多双边和地区性问题以及世界上发生的重大政治、军事、安全和社会事件等也成为论坛讨论的内容。

中国同世界经济论坛保持着密切联系。从 1979 年起，中国多次应邀派团参加世界经济论坛年会。2005 年，世界经济论坛提出了"中国夏季达沃斯"的设想。2006 年 6 月，世界经济论坛北京代表处正式成立。2007 年 9 月 6 日，首届夏季达沃斯论坛年会在中国大连举行。

达沃斯皑皑白雪寒气逼人，但来自世界各地的不同肤色人士还是风尘仆仆赶到了这个小镇。施瓦布教授道出了个中原因："当今世界正经历深刻的政治、经济、社会尤其是技术方面的变革，人类正面临众多挑战，而达沃斯论坛为获得这方面一手资讯提供了独特的平台。"

（二）朗根塔尔——全球纺织品企业总部小镇

朗根塔尔（Langenthal）凭借历史上亚麻中心的基础发展成为全球高端纺织品企业总部小镇。

1. 基本情况

朗根塔尔位于瑞士北部，约 1.54 万人，聚集了多家巨头企业。蓝拓公司是交通纺织品顶级供应商，世界最大的专门从事飞机客舱配置公司，专为波音、空客等航空公司供货，占全球市场的 60%。安迈集团是著名的工程机构公司，年产值超过 10 亿欧元。

2. 发展历程

公元 5 世纪至 16 世纪，朗根塔尔是重要的集镇，不仅发展贸易，在亚麻生产领域也非常活跃，为其后期培育专业技术熟练的劳动力和生产经营能力打下了良好基础。

20 世纪 60 年代，朗根塔尔经历了产业结构的调整，大多数公司不得不削减产量，而将重点放在市场和产品创新上。

如今，朗根塔尔已成为许多全球企业如蓝拓纺织品公司和阿曼集团的总部，它们拥有全球化的分支机构和供应商网络。

3. 特色魅力

高端纺织小镇朗根塔尔是历史悠久的亚麻生产中心。伯尔尼州政府特别进行了小镇职能定位，依托原有的亚麻纺织产业基础，丰富、延伸产业链。小镇成立了"朗根塔尔设计中心"，作为一个设计、制造、交易商，以及市场、教育及培训的服务中心，促进纺织业的竞争力提升。小镇两年一度的"设计人周六"是云集设计界高手的国际聚会；瑞士设计奖用以鼓励"勇于创新的想法"；"朗根塔尔设计之旅"由州旅游局赞助，是欧洲顶级的设计活动，见图 3-35。

朗根塔尔成功来自于气候地理因素、长年的工艺传承和产业积累等诸多因素的综合影响。尽管这些全球性的公司距离苏黎世、日内瓦等瑞士最大的城市群尚有一定距离，但它们仍受益于驻扎于朗根塔尔这样的小城镇。这个小城镇为它们提供了充足可用的劳动力以及长期形成的支持本地产业发展的传统氛围。

图 3-35　朗根塔尔夜景

（图片来自网络）

（三）利斯——高端制造业小镇

瑞士制造以高端闻名,瑞士人均制造业产值超过德、日、美。奢侈品店里的钟表、美国大兵身上的军刀——这些瑞士制造的名片只是冰山一角。海平面下,瑞士的化工、制药、食品、医疗器械、精密仪器、军事工业均处于全球领先位置。一批瑞士精工小镇,支撑起瑞士制造的美名。如利斯（Lyss）是精冲制造业龙头的法因图尔公司总部所在地。

1. 基本情况

瑞士西北部的利斯,2015 年也只有 14341 人,却坐落着世界精冲制造业的龙头——法因图尔公司（Feintool）总部。

2. 发展历程

利斯是一个兴旺的小城,人口增长明显,见图 3-36。

3. 特色魅力

利斯的圣诞灯火是一种祥和的享受。从计划、制作到分类,人们早在夏天就已经开始准备这些精美装饰。当冬天临近时,才开始真正的工作:雪人、驯鹿、星星从地窖里被取出,同样还有一箱箱装着带有数千发光灯泡的缆线。圣诞节期间,各家各户的房屋都淹没在一片灯火的海洋里,这样的风俗也早已成为吸引人们的传统。并非只有当地的居民才去利斯观赏圣诞灯火,全瑞士带着好奇心来这里观赏的人比比皆是,甚至中国游客也在这里驻足,把这里的圣诞装饰传扬到全世界。

一棵被小镇居民多年来精心修剪的树木，顷刻间变身为闪耀着各种光芒的圣诞树。树冠、星星、雪橇、驯鹿，以及被粘贴在屋外墙上的圣诞老人，都熠熠闪耀不同的光芒，见图 3-37。

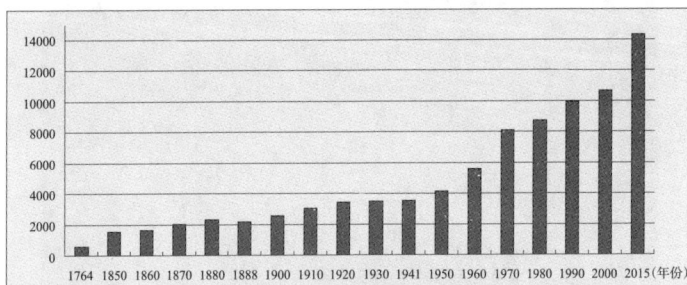

图 3-36　利斯人口增长趋势图

（数据来源于维基百科）

图 3-37　利斯圣诞灯火

（图片来自网络）

此外，瑞士东北部的乌茨维尔（Uzwil），是著名食品加工机械企业——布勒（Buhler）的总部所在地，世界上 75% 的意大利面条由该公司制造的机器生产，在机械加工和热处理工艺上占据全球领先的地位。

（四）拉绍德封——世界钟表之都

拉绍德封（La Chauxde Fonds）是环球钟表业的朝圣地，2009 年被列为世界文化遗产。

1. 基本情况

拉绍德封是瑞士西部小城镇,接近法国边界。2015年底人口3.9万,主要讲法语。拉绍德封是汝拉山区钟表镇的典型代表,这里海拔1000多米且缺少水源,并不适合农业耕作,人们专注于制表业,迅速超越法国,逐渐成为世界钟表行业的中心。

拉绍德封和力洛克是瑞士平均气温最低的地区。其汝拉山地区的微气候环境造成那里温度较低、降雨降雪丰沛,被称为"瑞士的西伯利亚",保持着全瑞士最低的气温记录:-41.8℃。当地调侃天气一年只有两季:这个冬季和下个冬季。

2. 发展历程

拉绍德封于1656年设市,重建于1794年的一场大火之后。这里是当年欧洲主要消费和观光城市的交汇处,到哪里去都差不多的距离,自从18世纪、19世纪一批法国贵族为逃避宗教迫害,迁来此地,潜心镂刻表盘表针,从此,整座城市便与钟表结下了不解之缘。

从18世纪到19世纪钟表工业发展的全盛时期,这里90%的居民都从事与钟表生产有关的行业。今天这个比例已经降到了30%,但每天仅从法国跨境来这边钟表企业上班的人,仍然还有1.2万人。

18世纪末的一场大火之后,拉绍德封整个城区被重新规划。根据钟表行业发展的需要,全城以棋盘布局,完全摒弃了一个山城依山而建、顺势而筑的惯例,而使街道、住房和工厂建筑以及商业建筑相互配套,前厂后屋,可以提高员工的生活质量,也为来自世界各地源源不断的订单提供交货保障。而且,整个城市的设计和建设均充分考虑钟表制作的需要,所有厂房均注重采光,自然光线直射入内。传统保护与城市创新结合、工业生产与社会文化发展结合。因为它的建筑群记录了人类钟表业发展的历史,2009年入选世界文化遗产。

3. 特色魅力

拉绍德封的国际钟表博物馆收藏着从古代计时器到现代最精密钟表的各种钟展品,是瑞士最大、最值得引以为豪的钟表博物馆,不仅呈现了世界上数一数二的顶级名表和古董,而且展现了钟表行业的艺术,它是一种与时间、价格、品牌无关的,真正富有内涵的文化艺术。钟表博物馆拥有超过4500件展品,其中包括2700支手表和700个挂钟。这个钟表王国是瑞士旅游的必选之地,见图3-38。

拉绍德封还是两个世界级名人的诞生地。他们的成名,都跟钟表业没关系,却直接或间接地影响了20世纪以后全球都市居民的生活方式。一位是世界闻名的现代建筑师勒·柯布西耶(1887—1965)。现在10瑞士法郎的纸币上就是勒·柯布西耶的头像。他早期的作品之一"白宫"就坐落在拉绍德封,是他于1912年为父

图 3-38　瑞士国际钟表博物馆内景

（图片来自网络）

母所建的房子。今天全世界大城市的高楼大厦以及都市居民所住的单元楼建筑形式，最早的概念就来源于法国南部名城马赛的"马赛公寓"，而"马赛公寓"的设计者就是勒·柯布西耶。另一位世界名人是美国雪佛兰汽车公司的创始人、赛车手、汽车工程师路易·雪佛兰。1896 年，为顾客提供马车和自行车修理服务的 18 岁的机械工雪佛兰，接下了为一个美国的百万富翁修理爱车的活，汽车那时还是个稀罕物，雪佛兰就此结下了与汽车和美国的缘分。

　　此外，拉绍德封多起伏丘陵的汝拉地区还是名马的产地，每年都会举办马市及赛马活动。

图 3-39　瑞士力洛克天梭大楼

（图片来自网络）

　　附近的力洛克小镇也是孕育着惊世不朽名表的古老小镇。名表品牌如天梭、真利时等都源自于此地，以小镇名字命名的，并洋溢着中世纪复古风的天梭力洛克系列腕表已名扬天下，见图 3-39。如今，小镇上还保留着许多名牌表厂，其城市规划和建造也体现了钟表制作的需求。两个小城镇被认为拥有特殊的历史和城市价值，2009 年一起被联合国教科文组织列为"世界文化遗产"。

七、日本的典型案例

日本作为岛屿国家，资源匮乏。国土面积 70% 都是丘陵和山地，连保证人们基本生存的空间都十分紧张。然而日本通过深度挖掘有限的资源条件，为生存发展塑造无限的可能性。地域资源的极致化利用是日本特色小城镇的核心。

自 19 世纪末明治维新开始，日本的城市化和工业化进程不断加速，大量的镇和乡村被合并为城市，其中小部分地区完成了向城市的转型，其余大部分地区由于区位和资源条件的限制，不仅无法通过并入城市而进一步发展壮大，反而还受到大城市的虹吸效应，导致资源与人口的进一步流失。

经过 30 年的高速发展，大城市的一系列问题引起了社会对现状的反思，以大城市为主导的发展模式已渐趋困难。1978 年，日本提出了"保留和发扬地方村镇的特色，将日本打造成为丰富多彩之国度"的《新田园都市国家构想》，积极构建特色小城镇成为日本新的发展重心。

日本的都、道、府、县是平行的一级行政区，直属中央政府，但各都、道、府、县都拥有自治权。全国分为一都，即东京都、一道即北海道，两府，即大阪府和京都府和 43 个县（省），下设市、町、村。其办事机构称为"厅"，即"都厅"、"道厅"、"府厅"、"县厅"，行政长官称为"知事"。每个都、道、府、县下设若干个市、町（相当于中国的镇）、村，其办事机构称"役所"，即"市役所"、"町役所"、"村役所"，行政长官称为"市长"、"町长"、"村长"。

（一）箱根——温泉之乡

素有"温泉之乡"之称的箱根，从江户时起就一直是东京边上人气最旺的小镇。

1. 基本情况

箱根是日本本州中南部相模湾西北的町，位于神奈川县西南部，属神奈川县足柄下郡，是日本的温泉之乡、疗养胜地，距东京 90km，终年游客络绎不绝。现有许多旅游设施，如高尔夫球场和滑雪场等，在业人口中 88% 从事第三产业。

2. 发展历程

40 万年前，这里曾是一处熔岩四溅的火山口。古代曾为交通要塞。现在箱根处处翠峰环拱，溪流潺潺，林间点缀着民宅古迹，远可观富士山雪顶，近可看满树锦簇樱花，一片"白云山间绕，清泉石上流"的如画景色。

3.特色魅力

箱根的芦之湖是在4000多年前，因火山活动而形成的火山湖，是箱根最迷人的旅游景点。海拔724m，方圆20km，面积7km²，湖最深处达45m。芦之湖背倚着富士山湖水清澈湛蓝，晴天时可从这里看到终年积雪的富士山，淡青色的湖水中倒映出富士山，为箱根一景，见图3-40。环湖步道遍植青松翠杉，景致十分怡人，湖中有很多黑鲈鱼和鳟鱼，许多日本人经常在此泛舟垂钓和游泳，游客可以在此搭游湖的观景船。

图3-40　日本箱根的芦之湖

（图片来自网络）

大涌谷附近设有自然科学馆，馆内的各种实物、模型和幻灯生动地介绍着箱根的大自然景色。芦之湖东岸的箱根关所，这是一片面积为198m²的木造平房，是江户时代幕府设置的关卡，关所内陈列着箱根的另一奇景是终日山腰被白烟缭绕的大涌谷。俗称地狱谷。山上冒着的白气都是温泉的蒸气，空气中满是硫磺的味道，倒是真有一丝"地狱"的感觉。当时行人携带的"身份证"、捕吏使用的短枪、长柄大刀等1000多件文物以及栩栩如生的塑像，现为重点保护文物。

箱根雕刻之森美术馆是日本第一家户外美术馆，于 1969 年开馆。户外场地随着季节的变化而变化，美轮美奂，在 $70000m^2$ 的绿地中，共展出了罗丹、布德尔及摩尔等近现代世界艺术泰斗的逾百件作品。在这里永久坐落着约 120 件近现代知名雕塑家的作品。美术馆还拥有包括毕加索展馆在内的 5 个展览厅、儿童游乐场、天然喷泉足浴以及其他各种设施，旅行者可在其中放松心情，享受大自然艺术的美妙。

箱根的温泉久负盛名，最著名的是"箱根七汤"。箱根有不少历史悠久设施完善的和式温泉酒店，所以不仅仅是外国游客，许多日本人也喜欢在休息日全家去箱根度假放松身心。晚上吃一顿店家亲手准备的正宗怀石料理，再去泡一泡能看见漫天星斗的箱根露天温泉。此外，"箱根八里"的雄关古道、箱根佛群、箱根神社、早云寺、千条瀑、仙石原、湿原、九头龙神社等名胜古迹也值得一览。

除了箱根之外，汤布院也是日本有名的温泉小镇。它号称日本第一温泉小镇，是九州当之无愧的第一温泉乡。距离九州福冈的博多车站需两个半小时。其市名、温泉与车站都称由布院，倚着标高 1584m 的由布山岳，温泉四处分布，800 多处温泉形成了一座风情无限的温泉乡。秋季的红叶和晨曦中汤布院温泉梦幻般的风景，曾令众多日本文人墨客为之感怀。在九州泉水涌出量仅次于别府温泉，而受欢迎程度在别府之上。这是因为社区发展协会，曾前往欧洲深入考察，发展出结合温泉与特色商店街的观光卖点，汤之坪街道，整条街道上都是美食小吃与特色商店，一炮而红，汤布院还是日本动画大师宫崎骏画龙猫时的灵感发源地，大名鼎鼎的由布院车站由日本知名建筑家矶崎新氏所设计的木造车站，以黑色为主轴设计风格，也是这座盆地小城吸引人的建筑物之一，目前一年已经可以吸引近400 万的观光人次。

（二）轻井泽町——世界级度假小镇

轻井泽町是日本顶级度假品牌星野·虹夕诺雅的所在地。也是日本最有名最高级的别墅胜地。

1. 基本情况

长野县轻井泽距离东京 130km，坐落在群山之间，森林茂盛，夏季气候清凉。

2. 发展历程

轻井泽町早在明治 30 年就已经成为蜚声国际的度假胜地，吸引了大批名人、上流阶级在此居住。

从 19 世纪末开始成为日本最著名的避暑胜地和豪华别墅区。传说中明仁天皇和美智子皇后于此邂逅，约翰·列侬与大野洋子每年夏天必来此度假。

在开发初期时，现在的旧轻井泽地区为了满足度假人群的需求，建设起了商业街区，陆续建设了高尔夫球场、网球场、骑马等体育设施，并成立了"轻井泽避暑团"，组织各类与避暑度假相关的节事活动。

为了在旅游开发和外来人群进入的同时，依然保持小镇原有淳朴的民风，小镇管理者和新居民共同制定和颁布了《轻井泽宪章》，呼吁新老居民们"遵守时间和约定，不说谎、爱护生态环境、建立干净的小镇环境、保持善良的风俗……"，这些精神文明支撑和贯穿了轻井泽的整个发展历程，使其在开发中保留了其耀眼的传统和历史文化。

为解决避暑胜地的季节性问题。1961 年，晴山酒店完成第一家人工降雪滑雪场建设，继而其他酒店投资运营商们陆续建设了五个滑雪场。两年后，小镇争取到了第 16 次国民体育大会冬季滑冰比赛的举办权，开设了银盘号滑雪列车、滑雪专用巴士，当年滑雪游客接待量超过 50 万人次，开启了轻井泽滑雪全盛时代。也为轻井泽带来了全面发展的体育产业，陆续承办了奥林匹克东京大会综合马术比赛、世界短距离速滑选手锦标赛、长野奥林匹克运动会冬季比赛大会等。依靠政府引导、企业投资运营，依托建成的度假村建设人工滑雪场、高尔夫、马术俱乐部等系列体育设施，通过国际、全国体育赛事的举办，为小镇构筑起来一条完整的度假产业链。

近几年来，小镇不断丰富和更新旅游产品，从夏天清爽的轻井泽到冬季活力的轻井泽，再到四季保健休养地的轻井泽，小镇从环境设施，到文化设施、度假设施、旅游活动、节庆上不断进行丰富和完善。

3. 特色魅力

轻井泽（旧、新两大区域）小镇，包含了两大度假区——星野度假区和王子酒店度假区。星野度假区的住宿业态主要由主打温泉度假的虹夕诺雅和主打美食婚庆的 bleston court 构成。

除了酒店住宿区域是封闭管理的以外，整个度假区是一个完全开放式布局的形态。知名的石之教堂、高原教堂、星野温泉（蜻蜓之汤）、榆树街小镇、村民食堂、野鸟森林和冬季限定的滑雪场等都散落在旧轻井泽地区，与小镇完全融合式发展。其布局更多考虑的是最大限度地利用地理环境和与自然的融合。

出自名师之手的石之教堂作为日本知名的婚礼举办地，其实是星野集团旗下主打婚庆与美食的 bleston court 酒店的配套设施。而就这样一个"配套"，足以成为星野度假区的地标，见图 3-41。

　　开敞式的度假区模式，对游客体验度和整个小镇的整体化发展非常有益。虹夕诺雅的接待处并没有在酒店围墙内，而是放在小镇上一个独立的小木屋里。在入住之后，管家会驾车带游客从一条机耕道开始，穿越森林、小溪、小镇再到达酒店。这样设计，是希望客人在进入酒店之前，在与森林、溪水的交流中慢慢放松心情，带入到一个虹夕诺雅的生活状态，一个彻底放空自己、冥想的状态，酒店没有电视，房间硬件设施非常普通，只剩下冥想的世界。

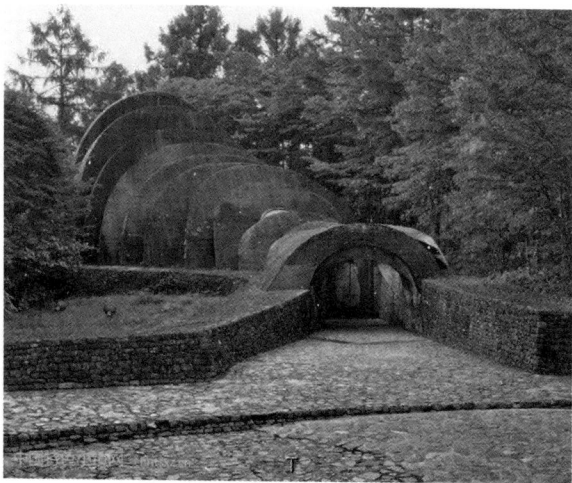

图 3-41　日本轻井泽石之教堂

（图片来自网络）

　　王子酒店度假区同样是开放式布局。有两个不同档次的酒店以及森林度假木屋区、别墅区、高尔夫球场、滑雪场、温泉、桌球室、网球场，还有汇集了 200 多家店铺的王子购物广场，这是东京地区最大奥特莱斯，散落布局在轻井泽 JR 站、新干线以南地区，王子酒店度假区的接驳车沿度假区内各个点行驶一圈的时间大约需要 40 分钟。

　　良好的区位交通条件为轻井泽的诞生与持续发展提供了前提条件，毗邻东京都市圈且在长野新干线上的优势，成就了这样一个规模不大的度假小镇年接待游客人次破千万的好业绩。

　　小镇管理为轻井泽不断适应新时期的发展而奠定了坚实的基础。一是《轻井泽町善良的风俗维持条例》的制定颁布，解决了小镇在"旅游化"中的民风民俗保持问题。二是《自然保护对策纲要》的实施，实现了对小镇的森林保护、垃圾处理、水资源保护、文物保护。三是政府及其社会资本对于城市公共设施的重视与投入。四是政府对于别墅建设与生态环境保护的协调控制，对于民宿开发的合理引导与发展控制。五是政府对于轻井泽"四季保健休养地"的定位及其相关业态发展引导、四季节庆活动的举办。

酒店集团的品牌服务保证了小镇的长久发展。星野和王子两大酒店集团极大地推动了百余年来轻井泽走向世界级度假小镇。

（三）上胜町——零垃圾小镇

上胜町是日本垃圾分类做得最好的地方，做到了垃圾零焚烧，居民们非常认真地对待垃圾回收，希望到 2020 年成为日本第一个零垃圾社区。最近几年更是以"零垃圾小镇"引起世界的关注。

1. 基本情况

上胜町位于日本南部四国地区德岛县胜浦郡，隐藏在森林茂密的群山之中，一直以来都是日本发展的最边缘地带。四国地区自古就是发配囚犯的蛮荒地，现在也是最不发达的地方。德岛县本身交通就不便捷，上胜町还处在最不便捷的山区，距最近的城市有一个小时车程，仅有 2200 多人。

上胜町居民们自 2003 年宣布他们的零垃圾目标后，10 多年来一直在践行谨慎的垃圾管理方式，放弃了他们之前用火烧垃圾的方法，废物回收率从 10 多年前的 55% 增加到现在的 80%，仅 20% 的垃圾会被填埋，已经非常接近它的目标了。

上胜町还美在梯田，有灌顶瀑布、高丸山千年之森、胜浦川深深的溪谷、优质的温泉水等美景。

2. 发展历程

上胜町是以农林业为主的传统乡镇，以往处理垃圾的主要方式是传统的荒烧和工业焚烧，丢弃在山林里的垃圾也不少。

1997 年日本实施《促进容器与包装分类回收法》，上胜町开始将垃圾分为 9 类进行回收，1998 年分类达到 22 种。由于垃圾分类成效显著，2000 年 12 月该地 2 台垃圾焚烧炉正式关闭，2001 年更是提出把垃圾分类提高到 35 种，2002 年将"塑料瓶类"和"塑料制包装容器类"合并为一种，要求所有町民把垃圾分到 34 类，成为日本垃圾分类回收最细致、回收率最高的地方。

2003 年 9 月上胜町发布《零垃圾（零废弃）宣言》，成为日本第一个提出零垃圾的地方，提出继续深化垃圾再利用再资源化，在 2020 年之前放弃垃圾焚烧和填埋处理。在上胜町的带动下，日本福冈县三潴郡大木町、熊本县水俣市、东京都町田市、奈良县斑鸠町、神奈川县叶山町、神奈川县逗子市等都提出零垃圾政策。

如今，上胜町已经基本实现了垃圾的完全分类，每天早上 7 点半到下午 2 点，上胜町的居民都会将废弃物带到镇上唯一的垃圾场日比谷垃圾回收站。回收站配有专职人员对居民分类垃圾进行指导，根据最初制作材料的不同，他们把垃圾分为 44 类回收，从豆腐盒、蛋盒、塑料瓶盖、免洗筷、日光灯管以至地板垫子，都要分类放置，细化程度远远超过横滨等大城市，有时丢一次瓶瓶罐罐需费时 15 分钟。此外，上胜町还向各个家庭配发、装置厨房垃圾处理机，使厨房垃圾实现了堆肥化，成功地实现了垃圾焚烧量的剧减，也为 2020 年实现垃圾零排放奠定了基础，上胜町成了日本最环保的小镇，也是垃圾分类回收利用的世界样板，杭州市上城区的东平巷社区就着力于打造中国版的上胜町小镇，见图 3-42。

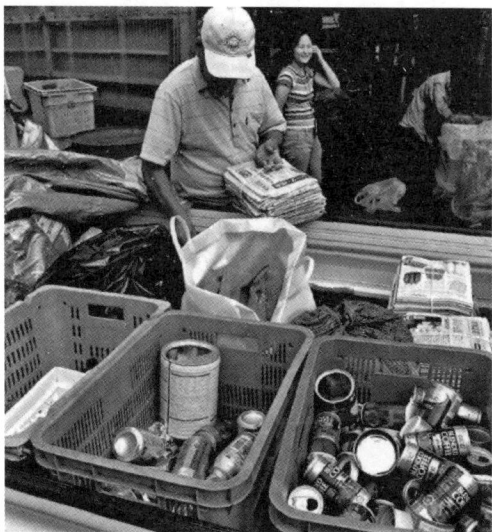

图 3-42　市民将初步分类好的垃圾运到日比谷垃圾场

（资料来源：何家振等，日本德岛上胜町垃圾零排放居民当主角，世界环境，2013 年 5 月。）

3. 特色魅力

上胜町街头没有公用垃圾桶，全镇只设有一个垃圾回收站，也没有垃圾车上门服务，居民们必须将垃圾洗干净并仔细地分成 44 类，并自己把垃圾带到回收中心，回收中心的工人们要确保所有的垃圾进入了正确的垃圾桶，这些垃圾桶都是废物利用，相当环保。针对那些行动不便的老年住户，志愿者到其家中帮助回收垃圾。分类好的垃圾，干电池、荧光灯泡运到北海道加工处理，塑料瓶子送往冈山县，钢铝金属送到广岛，塑料用品运往九州岛。

上胜町上还有一个零浪费学院，一个专业培训和宣传垃圾分类的学校。上胜町还成立了一个零废物研究会，是负责监督计划实施的非营利性组织。环保已影响到了人们生活的方方面面，这耗费了很多时间来习惯这一规则，但已经将它看作日常事务。当地的商人为空易拉罐设置彩票，人们可以得到一些小小的奖励。人们会主动捡起公路过往车辆乘客随意丢弃的所有垃圾。

良好的环境在某种意义上拯救了小镇的经济。"彩"农业闻名遐迩，全日本酒店和料理使用的礼仪鲜花，70% 以上来自这里，枫叶制品种类达 320 种，客户主要是日本各地的餐厅，同时还远销美国、法国、意大利等国，老人们是这个产业的主要工作人员。优美自然环境，让上胜町具有"日本最美乡村"之称，2011 年被日本文化省命名为山村景观、自然环境及农耕文化等重要文化景观保护区，并加入了"最美日本乡村联盟"，美丽的景致和温泉，吸引了不少游客。

（四）小山町——金太郎动漫小镇

1. 基本情况

小山町是位于日本静冈县骏东郡的町，成立于 1912 年，该地的富士赛车场是一级方程式赛车日本大奖赛举行地点之一。

2. 发展历程

从地理位置上讲，位于静冈县西部的小山町所拥有的资源是很多地方都难以企及的，因为日本第一的富士山就坐落在小山町的西侧。然而，理论上最大的资源并没有为小山町的旅游带来太多帮助：富士山周边地区有很多主打富士山观光的市镇，小山町恰好是其中交通区位最差的。而且与富士市等城市相比，小山町的级别较低、配套不完善，导致每年去往富士山的游客中只有极小一部分从小山町出发。当地人试图通过举办一些富士山主题的活动，比如登山大赛、摄影比赛等拉动人气，但也都收效甚微，见图 3-43。

3. 特色魅力

一个"资源"是小山町独有的，尽管这很难称得上是一种资源——一首童谣和背后的一段传说。

这首童谣叫作《金太郎》，讲的是一个叫金太郎的孩子在小山町的足柄山上与动物们玩耍的故事。金太郎又名坂田金时，一出生就拥有神力，小的时候经常在山里和熊相扑，长大后成为一代名将，凭借讨伐鬼怪立下赫赫战功。金太郎是否真实存在不得而知，但金太郎的传说在日本可谓家喻户晓，并且传说中他的出生地就在小山町，他的很多故事也都发生在这里。

图 3-43　日本小山町风景

（图片来自网络）

作为一个正义、勇敢又慈厚的神话角色，金太郎一直深受小朋友们的欢迎，因此小山町在开发金太郎资源的时候着力强化儿童属性：将土特产品金太郎化，告诉小朋友吃了这些就可以变得和金太郎一样强壮，从而成功打造了金太郎西红柿、金太郎馒头等人气产品；举办金太郎祭，让小朋友们与装扮成熊的相扑运动员做游戏，体验金太郎与熊相扑的趣味生活；甚至将本地的一处邮局改造成金太郎邮局，除了基本的邮寄功能外，小朋友们还可以在这里给金太郎写信，定期会有工作人员化身金太郎给小朋友回信。

现在，金太郎不仅是小山町的一个传说人物，还被日本中央文化厅认证，成了小山町的荣誉市民。金太郎一只手紧握利斧保卫着小山町的安定与和平，伸出另一只手迎接来到小山町旅游和定居的人们。

小山町开始围绕金太郎打造特色的旅游符号：一方面，聘请专家学者进一步挖掘金太郎的传说故事，找到更多可以用来加工的素材，出版相关的图书和影音资料，强化小山町金太郎故乡的"合法性"，让人们一提到金太郎就马上能联想到小山町；另一方面，修缮本地与金太郎有关的地点和设施，并将它们整合成一条叫"金太郎漫步"的旅游线路,包括金太郎出生的神社、金太郎休息的石头、金太郎爬过的树、金太郎喝水的池塘等等,把这些平淡无奇的景点故事化。除此之外,小山町城区内也增加了浓郁的金太郎特色,如金太郎形象的路灯、电车、广告牌等等。

除小山町外,还有鸟取县大荣町柯南小镇也是有名的动漫小镇。大荣町(已经和北条町合并改名北荣町),位于日本鸟取县,是个面临日本海的小城。虽然只有5000多户人家,如今却是全日本"柯南迷"的朝圣之地。它是《名侦探柯南》的作者青山刚昌的故乡。在这里,路标、浮雕、井盖都是以柯南为主题,让人感觉漫画里的主人公好似真实存在一般。大街小巷都能看到柯南的身影,城区的主干道叫作"柯南大道",还有座"柯南大桥",就连市图书馆和小学校的门口都有栩栩如生的柯南铜像。大荣町的历史文化馆中,不仅收集了世界各国的柯南漫画书,还展示了作家少年时代的绘画、设计图和画像原型。在大荣町,柯南已经成了人们的精神寄托,大荣町人甚至把柯南印上了它们的户口本。对于柯南迷来说,与其说在这里找到了柯南倒不如说找到了自己的童年回忆。

一个成功的文化标识让世界记住了动漫小镇。将柯南这一动漫形象融入小镇发展的方方面面中去是它最大的特色。首先,建造柯南博物馆,这是一座很独特的白色的建筑物。该馆以《名侦探柯南》作为中心,铺设出青山刚昌绚丽的作品世界。馆内包括个人介绍、漫画作品和动画作品的展示区及大量的动漫工艺品店也被设立其中,为北荣町带来了巨大的经济收益。小镇还举办各种关于柯南的活动赛事并且还建设了属于柯南迷的火车站,在动画片诞生10周年之际鸟取县举办了"名侦探竞赛",引起动漫谜的广泛关注。

八、其他国家的典型案例

除以上的著名小镇外,其他国家也有一些代表性的著名小镇,它们的独特之处吸引了众多的游客。

(一) 芬兰、丹麦和冰岛

1. 芬兰波尔沃——木屋小镇

波尔沃(Porvoo)因保持特色的木屋建筑风格让小镇为人所熟知。

（1）基本情况

波尔沃位于首都赫尔辛基以东 50km 的一个景色如画的古城，坐落在波尔沃河河口。面积 654km^2，人口 46217。老市区是芬兰目前唯一保存下来的中世纪城区建筑，弯曲的街道，狭窄的小巷和低矮的木屋是中世纪城市生活的缩影，被人称为"木制建筑博物馆"。此外它也是芬兰许多著名诗人和艺术家居住的城市，被称为"诗人之城"。

（2）发展历程

建于 13 世纪，是继图尔库之后芬兰的第二古城。早在中世纪，波尔沃就是一个重要的进口贸易中心。

（3）特色魅力

小镇 90% 以上的房屋是木屋，很有特色，有木制建筑博物馆之美誉。小镇木屋的颜色搭配得十分醒目和协调，或红或黄或白，给人以精致、安静、童话般的美丽。各色小屋错落有致地散落在苍翠的山坡上和清澈的小河边，又使小镇宛若世外桃源。低矮的木屋、狭窄的小巷，石子路，弯曲的街道，处处皆可入画，见图 3-44。

图 3-44　波尔沃风景

（图片来自网络）

阳光、木屋、光影，闲适的人群，简单形成了人与自然和谐共处的画卷。除了咖啡和美酒、闲适的小道，小镇还有很多可以观赏的东西，如市政厅、城堡和赭红色仓库，手工艺品和古玩，艺术工厂、市集广场和公园。

老市区中的尖拱顶式的大教堂建于 15 世纪初期，是 1809 年芬兰第一届议会的所在地。市郊还有许多保存完好的老庄园可供游人参观。

建于 15 世纪初期的尖拱顶式教堂是小镇最高的建筑。由于 1809 年芬兰第一届议会在这里召开，这里也成了往昔时代的象征。

波尔沃还举行一年一度的街头艺术节，整个小镇就是舞台。专业的现代舞者、邻里社区的大妈、鼓手和大提琴或唱或跳或弹奏，孩子们和艺术家们尽情地涂抹在地上和墙上等等，到处都是笑脸，见图 3-45。

图 3-45　街头艺术节

（图片来自网络）

距首都赫尔辛基 50km 的路程也让这个小镇吸引了更多的人前往。坐落在波尔沃河沿岸的一排排红仓房向人们展示了波尔沃的航运史，是旅游者争相留影的著名景点。

2. 丹麦卡伦堡——循环经济小镇

卡伦堡（Kalundborg）产业共生模式是循环经济的典范。

（1）基本情况

卡伦堡位于丹麦首都哥本哈根西边约百公里，是个规模不大的小镇，居民约5 万人。过去 40 年来，卡伦堡创造出产业共生模式，工业城市的产业链就像条食物链，你的废物是我的原料概念，证明跨产业的资源循环利用并非梦想。发电厂的蒸汽提供给制药厂，制药厂的污泥变成邻近农场的肥料。

（2）发展历程

卡伦堡市是企业共生与循环经济的体现。最初，这里只有一座火力发电厂和一座炼油厂。经过数年的发展，20 世纪 60 年代末开始，卡伦堡的主要企业相互间交换蒸汽、不同温度和不同纯净度的水以及各种副产品或者"废料"。20 世纪

80年代以来,当地发展部门意识到它们逐渐自发地创造了一种体系,将其称之为"工业共生体系"。"工业共生体系"的发展使这个不为人知的小镇在世界上知名起来,历经几十年的发展,其规模和影响力不断扩大,已经成为其他国家发展循环经济、实施区域循环经济的传统典范。

(3)特色魅力

目前在卡伦堡工业共生体系中主要有四家企业:丹麦最大的火力发电厂阿斯耐斯瓦尔盖发电厂,发电能力为150万千瓦;丹麦最大的炼油厂斯塔朵尔炼油厂,年产量超过300万吨,消耗原油500多万吨;丹麦最大的生物工程公司挪伏·挪尔迪斯克公司;瑞典企业吉普洛克石膏材料公司。

卡伦堡市政府也参与了该共生体系的运行,它使用发电厂出售的蒸汽给全市供暖。共生体系内的成员相互间的距离不超过数百米,由专门的管道体系连接在一起。此外,工业园区内还有硫酸厂、水泥厂、农场等企业参与到了工业共生体系中。

由于进行了合理的链接,能源和副产品在这些企业中得以多级重复利用。这些企业以能源、水和废物的形式进行物质交易,一家企业的废弃物成为另一家企业的原料。炼油厂的废水经过生物净化处理,输送到发电厂,作为发电厂冷却发电机组的冷却水。炼油厂生产的多余燃气则作为燃料供给发电厂,部分替代煤和石油,每年能够使发电厂节约煤3万吨,节约石油1.9万吨。同时这些燃气还供应给石膏材料厂用于石膏板生产的干燥之用。发电厂产生的蒸汽供给炼油厂和制药厂(发酵池),同时,发电厂也把蒸汽出售给石膏厂和市政府,它甚至还给一家养殖场提供热水。发电厂一年产生的7万吨飞灰,被水泥厂用来生产水泥。企业间通过这种"互助",实现了废弃物的循环利用,达到了节能减排的目的。

卡伦堡16个废料交换工程总投资为6000万美元,而由此产生的效益每年超过1000万美元,取得了巨大的环境效益和经济效益。

卡伦堡的成功来自于多种驱动力,主要有:

第一个驱动力来自于政策机制。政府在制度安排上对污染排放实行强制性的高收费政策,这使得污染物的排放成为一种成本要素。例如,对各种污染废弃物按照数量征收废弃物排放税,而且排放税逐步提高,迫使企业少排放污染物。为了防止企业在追求利益的动机驱动下隐瞒危险废弃物、逃避废弃物排放税而给社会造成巨大危害,对于危险废弃物免征排放税,采取申报制度,由政府组织专门机构进行处理。与此同时,对于减少污染排放则给予经济激励。这是卡伦堡生态工业模式产生的基本原因。

第二个驱动力来自于企业经济效益和长期发展。卡伦堡地区水资源缺乏,地下水很昂贵，发电厂的冷却水若直接排放不仅会导致水的供给短缺，使得当地其他企业无水可用，发展受到限制，而且还要缴纳污水排放税。因此，其他企业就主动与发电厂签订协议，利用发电厂产生的冷却水和余热。因为在卡伦堡，对于那几家企业来说，加工废水重新利用的成本与缴纳污水排放税相比可以节约50%的成本；而与直接取用新地下水相比可以节约成本约75%。因此，水的循环利用成为最早循环利用的生产要素。这是卡伦堡生态工业存在并发展的核心。

第三个驱动力来自于企业的生态道德和社会责任。卡伦堡的制药厂利用制药产生的有机废弃物制造有机肥料，免费送给周围的农场使用，作为回报，企业从农场获得农产品做原料。这使制药厂与农场之间成为循环经济联合体，实现了污染物的零排放。这是制药企业追求对社会负责任形象和生态道德的结果。

同时，丹麦卡伦堡还积极打造绿色宜居环境，引导地区居民健康的生活方式，形成绿色生产和生活方式的良性循环，见图3-46。

图3-46　丹麦卡伦堡风光

（图片来自网络）

3. 冰岛维克镇——黑沙滩小镇

维克镇（Víkí Mýrdal）原本是默默无闻的小地方，因为拥有黑色的沙滩而闻名于世。当海雾升起的时候，黑沙滩就被笼罩了一层是神秘又诡异的气氛，吸引了众多摄影组，也可称之为摄影小镇。

（1）基本情况

维克镇位于冰岛的最南端，从首都雷克雅未克出发，车行4个小时左右可以到达。

维克镇的人口不过 600 人,是个安宁和睦的小镇,在小镇后面是一望无际的大海。

(2) 特色魅力

维克小镇最著名的是黑沙滩。黑沙滩黑得天然通透,海水丝毫未受影响,依然清澈,在阳光下泛着金色的微光,黑色沙滩旁的岩石错落有致。冰岛黑沙滩的"沙"其实是颗粒状的火山熔岩。虽然是黑色,不过捧起来再放开,手上却一尘不染,正是由于这些熔岩颗粒没有杂质,也没有淤泥尘土,见图 3-47。

虽然冰岛不止此处有黑沙滩,不过唯独维克小镇的这个最为特别,因为海滩附近还有一种特别的熔岩山。这几个著名的伫立在海上的孤岛被称为笔架山,成了这里的终极地标,见图 3-48。

图 3-47　水滩、海水与岩石

(图片来自网络)

图 3-48　熔岩山

(图片来自网络)

每年的 9 月到来年 3 月,在冰岛都可以看到绚丽极光。这里还是海鸟聚居的乐园,见图 3-49。

图 3-49　维克镇的极光图

(图片来自网络)

（二）荷兰、奥地利

荷兰的经济特征是"小国大业"。其国土面积仅 4 万多平方公里，但其农牧产品却以优质和高产而闻名，鲜花和种子的出口量连续多年居世界第一。荷兰最大限度地利用有限的土地，并通过创新给各种农业产品贴上"生态"和"有机"的标签。荷兰的温室建筑面积约 1.1 亿 m^2，占全世界玻璃温室面积的 1/4，主要用于种植鲜花和蔬菜，年产值高达 12 亿美元，是荷兰的主要经济支柱之一。此外，荷兰农业科研、推广和教育"三位一体"，由农业、自然及食品质量部统一负责，有效地整合了资源，为农业科技发展提供便利。

1. 荷兰羊角村——绿色小镇

荷兰羊角村（Giethoorn）靠近荷兰鹿特丹，因 18 世纪挖掘煤矿中发现很多羊角而得名，同时也有"荷兰威尼斯"的美称。村中河道纵横交错，小木屋点缀在幽静的美景中。在这里最好的游览方式就是运河游船，乘坐平底木船穿梭于宁谧的村落，两岸如画风光尽收眼底，仿佛亲临世外桃源，见图 3-50。

图 3-50　荷兰羊角村风景

（图片来自网络）

2. 奥地利瓦腾斯——水晶小镇

瓦腾斯镇（Wattens）位于因斯布鲁克东行 20 多公里处偏僻的阿尔卑斯山麓，为世界著名水晶制造商施华洛世奇公司总部所在地，为奥地利最著名工业区之一。瓦腾斯镇仅有 3000 多居民，其中 1/3 的人是施华洛世奇公司的员工，其余的人中则有 80% 以上从事与施华洛世奇相关的旅游、餐饮及服务行业。

瓦腾斯镇是施华洛世奇公司在全世界仅有的水晶加工工厂所在地，至今仍保持着家族经营方式，把水晶制作工艺作为商业秘密代代相传并独揽多个与水晶切割有关的专利。

"施华洛世奇水晶世界"是当今世界上最大、最著名的水晶博物馆，展有全球种类最全的各类水晶石、最华贵的水晶墙、最美丽的水晶艺术品，见图3-51。

图3-51　水晶世界入口喷泉

（图片来自网络）

1976年因斯布鲁克冬奥会时，由设计师在偶然情况下利用水晶灯具部件的零碎材料拼凑而成的水晶老鼠纪念品，是施华洛世奇公司历史上推向市场的第一款水晶成品，并畅销世界，特立此艺术雕塑以示纪念。

（三）意大利、西班牙

1. 意大利波托菲诺——海港旅游小镇

波托菲诺（Portofino）是著名的旅游海港小镇，在意大利语中，波托菲诺的本意是边界小港口。

（1）基本情况

波托菲诺是意大利西北著名旅游海港小镇，位于意大利里格连海岸东面，背靠群山绿荫繁密，面临大海碧波浩渺。

（2）发展历程

在 20 世纪 20 年代，波托菲诺得到快速发展，很多欧洲贵族喜欢小镇的气候和环境，怀着寻找独特而原始的宁静来到波托菲诺。他们在这里建造了堂皇的村庄并定居在此，使波托菲诺闻名于世。此后，陆续有更多的名人来到这里，其中包括来自世界各地著名的艺术家、金融家等。

（3）特色魅力

波托菲诺充分利用阳关、海景等资源，将海景和小镇完美地融合在一起，三四米的小街也显得格外亲切，各种丰富的空间打造出悠闲生活的氛围，居民、游客在这些场所进行活动，能体验到舒适或静谧或开心的感受。除了当地得天独厚的风光资源外，四季皆宜的游玩期，良好的设施和服务也都是其成功的因素，见图 3-52。

图 3-52　波托菲诺小镇风光

（图片来自网络）

由建筑大师和能工巧匠精心雕琢的杰作使波托菲诺蜚声世界，吸引了世界各地许多非常著名的政界要人、金融巨子、明星名流。这里所有的房子都错落有致，且至少有一扇窗户朝向蔚蓝的海湾。政府修建公用设施，全都充满了个性和特色，采用鲜明亮丽的色调来表现他们对生活的热爱。色彩鲜艳的房屋环绕着碧绿的小海湾，背靠群山绿荫繁密，面临大海碧波浩渺。房屋外墙刷上鲜艳的色彩，粉绿、黄色、褐色，与绿色山丘和蓝绿色海水呈强烈反差。海、帆、绿树、巨石、橙木船、鲜艳花朵、海边山崖中小酒吧，美得无话可说。帆船三三两两，进出港湾，大海的热情澎湃和港湾的温柔宁静在这里交汇。

2.意大利阿尔贝罗贝洛——色彩小镇

阿尔贝罗贝洛（Alberobello）被称为灰白小镇，其白墙灰瓦圆顶屋的独特建筑被列入世界遗产。Alberobello在意大利语里是"美丽的树"的意思，阿尔贝罗贝洛也被称为丽树镇。

（1）基本情况

世界遗产阿尔贝罗贝洛灰白色小镇只有一万人，宁静的小镇有着奇特的建筑和纯朴的民风，蓝天白墙灰瓦圆顶屋，一切犹如童话国度，让人过目不忘，见图3-53。

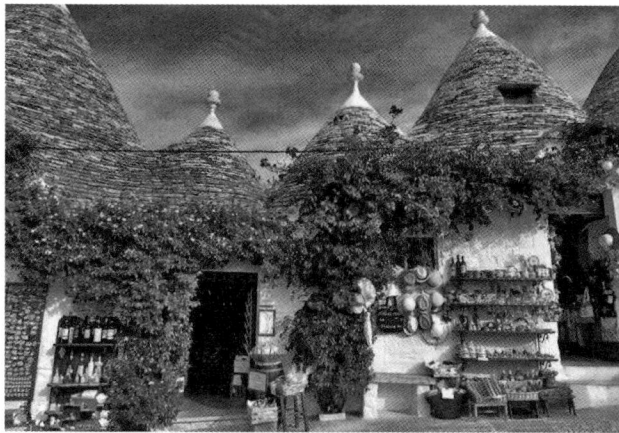

图3-53 阿尔贝罗贝洛灰白小镇

（图片来自网络）

（2）发展历程

阿尔贝罗贝洛地区，原是自然条件最差的不毛之地，最早的石屋可追溯至12世纪。16世纪开始，越来越多逃避天灾人祸的难民逃到这里，就地取材用石灰岩建屋。1797年难民向塔兰托当地的旁波国王请愿合法定居，难民人多势众，国王勉为其难，允许容易拆除的这一类型圆顶石屋合法存在，形成了阿尔贝罗贝洛地区独特的陶尔利建筑。

这种建筑名为陶尔利（Trullo，也被译成楚利或特鲁略），在普利亚地区不少镇上都能看到，但唯独阿尔贝罗贝洛成片完整保存下来了，因此这座小镇在1996年被列为世界文化遗产。

（3）特色魅力

这种建筑的特色是墙壁用石灰涂成白色，屋顶则用灰色的扁平石块堆成圆锥形。传说中当地人为了逃税而造，收税时就把屋顶拆掉，表示这里没有人居住。

典型的陶尔利风格建筑，是居民利用方形石灰岩块，围成无柱无梁的圆形房舍，建至适当高度，再用片状岩片向上堆砌，每片逐步收窄封顶，成圆锥形尖顶，这是一种人类最原始的建屋方法。石灰岩块的房舍，坚固、干燥、冬暖夏凉。有人说陶尔利源自大海彼岸的希腊，也有人认为源自中东的叙利亚，但希腊和中东的石屋仅是某些特点相似，阿尔贝罗贝洛的陶尔利石屋，全球独此一家。

发展至今，一些豪华的陶尔利石屋已成楼房，楼下是客厅、卧室、厨房、工具室，楼上阁楼是粮仓、织布间。屋顶有心形、鸟形、日月形等装饰，有的高大屋顶，也画着传统但却是无人看得懂的怪异图案。高墙挂有稻草人驱赶雀鸟，高高的石烟囱饰以公鸡风向标。

除此之外，其他国家也有色彩小镇。如北非突尼斯的西迪布萨义德被称为"蓝白小镇"，它位于突尼斯首都突尼斯城东北部，坐落在地中海边峭壁上，所有的房屋只有两种颜色，白色的墙，蓝色的门窗，单纯而美丽。静静的蓝白小镇，在透明的阳光中呼吸出了浪漫的色调，见图 3-54。

图 3-54　突尼斯西迪布萨义德蓝白小镇

（图片来自网络）

西班牙胡斯卡（Juzcar）也是近年因色彩而闻名的小镇。胡斯卡位于西班牙安达卢西亚龙达山区，是一个传统的"白墙红瓦"的小镇。周边有很多相同小镇，因为当地夏季炎热，房子刷成白色可以反射太阳光，所以这个地区几乎所有的小镇都是一种颜色、一种风情。胡斯卡是其中资质平平的一个，也没有独特的风景，这个小镇只有 200 名居民，每年惨淡的接待不超过 300 名旅游者。2011 年，索尼公司推出 3D 动画片蓝精灵，亟须推广宣传，胡斯卡这座山林小镇，作为电影的宣传基地，发展之路突然被改变。在电影上映的前夕，油漆工用 4000 升蓝色油漆把整个小镇 175 座雪白房屋外墙全部涂成蓝色，包括镇政府大楼、教堂和公墓。于是，这个穿越山川和草原后的这个世外桃源，正式成为蓝精灵的家。名声大噪，成为安达卢西亚地区当季最热门的旅游目的地，蓝精灵的粉丝纷至沓来。在其后 6 个月内，有超过 8000 名旅游者来访，在以后的一年增加到 12.5 万人，见图 3-55。

图 3-55　胡斯卡蓝精灵小镇色彩

（图片来自网络）

3. 西班牙隆达——斗牛发源地

隆达（Ronda）因斗牛的发源地而闻名于世。

（1）基本情况

隆达是位于西班牙安达卢西亚腹地的一座小城，马拉加市以西 100km，它诞生于罗马帝国时代，其老城伫立在 750m 高万丈悬崖之上，给人一种惊心动魄的壮美之感，是斗牛的发源地，人口大约 35000 人。在隆达保存完好的遗址和建筑物上能找到从罗马到摩尔人的印记。

（2）发展历程

3000 多年前，一批旅人爬上西班牙安达鲁西亚地区的一座 750m 的峭壁，阳光点亮了他们疲惫的眼睛。不久，这里有了第一座白色的房子。因为地势险要，所以安全无虞;因为林木丰美，河流丰沛，所以食物无缺。随后建立了剧院，教堂，街道等，最终成长为一座至今繁荣的小镇。小城安宁、质朴，仿佛是从周围的山崖之中自然而然生长出来的。

很久之前，隆达便已经是闻名遐迩，令它声名大噪的是两种最富于戏剧性的人：斗牛士和土匪。如今土匪们的凶悍与机警只能在传说中听到。而斗牛士从古至今一直无比鲜活，无比正宗。大概300年前，现代式的西班牙斗牛由一个名叫弗朗西斯科·罗梅洛的人在一次意外中创立。而他的孙子佩特，更是杀死6000头公牛而从未失手一次，在西班牙人心目中的地位接近于神。每年9月，隆达便会像烧开了葡萄酒一样沸腾起来，人人处于兴奋的癫狂状态，这是斗牛士们的节日。

隆达有着西班牙最早的斗牛场。尽管这个斗牛场太过古老，显得很小很简陋，远不如西班牙其他地方的斗牛场那样高大雄伟壮观，但隆达的这座古老的斗牛场，在斗牛迷心目当中的圣地的地位不会因此而改变。

(3) 特色魅力

隆达古城中的斗牛场，是西班牙最古老的斗牛场，也是斗牛士们朝圣的地方，它甚至还催生出此地一间严格的斗牛士学校和斗牛博物馆。因为太古老，这座圆形斗牛场不算太大，座位也只是条石，开场前的鼓乐仪仗，出场人物清一色古装，整套排场和服饰都根据18世纪西班牙画圣戈雅笔下的斗牛场面原样复制的，一下子将人们拉回300年的情景；气氛也立即戏剧起来，见图3-56。

图3-56　隆达斗牛场外景

（图片来自网络）

比斗牛场里的戏剧更早开场的是场外小城里的情形。人们以为西班牙女孩子都会跳弗拉门戈，其实如今的年轻女孩已经不流行这个了。只有在隆达的斗牛节日上，外国游客才会看到想象中的西班牙，虽然正式的斗牛比赛要在太阳偏西才正式入戏，但只要正午一过，隆达城里满眼都是地中海的蓝天与阳光，满街都是穿民族衣裳的女子，小女孩踢踢踏踏地当街跳弗拉门戈舞，裙裾飞扬，媚眼横斜，响指清脆，手臂舒展如火烈鸟的长颈，见到照相机的镜头便立即送上一个飞吻；姑娘们则人手一杯葡萄酒，旁若无人地笑闹，兴头上还会拉住过客非要干上一杯。

每当斗牛士的马队经过，便会引来无数的口哨与飞吻——隆达此时变成了一座大剧场，全城都热闹得像唱戏，街上满眼都是梅里美笔下的卡门。

此外，隆达也被称为白色天空之城，一幢幢白色屋舍盘踞在直上直下的崖壁上，阳光灿烂到几乎变成银色，直射在白色建筑上，发出强烈的反光，晕眩与震撼，似乎原本只该存在于想象中。当夜幕降临，雪白的灯光会将修建于18世纪、用来连接隆达新城与旧城的新桥映照得犹如黑暗海洋中浮动着的雪雕。当灯光熄灭的一瞬，整个小镇似乎都消失在淡蓝的晨曦里，让人怀疑是海市蜃楼，是巨大戏院里出神入化的背景。甚至直到踩在隆达的山路上，站在悬崖边缘，看着脚下绵延无际的平原，看着似乎近在咫尺的阳光海岸，是一座戏剧里才有的天空之城，见图3-57。

图 3-57　隆达也被称为白色天空之城

（图片来自网络）

（四）澳大利亚、新西兰

1. 澳大利亚谢菲尔德——壁画小镇

谢菲尔德（Sheffield）被称为地球的"立体漫画书"，是澳洲著名的壁画小镇，因为保存着大量色彩斑斓的壁画而享负盛名。

（1）基本情况

谢菲尔德位于澳大利亚塔斯马尼亚州朗塞斯顿市附近，是充满文艺气息的壁画小镇，背景是宏伟多姿的罗兰山。阳光下小镇的墙壁闪耀着缤纷绚丽的色彩，却又因午后人烟稀少，流露出远离凡尘般的宁静。

（2）发展历程

谢菲尔德自 1858 年被英国殖民者发现并开发以来，一直都是以农业、牧业、采矿业、林业为自然经济慢慢发展。20 世纪 80 年代初开始，塔斯马尼亚面临整体经济下滑，谢菲尔德也在劫难逃。小镇人赖以为生的行业由于世界经济一体化的冲击，都逐渐萎缩。

1985 年，小镇的领导们集中在一起开会，成立了旅游协会，开始考虑利用小镇靠近摇篮山的自然资源向旅游业发展。在经济没用出路的时候，小镇人开始往墙上画画，画小镇的历史、人物故事，画先驱和拓荒者的英勇事迹。结果这个壁画小镇吸引了很多游客前往参观，当然还包括来自世界各地的艺术家。小镇里的许多壁画都出自专业艺术家之手。迄今已有百多幅壁画被留在了历史性建筑的外墙上，讲述小镇的历史和生活状况。

自 2003 年起谢菲尔德人每年都会举办一届自己的"国际壁画节"，并逐步发展成为整个塔斯马尼亚州最具国际影响力的文化活动。只有 1000 多人的安静小镇每年会接待来自全球十多万的访客。

（3）特色魅力

镇内壁画到处可见，艺术家和专业画家几乎令全镇没有半壁空白，整个镇子就像一本立体的图画书一样，ATM 提款机、唱片店、咖啡馆、餐厅，就连荒废的房子上都被壁画装扮的浪漫又梦幻。

谢菲尔德的壁画总面积超过 $2000m^2$，镇上几乎每一面外墙上都有壁画，置身其中宛如到了一座"露天艺术馆"。这些作品主要讲述小镇的历史和一些同谢菲尔德有渊源的人物故事，此外还包括了自然风光、农业生产等等，一些童话人物有时也会出现在壁画之中。旅游业的蓬勃发展也带动了种植业的回暖，不少游客在欣赏壁画的同时，还会选购当地出产的鲜花、薰衣草、蜂蜜和新鲜果蔬产品，也有人把老房子改造成咖啡馆或是家庭旅馆。30 多年过去了，即便是当年最乐观的人也难以想象小镇今天的成功。

每年四月当壁画节举办之际，成千上万的游客涌入小镇。每年都会确定一个壁画的主题，来自全球各地的 9 名艺术家据此来予以创作，最终由资深评委进行评比，获胜者可得到 5000 澳元的奖励。随着知名度的不断提升，越来越多的创作者都主动报名，使得组委会不得不事先通过"海选"的方式选拔出 9 名最优秀的画师来参加当年的壁画节。除了专家之外，普通游客也是这些壁画的重要评委。壁画节结束后，所创作的 9 幅作品将会被保留一整年。在此期间，每一位来谢菲尔德的游客都可以为他们心目中的最佳壁画投票。到下一届壁画节开幕时，上一年得票最多的画师将会得到 1000 澳元的"最佳人气奖"，而参与投票的游客也将会通过抽奖的方式获得丰厚的礼品。这样的互动方式，使得越来越多的认识了谢菲尔德。每年都有一些新的画作，使这个小镇永远保持着新鲜感，见图 3-58。

图 3-58　澳大利亚谢菲尔德的第一幅艺术家壁画《宁静和温暖》

（图片来自网络）

此外，加拿大不列颠哥伦比亚省西南部温哥华岛上的一个临海小镇彻梅纳斯（Chemainus，也被译为彻马努斯）也是以壁画闻名的小镇，是谢菲尔德的灵感之源。它在维多利亚以北 80 公里处，始建于 1858 年，以 39 幅户外壁画而闻名，见图 3-59。小镇的港口还依稀可见当年林木业繁荣时的景象，19 世纪，林木业是其最重要的产业部门。后来，随着林木业衰落，到了 20 世纪的 80 年代初，人口急剧减少，几乎就要成为一座空城。为了挽救小镇，市议会启动城市复兴工程，邀请艺术家们倾注全力在小镇的墙壁上绘制了 12 幅壁画，这些壁画大多涂写在小镇的各式建筑上，主要描述了这座百年老镇的伐木历史和风土人情。壁画规模不断扩大，壁画逐渐吸引了很多游客来小镇游玩观光，也吸引了其他的艺术家陆续加入了绘制壁画的队伍。如今的壁画已有 40 多幅壁画，还形成了壁画节，小镇也随之恢复生机。壁画也从以林木业为主成功转型为旅游小镇，以"户外艺术画廊"之美称享誉全球。

图 3-59 加拿大彻梅纳斯街头的壁画

（图片来自网络）

2. 新西兰皇后镇——户外运动小镇

皇后镇（Queenstown，又译昆士敦或昆斯敦）是全世界极限运动爱好者的天堂，3 万人口的小镇，每年吸引全世界 300 万游客前来参与和体验。

（1）基本情况

皇后镇位于新西兰南岛奥塔哥地区的西南部，是南岛的旅游度假地。小镇环绕建造于瓦卡蒂普湖的入海口，瓦卡蒂普湖呈一个消瘦的 "S" 形，附近被非常壮观的群山环绕。景色变化万千、湖光山色宛如仙境，见图 3-60。整个皇后镇约为 8467km², 人口相当的稀少，只有约 18000 人，其中欧美人士约占 80%，亚洲人占 10%，其他种族则占 10%。

图 3-60 新西兰皇后镇风景

（图片来自网络）

（2）发展历程

在距今 15000 年前的冰河世纪，皇后镇是被冰河所覆盖的。皇后镇之名源于维多利亚女王，其历史与黄金密不可分。1862 年，两个剪羊毛的人在沙特瓦河边掘到金子而暴富，继之而起的淘金热在该镇兴起。

（3）特色魅力

皇后镇的精彩刺激活动在世界上名列前茅。皇后镇有激流、峡湾、高山等惊险刺激的优良环境，在不破坏大自然的情况下，发展了许多惊险刺激的活动，上山、下海、飞天的项目都有。短裤、T 恤、球鞋或凉鞋是皇后镇上最炫、最正确的穿法，也是最能融入这里气息的打扮。

皇后镇是高空弹跳的发源地，还有新西兰人发明的喷射快艇，直升机或小飞机的爱好者也有搭机观光的行程，全年都可从事刺激活动，如喷射船、激流泛舟和跳伞。冬天世界各地的滑雪与雪板爱好者齐聚此地，见图 3-61。

因为是旅游度假胜地的关系，皇后镇上有很多间餐厅旅馆，特色美食是烧羊肉与酥皮卷，这两项美食一直都是新西兰的传统食物。

图 3-61　新西兰皇后镇的蹦极活动

（图片来自网络）

另外，位于新西兰南岛瓦纳卡湖区的瓦纳卡小镇（Wanaka）也是滑雪爱好者的好去处，能提供精致生活、家庭娱乐和探险的迷人组合，人口约 3500 人。并且瓦纳卡地区喜爱航空，在飞机场，可以安排观光飞行或跳伞。小镇每两年举办一次壮观的飞行展览，展览以经典军用飞机为主要内容。此外，瓦纳卡的一颗柳树因为形状婀娜、长期在水中而吸引了广大摄影爱好者，当地摄影师将其命名为"寂寞柳树"，可谓新西兰代表景点之一，见图 3-62。

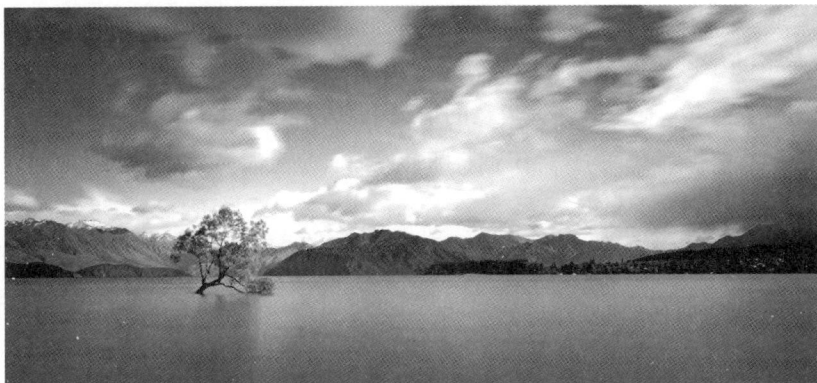

图 3-62 瓦纳卡的寂寞柳树

（图片来自网络）

九、成功经验与启示

国外诸多著名特色小镇产生和延续并不是偶然的，而是经过数十年、甚至上百年的积累、演变，自然形成的。杰克·舒尔茨在《美国的兴旺之城——小城镇成功的 8 个秘诀》一书中较好地总结了小镇发展的成功经验。当小镇让所有秘诀发挥作用时，就会兴旺起来，或者至少有所好转。此书总结的八个经验如下：一是采取肯干的态度才能抓住机会；二是远见卓识需基于优势；三是充分利用资源更易给小镇带来繁荣；四是培育强有力的领导人能促进小镇发展；五是小镇产业发展离不开企业家精神；六是金融机构和报纸可以帮助小镇发展；七是建立并发展品牌是维持小镇特色的有效手段；八是引导小镇不确定因素向积极方向发展。

除以上八点成功经验外，其他小镇发展表明，国外乡镇自治程度、低税收、自下而上民主投票选举领导人等社会运行规则，都对小镇成功发展有重要影响。根据书中的总结以及案例的经验，我们得到以下几点启示：一是领路人是特色小镇发展的关键因素；二是利用各类资源发展特色产业是小镇持续发展的动力；三是城镇之间分工合作才能取得共赢；四是部分小镇的特色难以复制。

第四部分

新时期特色小镇发展现状、机遇与挑战

一、特色小镇发展历程与现状

（一）发展历程

1. 浙江省特色小镇探索

中国的特色小镇兴起于浙江，为新时期全国其他地区特色小镇发展起到了示范作用。2014 年，浙江省政府政研室开始进行"特色小镇"的研究工作。2014 年 10 月，浙江省原省长（现任江苏省委书记）李强在参观"云栖小镇"时首次公开提及"特色小镇"。2015 年 1 月，浙江省十二届人大三次会议通过的《政府工作报告》，把创建"特色小镇"列入省政府 2015 年重点工作，作为浙江省新一轮更大范围的战略布局。2015 年 4 月，浙江省政府公布《关于加快特色小镇规划建设的指导意见》，明确了特色小镇的定位，以及规划建设的整体要求、创建程序、政策措施和组织领导，并提出未来三年全省重点培育和规划建设 100 个左右的特色小镇。2015 年 6 月，第一批省级特色小镇创建名单正式公布，全省 10 个设区市的 37 个小镇列入首批创建名单。自此，建设特色小镇成为浙江改革创新的一大亮点和政府工作的一个重点，并得到中央主要领导的关注和肯定。

浙江创建特色小镇的灵感来自于国外的特色小镇，如瑞士的达沃斯小镇、美国的格林威治对冲基金小镇、法国的普罗旺斯小镇等。但为何会在这样的一个时间节点提出创建特色小镇，确有客观存在的现实原因。一方面，"十二五"末期浙江的产业投资不断下降。"十二五"时期浙江省每年固定资产投资增幅在 12% ～ 16% 之间，但产业投资所占的比重较低，增幅只有 5% 左右，特别是民间投资增长速度只有 1% ～ 3%，有的城市、有的年份还出现下滑。另一方面，需要推进经济转型升级。传统产业在浙江省经济总量中占比较大，达到 70%，但传统产业附加值低，需要转型升级，而主要途径就是新产业的培育。中央提出大众创业、万众创新，而创业、创新就得有平台，需要有资金支撑、空间载体、政策扶持，这样来看，创建特色小镇是个不错的选择。

2. 国家相关政策和举措

2015 年底，习近平总书记对特色小镇建设做出重要批示："从浙江和其他一些地方的探索实践看，抓特色小镇、小城镇建设大有可为，对经济转型升级、新型城镇建设，都具有重要意义。"李克强总理、张高丽副总理也先后做出批示，要求各地学习借鉴浙江经验，重视特色小镇建设发展，着眼从供给侧培育小镇经济，走出新型的小城镇之路。

2016 年 2 月，国务院发布了《关于深入推进新型城镇化建设的若干意见》，要求加快特色镇发展，推动小城镇发展与特色产业发展相结合，与服务"三农"相结合，发展具有特色优势的休闲旅游、商贸物流、信息产业、先进制造、民俗文化传承、科技教育等魅力小镇。这标志着特色小镇建设已成为国家战略。

2016 年 3 月，《国民经济和社会发展第十三个五年规划纲要》中提出了优化城镇化布局和形态，要求加快发展中小城市和特色镇，因地制宜发展特色鲜明、产城融合、充满魅力的小城镇。

在中央主要领导批示和国务院文件之后，国务院相关部委出台了一系列政策，推动特色小镇发展。

（1）关于特色小镇发展的综合性指导文件

2016 年 7 月，住房城乡建设部、国家发展改革委员会和财政部联合发布《关于开展特色小（城）镇培育工作的通知》（建村〔2016〕147 号），标志着全国性特色小镇培育工作正式启动。《通知》提出到 2020 年，培育 1000 个左右各具特色、富有活力的休闲旅游、商贸物流、现代制造、教育科技、传统文化、美丽宜居等特色小镇，引领带动全国小城镇建设，不断提高建设水平和发展质量。

2016 年 10 月 8 日，国家发展改革委员会发布《关于加快美丽特色小（城）镇建设的指导意见》（发改规划〔2016〕2125 号），要求从各地实际出发，遵循客观规律，挖掘特色优势，坚持产业建镇，体现区域差异性，提倡形态多样性，彰显小（城）镇独特魅力，防止照搬照抄、"东施效颦"、一哄而上。

2016 年 10 月 13 日，中央财经领导小组办公室、住房城乡建设部、国家发改委在杭州召开特色小镇建设经验交流会。

2016 年 10 月 14 日，住房城乡建设部发布《关于公布第一批中国特色小镇名单的通知》（建村〔2016〕221 号），确定古北口镇等 127 个特色小镇为全国首批特色小镇。

2016 年 12 月，国家发改委、国家开发银行、中国光大银行、中国企业联合会、中国企业家协会、中国城镇化促进会等 6 部门联合下发《关于实施"千企千镇工程"推进美丽特色小（城）镇建设的通知》。工程的主要内容包括：聚焦重点领域，围绕产业发展和城镇功能提升两个重点，深化镇企合作，培育壮大休闲旅游、商贸物流、信息产业、智能制造、科技教育、民俗文化传承等特色优势主导产业；

运用云计算、大数据等信息技术手段，建设"千企千镇服务网"；搭建镇企合作平台，定期举办"中国特色小（城）镇发展论坛"；依托信息服务平台和镇企合作平台，实现供需对接、双向选择，共同打造镇企合作品牌。

2017 年 7 月，住房城乡建设部发布《关于保持和彰显特色小镇特色若干问题的通知》，要求各地坚持按照绿色发展的要求，有序推进特色小镇的规划建设发展。

2017 年 8 月 22 日，住房城乡建设部发布《关于公布第二批全国特色小镇名单的通知》（建村〔2017〕178 号），认定北京市怀柔区雁栖镇等 276 个镇为第二批全国特色小镇。其中，江苏、浙江、山东三省最多，为 15 个，其次是广东（14个）、四川（13 个）两省，天津市和新疆建设兵团最少，为 3 个。

（2）关于金融支持特色小镇发展的政策文件

2016 年 10 月 10 日，住房城乡建设部与中国农业发展银行发布《关于推进政策性金融支持小城镇建设的通知》（建村〔2016〕220 号），强调优先支持贫困地区，金融支持范围包括：支持以转移农业人口、提升小城镇公共服务水平和提高承载能力为目的的基础设施和公共服务设施建设；为促进小城镇特色产业发展提供平台支撑的配套设施建设。

2017 年 2 月，住房城乡建设部与国家开发银行发布《关于推进开发性性金融支持小城镇建设的通知》（建村〔2017〕27 号），提出优先支持全国首批 127 个特色小镇。重点支持内容包括：支持以农村人口就地城镇化、提升小城镇公共服务水平和提高承载能力为目的的设施建设；支持促进小城镇产业发展的配套设施建设；支持促进小城镇宜居环境塑造和传统文化传承的工程建设。

2017 年 4 月，住房城乡建设部与中国建设银行发布《关于推进商业金融支持小城镇建设的通知》，提出支持特色小镇、重点镇和一般镇建设，优先支持全国首批 127 个特色小镇和各省（区、市）人民政府认定的特色小镇。支持内容包括：支持改善小城镇功能、提升发展质量的基础设施建设；支持促进小城镇特色发展的工程建设；支持小城镇运营管理融资。

2017 年 5 月，住房城乡建设部与中国光大集团股份公司签订共同推进特色小镇建设战略合作框架协议，建立合作推动机制，探索政府与国有金融控股集团合作的投融资模式，引导商业金融支持特色小镇建设。

（3）有关部门支持单一类型特色小镇发展的政策文件

2017 年 5 月 9 日，国家体育总局办公厅发布《关于推动运动休闲特色小镇建设工作的通知》（体群字〔2017〕73 号），要求各省体育局、体育总局有关运动项目管理中心分别根据当地和运动项目实际向体育总局推荐小镇项目，提出到 2020

年，在全国扶持建设一批体育特征鲜明、文化气息浓厚、产业集聚融合、生态环境良好、惠及人民健康的运动休闲特色小镇，带动小镇所在区域体育、健康及相关产业发展，打造各具特色的运动休闲产业集聚区，形成与当地经济社会相适应、良性互动的运动休闲产业和全民健身发展格局。

2017 年 5 月 24 日，财政部发布《关于开展田园综合体建设试点工作的通知》（财办〔2017〕29 号）。强调按照三年规划、分年实施的方式，2017 年，确定河北、山西、内蒙古、江苏、浙江、福建、江西、山东、河南、湖南、广东、广西、海南、重庆、四川、云南、陕西、甘肃 18 个省份开展田园综合体建设试点，中央财政从农村综合改革转移支付资金、现代农业生产发展资金、农业综合开发补助资金中统筹安排，每个试点省份安排试点项目 1 ～ 2 个，各省可根据实际情况确定具体试点项目个数。要求各试点省份、县级财政部门统筹使用好现有各项涉农财政支持政策，创新财政资金使用方式，采取资金整合、先建后补、以奖代补、政府与社会资本合作、政府引导基金等方式支持开展试点项目建设。

2017 年 6 月，农业部市场与经济信息司发布《关于组织开展农业特色互联网小镇建设试点工作的通知》，提出力争在 2020 年试点结束以前，在全国建设、运营 100 个农业特色优势明显、产业基础好、发展潜力大、带动能力强的农业特色互联网小镇，使其成为农业农村经济的重要支柱。

2017 年 7 月，国家林业局办公室发布《关于开展森林特色小镇建设试点工作的通知》，提出在全国国有林场和国有林区林业局范围内选择 30 个左右作为首批国家建设试点，可采取自建、合资合作和 PPP 合作建设等模式推进小镇建设，实现场镇企有效对接、互利共赢，融合发展。

3. 各地积极响应

2016 年 7 月住房城乡建设部、国家发改委和财政部联合发布《关于开展特色小（城）镇培育工作的通知》之前，借鉴浙江的经验，贵州、福建、重庆三地先后出台了特色小镇建设指导意见。三部委发文之后，安徽、河北、山东、天津、内蒙古等 19 省（区、市）又相继出台了培育特色小镇的相关政策文件，在财税、用地和资金多个方面支持特色小镇建设和发展。其中，19 个省（区、市）的指导意见中提出了资金支持政策；15 个省（区、市）的指导意见中提出了土地支持政策，对特色小镇用地指标进行保障和倾斜；8 个省（区、市）的指导意见中对特色小镇的税收返还作了规定，包括财政收入的返还。此外，部分省（区、市）还制定了《省级特色小城镇规划编制要求》，或《特色小镇规划设计导则》。目前，多数省（区、市）已明确特色小镇培育目标，开始组织编制小镇规划，稳步有序推进特色小镇建设工作。从数量上看，据相关方面统计，省级特色小镇培育数量是国家级特色小镇数量的 2 倍多，其中建制镇占有较大比重。从模式上看，福建、山东等省基本上采用了浙江模式，其他省（区、市）则采取了各具特色的小镇发展模式。

2016 年 8 月，河北省委省政府出台《关于建设特色小镇的指导意见》（以下简称《意见》），提出力争通过 3～5 年的努力，培育建设 100 个产业特色鲜明、人文气息浓厚、生态环境优美、多功能叠加融合、体制机制灵活的特色小镇。河北特色小镇不是行政区划单元的"镇"，也不是产业园区、景区的"区"，一般布局在城镇周边、景区周边、高铁站周边及交通轴沿线，适宜集聚产业和人口的地域。《意见》指出，特色小镇规划要突出特色打造，彰显产业特色、文化特色、建筑特色、生态特色，形成"一镇一风格"。特色小镇规划面积一般控制在 3km² 左右（旅游产业类特色小镇可适当放宽），建设用地面积一般控制在 1km² 左右，聚集人口 1 万～3 万人。《意见》强调特色小镇建设要突出历史文化传承，注重保护重要历史遗存和民俗文化，挖掘文化底蕴，开发旅游资源，所有特色小镇要按 3A 级以上景区标准建设，旅游产业类特色小镇要按 4A 级以上景区标准建设，并推行"景区 + 小镇"管理体制。特色小镇要有明确产业定位，要聚焦特色产业集群和文化旅游、健康养老等现代服务业，兼顾皮衣皮具、红木家具、石雕、剪纸、乐器等历史经典产业。坚持高强度投入和高效益产出，每个小镇要谋划一批建设项目，原则上 3 年内要完成固定资产投资 20 亿元以上，其中特色产业投资占比不低于 70%，第一年投资不低于总投资的 20%，金融、科技创新、旅游、文化创意、历史经典产业类特色小镇投资额可适当放宽，对完不成考核目标任务的予以退出。

2016 年 12 月，江西省政府印发《江西省特色小镇建设工作方案》（以下简称《方案》）。《方案》指出，特色小镇主要指以某种产业为特色，既有城市功能，又有乡村风貌，大小适宜的人口聚集区，主要包括以传统行政区划为单元的建制镇和不同于行政建制镇、产业园区的创新创业平台两种形态。《方案》提出，到 2020 年江西省要建成一批各具特色、富有活力的现代制造、商贸物流、休闲旅游、传统文化、美丽宜居等特色小镇，努力打造美丽中国"江西样板"。在此《方案》中，推进特色小镇建设的工作重点包括 6 个方面：一是编制规划方案；二是打造特色产业；三是营造宜居环境；四是彰显特色文化；五是完善设施服务；六是创新体制机制。在资金支持方面，《方案》提出要建立"以县为主、乡镇为辅、省市奖补"的经费保障机制，对省级特色小镇，省财政每年安排每个特色小镇建设奖补资金 200 万元。在土地政策支持方面，《方案》提出：支持各地从省下达的年度新增建设用地计划中安排一定数量的用地计划用于特色小镇建设，并予以优先安排、足额保障；支持有条件的特色小镇通过开展低丘缓坡荒滩等未利用地开发利用、工矿废弃地复垦利用和城乡建设用地增减挂钩试点，增减挂钩的周转指标扣除农民安置用地以外，剩余指标的 20% ~ 50% 留给特色小镇使用，有节余的可安排用于城镇经营性土地开发。

2017 年 1 月，江苏省政府印发《关于培育创建江苏特色小镇的指导意见》，明确了江苏特色小镇发展的总体要求、发展目标、创建路径和工作机制，坚持用"非镇非区"的新理念，用"宽进严出"的创建制，用产、城、人、文"四位一体"的新模式，通过 3 ~ 5 年努力，分批培育创建 100 个左右能够彰显江苏产业特色、凸显苏派人文底蕴、引领区域创新发展的宜业宜居宜游的特色小镇。为贯彻落实此"指导意见"，江苏省发改委制定了《关于培育创建江苏特色小镇的实施方案》，强调特色小镇应布局在有较好特色产业基础，相对独立于市区的产业集聚区、具备一定条件的开发园区或中心城市周边的小城镇；原则上 3 年内要完成项目投资 50 亿元，苏北、苏中地区投资额可放宽至标准的 80%。新一代信息技术、创意创业、健康养老、现代农业、旅游风情和历史经典特色小镇，原则上 3 年内要完成项目投资 30 亿元；对纳入省级创建名单的特色小镇，在创建期间及验收命名后累计 3 年内，每年考核合格后给予 200 万元奖补资金；鼓励和引导政府投融资平台和财政出资的投资基金，加大对特色小镇基础设施和产业示范项目支持力度；支持特色小镇发行企业债券、项目收益债券、专项债券或集合债券等各类债权融资工具用于特色小镇公用设施项目建设。

省级以下，市、县政府也对国家加快特色小镇建设的政策精神做出了积极回应，部分市、县（区）也出台了关于加快特色小镇培育建设的政策文件，制定了自己的培育计划和培育目标，见图 4-1。据有关方面统计，县级特色小镇培育数量大约是省级的两倍。山东省青岛市于 2016 年 11 月印发《关于加快特色小镇规划建设的实施意见》，提出到 2020 年，在全市建成 50 个产业特色鲜明、人文气息浓厚、生态环境优美、生产生活融合的特色小镇，其中省、市级特色小镇 20 个左右，区（市）级特色小镇 30 个左右。在运作方式上，坚持政府引导、企业主体、市场化运作，发挥市场在资源配置中的决定性作用。在投资规模上，省、市级特色小镇 5 年内固定资产投资应达到 30 亿元以上（不含住宅建设项目），每年完成投资不少于 6 亿元；其中，金融、信息技术、旅游休闲、文化创意、医疗健康、特色农业等类型的特色小镇 5 年投资额不低于 20 亿元，每年不低于 4 亿元。区（市）级特色小镇总投资额可适当放宽要求。在财政扶持方面，市级部门牵头管理的各类专项资金（除有明确用途和性质等限制的以外）应优先支持特色小镇发展。市财政出资 10 亿元，成立规模 50 亿元特色小镇发展基金，支持特色小镇基础设施建设。在小镇用地方面，优先保障特色小镇建设用地。对新增建设用地的，可先行办理农用地转用及供地手续，区市根据年度用地计划单列用地指标。特色小镇范围内的建设项目可整体打包列入年度市重点项目，所含子项目享受市重点项目优惠政策。

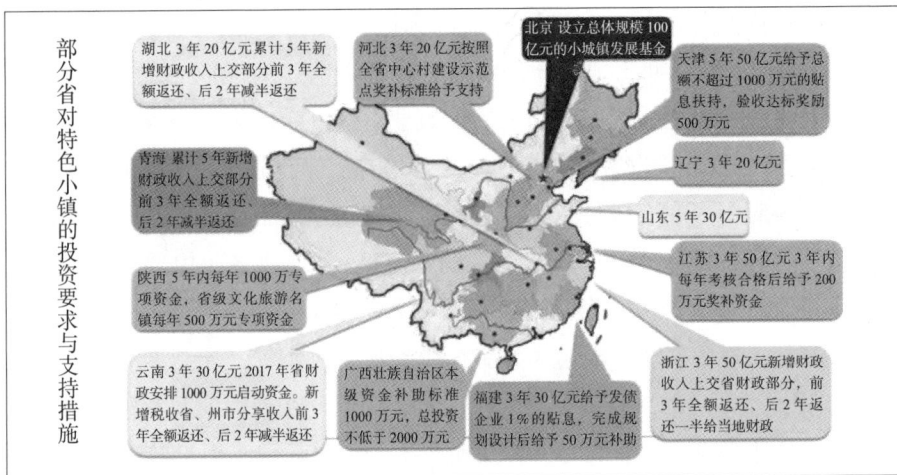

图 4-1　部分省（区、市）对特色小镇的投资要求与支持措施

资料来源："特色小镇发展还在路上"，宋慧芳，中国经济信息

（二）发展现状

1. 住房城乡建设部首批 127 个特色小镇发展状况

2016 年 10 月 14 日，住房城乡建设部发布《关于公布第一批中国特色小镇名单的通知》，通知指出住建部根据《住房城乡建设部　国家发展改革委　财政部关于开展特色小镇培育工作的通知》（建村〔2016〕147 号）精神和相关规定，在各地推荐的基础上，经专家复核，会签国家发展改革委、财政部，认定北京市房山区长沟镇等 127 个镇为第一批中国特色小镇，并公布特色小镇名单。

值得注意的是，与浙江省倡导的特色小镇不同，住房城乡建设部公布的首批特色小镇都是建制镇，具有国家行政区划概念，是经省、自治区、直辖市人民政府批准设立的镇。首批特色小镇大多具有环境优美、交通便捷、历史文化资源丰富等特点，对周边农村和集镇发展有较强的辐射带动和示范作用。这些类型各异、差异性明显的特色小镇不仅自然、文化资源丰富，二、三产业也有一定程度发展。

（1）地理分布特征

从各省首批特色小镇数量看，数量最多的是浙江省，为 8 个，其次是江苏省、山东省和四川省，为 7 个；数量最少的西藏和新疆生产建设兵团，分别为 2 个和 1 个；大部分省份为 3 ~ 4 个，见图 4-2。

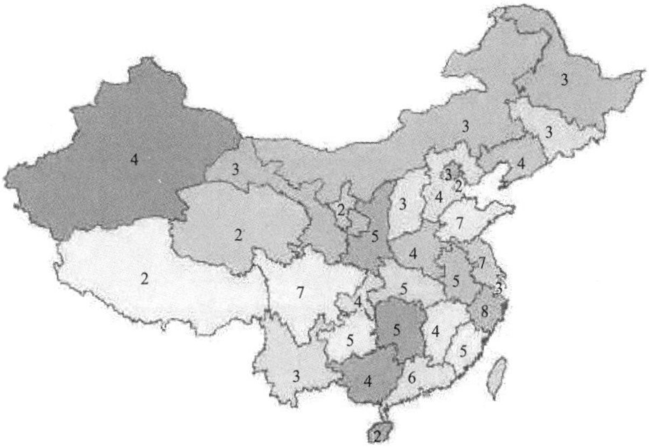

图 4-2　全国各省（区、市）首批特色小镇数量分布

资料来源：特色小镇网微信公众号

从南北分布上看，南方特色小镇数量明显高于北方数量。从各地区来看，东部地区特色小镇数量最多，西部地区其次，中部地区第三，东北地区最少，由此可见其与经济活力和发展水平的正相关关系。东部沿海地区，是我国经济发展水平较高的区域，也是最具增长潜力的地区，而东北地区以及新疆、西藏、青海、甘肃、内蒙古、宁夏等西部地区是我国经济发展缓慢、经济较不发达的区域。四川、贵州等少数西部地区省份特色小镇数量较多则与中国西南区域的旅游资源丰富有一定关系。

（2）产业类型特征

首批特色小镇按照不同的分类标准有不同类型。比如，从小镇形成和发展的主要动因出发，可把首批特色小镇分为内生型和外生型两类。从旅游、文化、创意的角度，首批特色小镇则可以分为生态旅游小镇（49 个）、特色文化小镇（50 个）和创意产业小镇（28 个）三类，其中前两类的数量大致相同，是后者的两倍。按照产业分类，特色小镇又可以分为旅游发展型、工业发展型、历史文化型、民族聚居型、农业服务型和商贸流通型，其中旅游发展型的特色小镇最多，共有 64 个，占比高达 50.39%；其次是历史文化型特色小镇，有 23 个，占比为 18.11%。总体而言，首批特色小镇的类型分布不够均匀，见图4-3。

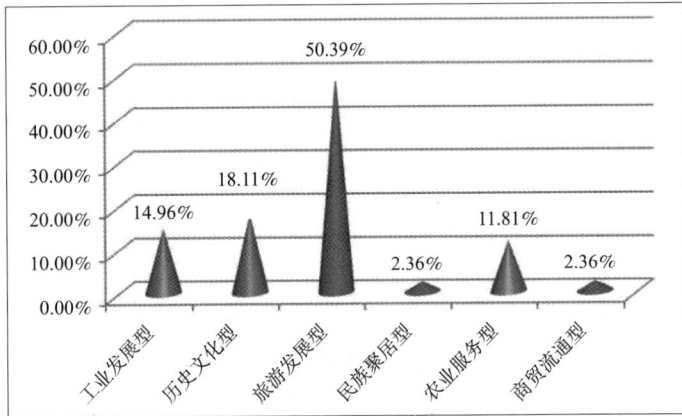

图 4-3　不同类型特色小镇所占比重

资料来源：特色小镇网微信公众号

（3）区位特征

根据特色小镇与大城市的关系，特色小镇有三种区位类型：大城市近郊、大城市远郊和农业地区。从图4-4容易看出，农业地区的特色小镇最多，其次是大城市近郊区，而大城市远郊区的特色小镇最少。从南北分布上看，大城市近郊的特色小镇南方多于北方，而农业小镇则北方多于南方，见图4-4。

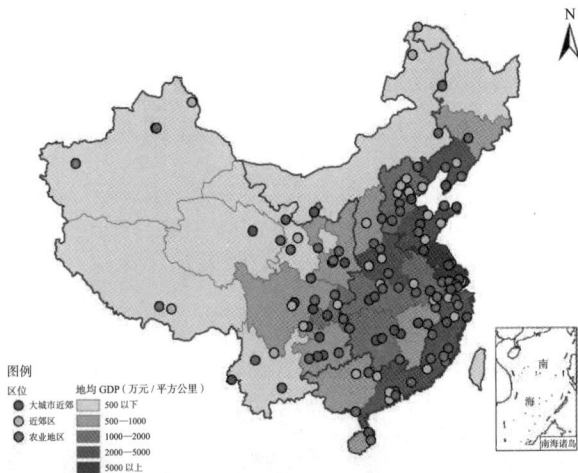

图 4-4　首批特色小镇三种区位类型分布情况

资料来源：小城镇规划微信公众号

（4）就业特征

从首批特色小镇就业的特征分布来看（图4-5），长三角、珠三角、环渤海地区的特色小镇在提供就业岗位方面表现突出，长江中游地区、西北地区和东北地区的特色小镇表现偏弱。众所周知，长三角、珠三角、环渤海地区是我国经济最为活跃、经济实力最强、发展势头最好的三大城市群，在城市群内部，特色小镇与核心城市发展形成了良好的互动关系。首批特色小镇平均提供就业岗位为26624个。分析就业人员构成，容易发现，特色小镇对周边地区的带动作用也比较明显。127个特色小镇平均带动周边农村人口10385人就业，占全部就业岗位的39%。

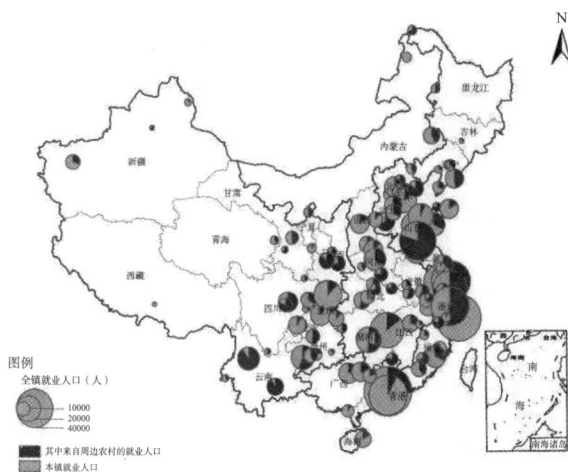

图4-5　首批特色小镇就业人口规模及构成

资料来源："特色小镇大盘点：中国127个特色小镇都有哪些特色"，新华网

（5）镇区人口

首批特色小镇的镇区人口平均规模是2.74万人。从镇区人口规模的地理分布特点来看，沿海地区和内陆地区都有人口大镇，也都有人口小镇，见图4-5。其中，沿海地区人口规模最大的镇是浙江省温州市乐清市柳市镇，为16.01万人，人口规模最小的是广东省肇庆市高要区回龙镇，为888人。内陆地区人口规模最大的镇是新疆生产建设兵团第八师石河子市北泉镇，为9.74万人，最小的镇是西藏拉萨市尼木县吞巴乡，为300人。

（6）镇区建成区面积

首批特色小镇平均建成区规模为6.68km²，人均建设用地面积243.75m²。东部沿海地区的小城镇建成区规模普遍较大，而内陆地区的小镇建成区规模普遍偏小。镇区建成区规模最大的是天津市滨海新区中塘镇，为 56km^2，最小的是北京市密云区古北口镇，为 0.24km^2。

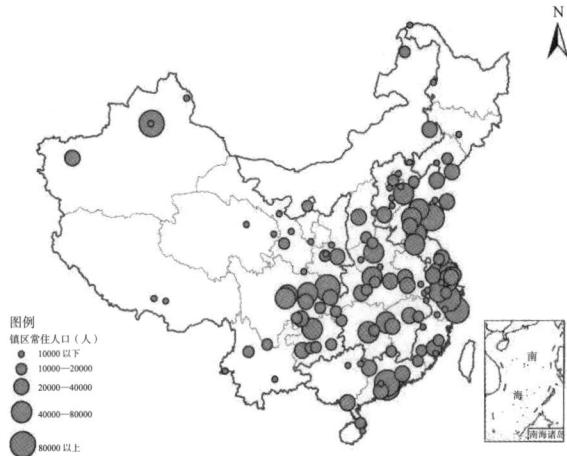

图 4-6　首批特色小镇镇区人口规模

资料来源：小城镇规划微信公众号

（7）经济发展

首批特色小镇 2016 年地区生产总值平均为 55 亿元，同比增长 10%，较全国 GDP 增长率高出 3 个百分点；城镇居民人均可支配收入为 29919 元，与 2015 年相比增长 13%，较 2016 年全国建制镇的城镇居民人均可支配收入增幅高出 5 个百分点，足见特色小镇培育对城镇居民增收具有一定程度的正面作用。

（8）基础设施和公共服务设施

全国首批 127 个特色小镇，90% 以上其自来水普及率高于 90%，80% 其生活垃圾处理率高于 90%，把这两项指标与县城相比，首批特色小镇基本达到了全国县城的平均水平。另根据相关统计，首批 127 个特色小镇平均每个小镇配有 6 个银行或信用社网点，5 个大型连锁超市或商业中心，9 个快递网点，以及 15 个文化活动场所或中心。

（9）传统文化保护和传承方面

全国首批 127 个特色小镇中，85% 的特色小镇拥有省级以上非物质文化遗产，80% 以上的特色小镇定期举办丰富多彩的民俗文化活动，70% 以上的特色小镇保留了独具特色的民间技艺。

（10）体制机制创新方面

首批特色小镇中，90% 以上的小镇建立了规划建设管理机构和"一站式"综合行政服务，80% 以上的小镇设立了综合执法机构，有半数以上的镇采取了村镇融合方面的创新措施，如福建省和平镇等开展以镇带村、村镇一体化工作。

自国家提出培育特色小镇以来，第一批 127 个特色小镇建设取得明显成效，基础设施和公共服务设施水平有所提高，到 2016 年底，新增企业就业人口 10 万人，平均每个小镇新增工作岗位近 800 个，农民人均纯收入比全国平均水平高 1/3，有效带动了产业和农村发展。

2. 浙江省特色小镇发展状况

与住房城乡建设部首批特色小镇皆是建制镇不同，浙江创建的"特色小镇"不是行政区划单元上的"镇"，也不同于产业园区、风景区的"区"，而是按照创新、协调、绿色、开放、共享发展理念，结合自身特质，找准产业定位，挖掘产业特色、人文底蕴和生态禀赋，然后进行科学规划，形成"产、城、人、文"四位一体有机结合的重要功能平台。2015 年浙江人代会上的《政府工作报告》对特色小镇作了这样的描述：按照企业主体、资源整合、项目组合、产业融合原则，在全省建设一批聚焦七大产业、兼顾丝绸黄酒等历史经典产业、具有独特文化内涵和旅游功能的特色小镇，以新理念、新机制、新载体推进产业集聚、产业创新和产业升级。

（1）产业定位

浙江省特色小镇的产业定位是本省最有基础、最有特色、最具潜力的主导产业，也就是聚焦支撑浙江长远发展的信息经济、环保、健康、旅游、时尚、金融、高端装备等七大产业，以及茶叶、丝绸、黄酒、中药、木雕、根雕、石刻、文房、青瓷、宝剑等历史经典产业，通过产业结构的高端化推动浙江制造供给能力的提升，通过发展载体的升级推动历史经典产业焕发青春、再创优势浙江。特色小镇具有产业定位"特而强"、小镇功能"聚而和"、建设形态"精而美"、制度供给"活而新"的特点。

（2）创建标准

浙江省对于创建特色小镇提出了明确的要求，特色小镇规划空间范围一般控制在 3km² 左右，建设面积一般控制在 1km² 左右。省级特色小镇要求 3 年完成固定资产投资 50 亿元左右（不含住宅和商业综合体项目），第一年不少于 10 亿元，金融、科技创新、旅游、历史经典产业类特色小镇投资额可适当放宽，加快发展县可放宽到 5 年。特色小镇要达到 3A 级景区标准，旅游类特色小镇要按 5A 级景区标准建设。浙江特色小镇按照梯队式培育、组团式发展的模式推进，即省、市、区（县、市）各级都有特色小镇发展目标。2015年，省委省政府决定未来三年全省重点培育和规划建设100个省级特色小镇，而杭州市决定省、市、区（县、市）三级特色小镇总数3年内力争达到100个左右，实现"引领示范一批、创建认定一批、培育预备一批"的目标。

（3）扶持政策

浙江省为创建特色小镇出台多项优惠政策，其中最重要的当属土地指标倾斜和财政税收优惠政策，因为对浙江小镇而言，制约发展的关键因素就是土地和资金的问题。浙江省为特色小镇制定的主要优惠政策包括：划拨专项用地指标，省里按实际使用指标的50%或60%给予配套奖励，对3年未达到规划目标任务，加倍倒扣省奖励的用地指标。同时，在税收上，入园企业的新增财政收入上交省（市）财政部分前3年全额返还，后2年一半返还。在金融方面，小镇建设和入驻企业将优先获得项目贷款、发债、PPP融资、利率优惠、产品创新服务、金融便利服务等系列金融优惠政策支持，其他还有人才优惠政策、网络经济扶持等。

（4）初步成效

自2015年4月省政府公布《关于加快特色小镇规划建设的指导意见》，提出未来三年全省重点培育和规划建设100个左右的特色小镇，到2017年8月，浙江省已公布三批共计114个省级特色小镇创建名单，超额完成培育计划。第一批为37个，于2015年6月公布；第二批为42个，于2016年1月公布；第三批为35个，于2017年8月公布。

经过两年多的建设，浙江特色小镇已经取得阶段性成果。首批37个特色小镇吸引了3300多家企业，完成投资480亿元，有5个小镇投资已经超过20亿元。在政策的鼓励和市场的推动下，浙江省涌现出一批极具影响力的特色小镇，在特色小镇建设中发挥着龙头作用。如云栖小镇，累计引进企业328家，其中涉云企业达到255家，产业已经覆盖云计算、大数据、互联网金融、移动互联网等各个领域，2015年实现涉云产值近30亿元，财政总收入达到2.1亿元。如梦想小镇，已累计完成投资31亿元，集聚金融机构420家，集聚管理资本1100多亿元，基本建成了一个低成本、全要素、开放式、便利化的创业社区。至今，梦想小镇已经吸引了来自全国乃至全世界的7000多名年轻人在此创新创业，他们已创立740多个项目，正在将各种奇思妙想付诸实践，把创意变成产品，把智慧变成财富。

2016年上半年，浙江省特色小镇投资进度加快。统计监测数据显示（浙江特色小镇官网），130个省级特色小镇创建和培育对象上半年完成固定资产投资（不包括住宅和商业综合体项目）744.6亿元，其中特色产业投资457.6亿元，占固定资产投资的 61.5%。其中，第一批 37 个省级特色小镇创建对象上半年完成固定资产投资 261.3 亿元，特色产业投资 149.3 亿元，占固定资产投资的 57.1%。第二批 42 个省级特色小镇创建对象上半年完成固定资产投资 266.9 亿元，特色产业投资 178.4 亿元，占固定资产投资的 66.8%。52 个省级特色小镇培育对象上半年完成固定资产投资 216.4 亿元，其中特色产业投资 129.9 亿元，占固定资产投资的 60%。

所有省级特色小镇创建和培育对象中，梅山海洋金融小镇固定资产投资额最高，达到 19.8 亿元，其余义乌丝路金融小镇、江北动力小镇、余杭梦想小镇、湖州丝绸小镇、德清地理信息小镇、秀洲光伏小镇、上虞 e 游小镇、衢州循环经济小镇、萧山机器人小镇、平湖光机电智造小镇、西湖西溪谷互联网金融小镇和南浔智能电梯小镇等固定资产投资额也都在 10 亿元以上。从特色产业投资额看，则是金华新能源汽车小镇最高，达到 16.5 亿元。

特色小镇发轫于浙江并非偶然，其中的奥秘在于它强大的资本和人脉资源，而这个优势与浙江商品经济发达的历史以及成为当代民营经济大省高度相关。而反观一些欠发达地区，商品经济不发达，工业发展缓慢，民营经济薄弱，民间资本非常有限，因此要简单复制浙江特色小镇的经验将非常困难。

3. 其他省（区、市）特色小镇发展状况

住房城乡建设部首批 127 个特色小镇名单公布前后，一些省、市也制定了自己的特色小镇发展目标，并公布了自己的特色小镇名单。湖北省计划 3 ~ 5 年，在全省规划建设 50 个国家及省级特色小（城）镇；江西省拟分两批选择 60 个左右建设对象，力争到 2020 年建成一批各具特色、富有活力的现代制造、商贸物流、休闲旅游、传统文化、美丽宜居等特色小镇，努力打造美丽中国"江西样板"；辽宁省"十三五"期间规划建设 50 个产业特色鲜明、体制机制灵活、人文气息浓厚、生态环境优美、多种功能叠加的特色乡镇，促进城乡统筹协调发展。

在培育特色小镇过程中，福建、河北、云南、湖北基本上采用了浙江模式，比如湖北省要求特色小镇规划区域面积一般控制在 3km² 左右，建设用地规模一般控制在 1km² 左右，建设要坚持"精而美"；云南省主要是以 3km² 为创建单元，产城融合，既可以在一个镇的中心区域发展，也可以在新区围绕某一个特色产业来打造。其他省区则采取了各具特色的发展模式。

应该说，各地发展特色小镇各有各的优势，也各有各的不足。比如云南特色小镇的优势，概括来说就是生态优、文化厚、风貌淳。云南环境比较好，生态优势明显；文化比较深厚，既包括当地的历史文化，还有丰富的民族文化；此外，云南的许多建筑风貌特点突出，并且其中很多都跟青山绿水很好地融为一体。与优势相比，云南发展特色小镇的劣势也很明显，如产业科技落后，产业龙头太少，产业品牌不够，人才缺乏，用地条件有一定挑战，投入大、成本高。此外，金融的有效供给不够，金融创新力度不够。

在看到特色小镇取得的成绩的同时，也不能忽视特色小镇发展中存在的问题。最突出的问题是一些地方"一哄而起"做小镇，难免盲目跟风。还比如，一些地区存在借特色小镇之名行房地产开发之实的现象。在珠三角，某房地产企业借助"科技小镇"概念推动产业地产，获得地方政府大量土地资源支持；在长三角，一家房地产企业打算在大城市周边打造标准化的"农业小镇"：两平方公里农业区配套一平方公里建筑区，计划承载3万人。有专家表示，特色小镇的发展一旦引入房地产，就会拉高土地成本，特色产业则难以实现发展，最后会演变为房地产一业独大，并带来大量的住房库存。一些特色小镇在建设中，易受政绩驱动，急于求成，演变为"任务工程"。一些省份已创建出各自的特色小镇名单，并下达具体任务，对未完成年度投资指标的特色小镇采取"摘帽子"措施。有的地方，简单运用行政命令，发布相关政策，规定特色小镇建设的特定时间、数量以及规模。各地出现一批基金小镇、一批健康养老小镇、一批机器人小镇，有很大一部分是不具备产业基础的"跟风"。行政干预不当，阻碍市场主体发展。部分地方政府在规划建设特色小镇，按照自己的主观思维方式去创造市场，导致运营主体错位，违背市场规律。有些政府或部门，尽管意识到"政府投资、招商引资"等传统做法不适用特色小镇，但"政府招商"的主体地位并没有大的改观，表现为招商企业领域分散、项目细碎化现象严重、核心产业不突出等现象，造成实质上的运营主体缺失。一些小镇还在组建开发公司，而另一些小镇尽管有名义上的市场化主体，但管理运营受政府影响仍然比较大。

二、特色小镇发展面临的机遇与挑战

（一）发展机遇

1. 产业转移为特色小镇经济发展提供了新的动力

资源和环境问题是导致大城市某些产业向小城镇转移的重要原因。城市中心区经过长期经济快速发展，造成资源紧张，直接带来土地、劳动力、水、电等要素成本大幅度上升，而小城镇具有资源丰富、要素成本低的优势，特别是一些发展较好的特色小镇，基础设施和公共服务设施相对完善，是城市部分产业转移的优先选择。此外，大城市都有程度不同的交通拥堵、空气污染、房价高企等城市病，特色小镇则不同，生态环境良好，非常适宜居住，对人们有巨大的吸引力。为缓解或一定程度上克服城市病，促进城乡协调发展，地方政府也有强烈的意愿推动一些产业向小城镇转移，客观上助推了特色小镇的产业发展。

2. 信息网络和交通条件改善彻底改变了一些小城镇的区位劣势

从城镇发展的历史来看，交通是城镇发展的主要动力，它决定着生产要素的流动、城镇体系的发展，甚至是城镇的兴衰。随着近年来我国高铁、高速公路、桥梁、机场等重大交通基础设施建成和不断完善，再加上信息网络的普及，过去一些偏僻的小镇一跃成为具有良好区位优势的地区，传统制约小镇发展的主要障碍得到有效克服。得益于区位条件的提升，小镇与大城市及周边区域的经济社会联系更加紧密，其经济吸引力和空间聚集能力大大增强，不仅使得小镇在区域发展过程中所处的地位更加突出，而且对小镇发展方向、发展目标产生重要影响。一般来说，小镇须依据其自身的区位条件、产业特色，以及接受中心城市辐射的梯度及圈层，来确定其独具特色的发展方向。

3. 城市居民消费升级为特色小镇产业发展提供了巨大的市场空间

首先，城里人到村镇旅游成为潮流。其次，大城市居民到乡镇异地养老的现象日益增多。再次，城市居民到乡镇长期居住的现象日益突出。据相关调查研究的成果，乡村风光和幽静清新的环境对城市居民有着巨大的吸引力。此外，乡村风俗习惯、传统文化、淳朴民风、特殊自然景观和无污染的农产品等都是村镇的重要旅游资源，对城市居民有着不可小觑的吸引力。

4. 农民收入提高和农民工回乡创业为特色小镇建设注入了新的活力

因为各种原因回乡创业的"小镇青年"，其消费理念和生活追求与城市居民已无太大差别，因此，他们对小镇功能的完善、居住环境的改善都有强烈的和迫切的诉求。同样，农民收入提高也会带来农民消费水平的上升，以及对生活品质的更高追求，从而给小城镇政府以压力，进一步提升小镇的基础设施和公共服务设施服务水平。

5. 国家重视和政策扶持是特色小镇快速发展的根本保障

近年来，中央、国务院以及相关部门出台了一系列有利于小城镇发展的重大政策。除前面提到的直接针对特色小镇发展的政策之外，其他有利于特色小镇发展的相关政策如下：

·国务院《关于创新重点领域投融资机制鼓励社会投资的指导意见》（国发〔2014〕60号）

·国务院《关于深入推进新型城镇化建设的若干意见》（国发〔2016〕8号）

·国务院办公厅《关于支持返乡下乡人员创业创新促进农村一二三产业融合发展的意见》（国办发〔2016〕84号）

·中共中央　国务院《关于完善产权保护制度依法保护产权的意见》（2016年11月4日）

·中共中央　国务院《关于稳步推进农村集体产权制度改革的意见》（2016年12月）；

·中共中央办公厅　国务院办公厅《关于深入推进经济发达镇行政管理体制改革的指导意见》（2016年12月）。

·中共中央　国务院《关于加强耕地保护和改进占补平衡的意见》（2017年1月9日）。

·国务院办公厅《关于创新农村基础设施投融资体制机制的指导意见》（国办发〔2017〕17号）

·国家发改委　国土资源部：《全国土地整治规划（2016—2020年)》（2017年2月）。

·国务院办公厅《关于进一步激发社会领域投资活力的意见》（国办发〔2017〕21号）。

·李克强《2017年政府工作报告》，提出支持中小城市和特色小城镇发展，推动一批具备条件的县和特大镇有序设市。

为落实中央国务院的政策精神，各地也纷纷制定出台了推进特色小镇发展的相关政策，所有这些政策都为特色小镇发展定位、产业培育、规划建设、体制机制创新、投融资渠道拓宽打下了坚实的基础，是"十三五"期间特色小镇快速发展的主要动力和根本保障。

（二）面临的挑战

1. 城市文明与乡村文明的冲突

小城镇是生产力发展到一定阶段的产物，是城市和农村之间联系的纽带，是城乡生产资料、信息、劳动力等交流与共享的平台，因此也必然是城市文明与乡村文明冲突的重要节点，见图4-7。一方面，从思想观念的角度看，城市中强调的法规管治与乡村中泛行的村规民约之间存在冲突。另一方面，从行为主体看，来自小镇外部的决策者、投资者、消费者的行为和利益，与小镇的领导者、原住民、拥业者的态度和行动，也存在着显著的冲突。

图 4-7　困牛山下的稻田，按照规划，未来这里将变成一片人工湖

资料来源：中国青年报，"一场两败俱伤旅游扶贫背后的失与得"，袁贻辰／摄，2017 年 6 月 15 日

　　贵州省黔西南布依族苗族自治州兴仁县塘山村有溶洞、天坑、温泉和喀斯特山群等丰富的旅游资源，温泉最浅距地表仅 80 多米，深深吸引了一家旅游公司的老板。该老板在考察半年后，决定投资 2.2 亿元，依托当地资源打造一个景区。按照规划，旅游区计划征用 300 余亩土地，共涉及 90 余户人家，土地流转价格是 2.8 万元一亩。但这个价格却没得到所有村民的认可，30 多户人家成了"钉子户"，非要坐地起价抬高土地流转的价格，有人甚至放话，至少几十万元才行。在价格谈不拢的背后，实际上是来自城里的开发商与当地农民观念的冲突。对农民而言，特别是那些上了年纪的农民，脚下的土地几乎就是他们的生命和依靠，不管何种原因"失去"土地，他们内心深处都有一种"地没了人咋办"的挥之不去的深切忧虑，他们对土地的这种观念和情感是城市人难以理解的。对开发商而言，土地不过是生产要素之一，只有合理的开发模式才能发挥它的作用，而土地的合理价值是以整个项目合理的成本预算为前提的，所以农民的"漫天要价"绝对不可能接受。由于价格谈不拢，加之部分村民反感投资商简单粗暴、缺乏耐心的沟通方式，最后导致项目搁浅，两败俱伤。对投资商而言，撤资意味着前期规划和投资打了水漂；对村民而言，他们致富的愿望落了空，不少因此项目返乡的人守着老屋黯然神伤。

而等村民回过神来，才发现原来打算投资的老板已去了邻县，另找了一处项目开发，并早已正式开工了。错过这次机遇后，村里老百姓的"苦"日子依旧，但村民观念有了变化，当村委会有人提议为以后来考察的旅游公司考虑，把地下溶洞的入口修缮一下，包括那些曾经激烈反对土地流转的人都表示一致赞成。

2. 特色产业基础薄弱

总体来看，我国大部分地区的小城镇经济规模偏小，产业基础薄弱，产业功能比较简单和分散，特色产业不够鲜明，中西部地区此情况更加突出，小城镇产业龙头太少，产业品牌缺乏。这一方面是由于小城镇长期发展不足所导致的，另一方面也是因为小镇产业完全靠企业和市场投资，缺乏政府的政策和资金支持以及规范的结果。此外，在小城镇产业发展过程中，对开发利用当地农民的生产技能、传统文化资源等发展特色产业挖掘不够，农民的无形资源未能转化成为创造价值的资本。基础薄弱的特色产业难以成为推动小镇经济增长的强大动力，而没有经济发展这个基础，特色小镇建设和可持续发展也就无从谈起。

3. 人才匮乏

各类人才匮乏、人力资源质量相对较低，特别是各行各业领头人的缺乏或素质不高，是包括多数特色小镇在内的小城镇发展的基本现实，是长期以来制约小城镇发展的一个关键薄弱环节。究其原因，首先，小城镇的就业机会与大城市相比少得可怜，而且在小城镇就业的收入水平与城市相比也有很大的差距。其次，小城镇基础设施和公共服务设施不配套，功能不完善，规划建设管理水平较低，也使小城镇对人才的吸引力大打折扣。再次，小城镇普遍缺乏针对提高文化素质和职业技能的辅助性教育设施，不利于人才培养和农村劳动力技能的提高。人才匮乏给特色小镇建设和发展蒙上了深重的阴影，因为特色小镇"麻雀虽小五脏俱全"，各行各业发展都需要专业人才和管理人才，特别是发展创新创意产业，如果没有人才支撑就是一句空话。没有优秀的管理人才和一批眼界比较开阔的经营者，特色小镇引入社会资本，发展特色产业，坚持有特色建设，营造宜居的环境氛围和社会氛围，挖掘历史文化，打造小镇特色风貌，提高经济发展的效率，实现可持续发展，也无异于天方夜谭。

4. 基础设施和公共服务设施短缺

一方面，由于我国长期存在的城乡二元结构，以及政府"重城轻镇"的传统观念十分突出，导致对小城镇建设的投入严重不足；另一方面，反观小城镇自身，自1994年分税制改革后，事权下移，财权上移，实施"乡财县管"，大多数乡镇政府无独立财政权，不能直接分享乡镇区域内的税费收入，只能依靠上级政府财政转移支付和乡镇非税收收入，导致乡镇财政收入薄弱且不稳定。在扣除乡镇公务人员工资、办公等经常性支出后，难以为基础设施建设提供有效资金支持。这两方面的原因使得包括特色小镇在内的小城镇镇区建设滞后，基础设施很不完善，公共服务设施短缺，这不仅制约特色小镇经济发展和百姓生活的改善，而且对于外来人才和农村剩余劳动力的吸引能力大打折扣，不利于人口集聚，是制约小镇后续发展的主要阻碍。

改革开放以来，国家一直提倡城乡统筹协调发展，但由于种种原因，城乡发展不平衡现象依然突出，二元体制运行的惯性仍然存在，长期积累形成的城乡二元结构并未完全打破。在经济方面，城乡统一的公共财政制度及对农村的投入保障机制和持续稳定增长机制、城乡统一的金融制度尚未建立，直接影响经济统筹的稳定性；在社会政策方面，进入新世纪以来，虽然政府实施了一系列与广大农民息息相关的社会政策，如义务教育"两免一补"、新型农村合作医疗、新型农村养老保险及农村低保等。然而，毕竟农村社会政策欠债过多，二元结构的户籍、就业、医疗、社保、教育等方面的城乡差异仍然较大，难以保障进镇农民和外来务工人员的合法权益，使小镇难以留得住人，留下来的也未必生活的舒服。

5. 市场机制和金融支持等政策亟待进一步完善

中央和地方财政给予特色小镇基础设施和公共服务设施建设的资金支持政策需要进一步细化和落地；对特色小镇建设的金融支持政策，如国债资金、地方政府的财政信贷，也需要进一步研究；采用 PPP 模式的相关配套政策也应尽快出台，以拓宽融资渠道，吸引社会资本进入，发挥市场的主导作用。此外，为避免特色小镇因为认识误区和利益驱动以城市模式搞小镇建设，政府需要制定特色小镇建设方面的相关政策，以指导小镇建设凸显小镇尺度宜人、肌理细腻、融合自然的特色风貌，应对当前特色小镇建设中存在的不当建设行为带来的挑战。

地方政府层面，目前全国仍有约 1/3 的省份尚未出台培育特色小镇的政策文件，地方性政策作为国家政策的进一步细化和补充，其缺失会给特色小镇培育工作带来显著的负面影响。

6. 公众参与不足

考察发达国家的特色小镇，其主要成功因素之一就是公众对小镇规划建设管理和经济社会发展多方面的积极参与。我国小城镇管理薄弱，管理效率低下，管理存在盲区，管理过程中不能有效保护小镇居民的权益，不能充分调动和发挥公众的积极性和创造性，体制机制等因素固然是主要原因，但小镇居民对小城镇建设和发展相关事务参与不足也是一个重要因素。鼓励公众积极参与虽然有助于一些重要问题的解决，但如何做到这一点也非易事，需要政府抱积极开放的心态，努力寻找和谋求特色小镇共同治理的有效机制，认真探索政府、投资商、企业和当地居民等利益相关者共同参与小镇发展的管理机制。

三、特色小镇案例介绍

（一）天津市武清区崔黄口——电子商务小镇

1. 基本情况

崔黄口镇位于武清区东北部，是京津冀交汇区域城镇群之间的重要节点，区位优势明显。距北京 71km，距天津市区 22km，距天津新港 71km，距天津国际机场 45km，距首都国际机场 90km，距武清城区京津城际站 15km。京津、京津塘高速以及在建的唐廊高速等成为对外联系的重要平台，交通条件优势非常明显。

崔黄口镇镇域面积 90.51km²，镇区常住人口 6521 人。崔黄口镇是国家火炬特色产业基地和国家电子商务示范基地。同时，崔黄口镇的地毯制造历史悠久，其地毯纺织业源自清代，享有"地毯之乡"的美誉。

2. 主要做法和成效

崔黄口电子商务小镇是国家级特色小镇。其发展思路是从产业兴城到产城融合。不仅要以现有电子商务优势产业为主导，而且要深挖传统产业、文化、旅游等资源，进一步推进要素集聚、产业创新、功能完善，建设"产、城、人、文"交融的重要创新创业平台。目标是围绕打造国家级特色小镇和市级实力小镇，全力建成集电子商务产业基地、传统产业传承发展高地、高端农业示范基地、文化旅游胜地、生态宜居福地为一体的电商特色小镇，见图 4-8。2016 年以来，崔黄口镇遵照新发展理念开展特色小镇规划建设，取得显著成效。

（1）主导产业发展

崔黄口镇以农业、工业和商贸业为主导产业，2016 年全年实现主导产业产值230 亿元，其中电商配套企业销售收入及工业产值为 210 亿元，地毯制造业产值为 20 亿元；主导产业投资达 24.82 亿元；新吸纳就业人员 1786 人；直接或间接带动周边农民就业 31800 人。2017 年 1 季度实现主导产业产值 75.92 亿元，其中电商配套企业销售收入及工业产值达 69.82 亿元，地毯制造业产值达 6.1 亿元；主导

图 4-8　唯品会物流基地一库房内景

产业投资为 6.5 亿元；直接或间接带动周边农民就业 32140 人。

2016 年 1 月至 2017 年 3 月，崔黄口镇新建、改扩建的产业项目共 7 个，分别为辉煌公司建设年产 4 万套仓库金属货架项目，新增建设用地面积 0.0283km²，总投资 8500 万元；博亮公司建设年产 5 亿支金属包装罐项目，新增建设用地面积 0.0668km²，总投资 48000 万元；京鹏公司建设辉煌电商物流项目，新增建设用地面积 0.0298km²，总投资 22000 万元；百世仓储公司建设仓库办公楼及附属设施项目，新增建设用地面积 0.1516km²，总投资 60000 万元；维宝公司年产 150 万套钢木家具项目，新增建设用地面积 0.0518km²，总投资 22000 万元；祥展物流公司建设京东（天津）电子商务基地项目，新增建设用地面积 0.1113km²，总投资 35000万元；炫宏仓储公司建设武清电商核心区仓储项目，新增建设用地面积 0.1356km²，总投资 40700 万元。

（2）美丽环境建设

生态环境治理。2016 年 1 月～ 2017 年 3 月，崔黄口镇生态环境治理项目共 2个，分别是：垃圾分类处理项目，主要是将生产生活垃圾进行分类，生活垃圾进行无害化集中处理，该项目总投资 612.6 万元；黑臭水体治理项目，主要是对沟渠、河道进行清洁及水体改善，总投资 88 万元。

综合环境整治。2016 年 1 月～ 2017 年 3 月，崔黄口镇综合环境整治项目共 5 个，分别为崔黄口镇集贸市场改造，主要整治措施为建筑立面、路面、棚亭、排水等改造，总投资 600 万元；建设宏瑞道南侧绿化带项目，总投资 982.9 万元；宏兴道等七条道路维修工程，主要对路面及侧石进行更新，总投资 5500 万元；杨崔公路南侧（杨崔公路南侧绿化带至兴和路）绿化带项目，主要对区域进行草皮铺种、苗木种植，总投资 324.5 万元；杨崔公路南侧（兴和路至宝武路）绿化带项目，主要对区域进行草皮铺种、苗木种植，总投资 750 万元。

美丽乡村建设。2016 年 1 月～ 2017 年 3 月，崔黄口镇美丽乡村建设项目共 3 个，分别是：8 个村实施美丽乡村建设工程，对主干道路、胡同里巷硬化，村庄亮化，健身广场，宣传栏建设，总投资 2502 万元；9 个村基础设施提升工程，对主干道路硬化、里巷硬化、路灯安装，总投资 1020 万元；10 个村庄清洁村庄工程，主要对户内安 1 立方米污水收集罐，修建公厕、垃圾池，坑塘治理，总投资 860 万元。

（3）传统文化保护和传承

2016 年 1 月～ 2017 年 3 月，崔黄口镇新建文化活动中心、场所共 2 个，新增建设用地面积 0.0007km²，投资 350 万元。崔黄口镇作为县处级单位，举办大型活动 15 次，分别为京津冀五区县老年书画联谊会，参与人数 140 人；崔黄口镇花会展演，参与人次 3600 人；崔黄口镇消夏晚会，参与人次 2700 人。

（4）服务设施建设

新建、扩建的公共设施。2016 年 1 月～ 2017 年 3 月，崔黄口镇新建崔黄口镇第二幼儿园，新增建设用地面积 0.0059km²，资金投入 1800 万元；扩建东粮窝、镇北等 7 所幼儿园，新增建设用地面积 0.01km²，资金投入 870 万元。

新建、扩建的市政基础设施。2016 年 1 月～ 2017 年 3 月，崔黄口镇新建、扩建的市政基础设施项目共 5 个，分别为供热站燃煤锅炉改燃气锅炉及锅炉房改造项目，将 1 台 35 吨燃煤发行为 1 台 35 吨燃气锅炉，对配电系统、照明系统等改造，资金投入 1000 万元；建设雨水泵站提升工程，新建泵房、附属用房、道路及绿化工程，购置设备，资金投入 650 万元；污水处理厂提标改造项目，对污水处理进行提标改造，资金投入 1000 万元；镇域路网建设工程，新修 3 条、4.4km 乡村公路，资金投入 360 万元；村街集中供水管网改造工程，完成周家务、龚小庄、邢窑 3 个村老旧自来水管网改造，安装磁卡水表 1066 块，资金投入 140 万元。

运行维护市政基础设施。天津市武清区崔黄口镇坚持以国有公司企业化管理运营为主，以政府购买服务为辅的运行维护管理机制，运行维护费用 2016 年 697 万元，2017 年 1 季度 177 万元。

（5）体制机制创新

新编或修编有关规划。2016 年 1 月～ 2017 年 3 月，崔黄口镇修订了总体规划，调整了园区控制性详细规划，进行了天津市武清区崔黄口电商小镇专项规划设计。已编制规划的内容包括镇职能定位，特色产业发展和布局，镇村联动发展措施，传统文化保护措施，镇区风貌塑造，重点地段的详细设计，建设高度和强度控制，近期建设项目库等。

规划建设管理创新。主要体现在：修订总体规划和控制性详细规划，制定特色小镇专项规划，对建设项目提供"一站式"、"保姆式"服务，通过调整上位规划并编制专项规划保证了特色小镇创建工作有据可依，通过完善服务举措有效促进了项目建设，改善了政府形象。

管理服务创新。主要体现在：在还迁社区的管理和服务上重点强化服务职能，配置图书室、文体活动室、棋牌室、书画室等功能室，按照智能社区标准配置硬件设施，在居民服务上融入电商元素，通过完善服务职能，提升管理和服务水平。

镇村融合创新。主要体现在：把特色小镇创建工作与示范镇建设、棚户区改造有机融合，改善人居环境。

（二）天津市滨海新区中塘——汽车橡塑小镇

1. 基本情况

中塘镇地处天津市南部，滨海新区西部，李港铁路、黄万铁路，津淄、徐太公路贯穿镇境，津港公路从东部通过，交通四通八达。距天津市 30km，距天津机场 32km，距天津港 35km。镇域面积 89km^2，所辖 24 个行政村，人口 5.5 万。

中塘镇是天津市南部工业发展带上的重要城镇，同时又处于独流减河流域的生态敏感地区。工业基础雄厚，全镇有工业企业 500 余家，形成了汽车配件等骨干行业，形成全国最大的汽车胶管研发生产基地之一。以工业反哺农业，培育出全国目前最大的杜泊绵羊和澳洲白绵羊原种基地、全国最大的肉羊养殖基地、华北地区个人投资最大的奶牛养殖企业，以及全市最大的蛋鸡养殖基地。

2. 主要做法和成效

2016 年 10 月，中塘镇被命名为国家首批特色小镇。秉持"思路新、环境好、生态美、机制活、发展快"的理念，依托中塘工业区，加快汽车配件产业的集聚壮大，瞄准国内汽车行业的龙头企业进行定位招商；依托现有汽车配件行业的优势，利用现有汽车配件行业在国内市场的影响，吸引和拉动一批汽车行业的项目落户中塘，努力打造国内知名的企业配件产业基地；依托中塘工业区内 3.3km^2 绿色生态园林，全面提升和开放中塘生态园和中塘民俗博物馆，打造"园中园"特色基地。同时，着眼中塘新城建设，在原示范镇规划基础上将现状镇区、楼房化小区、拓展区和远景备用地统筹考虑，形成未来居住区的整体格局。

（1）主导产业发展

2016年，全镇科技型中小企业累计达到404家，GDP完成55.3亿元。汽车橡塑配件相关的企业达到70多家。围绕汽车橡塑产业，加大招商引资力度，天津鹏翎胶管股份有限公司（图4-9）、天津中鼎汽车零部件有限公司实施扩建工程，总投资4.5亿元，新引进天津鑫天港汽车部件有限公司，总投资8000万元。2017年1季度规模以上主导产业产值28亿元，固定资产投资77322万元，主导产业投资额3200万元。

图4-9　天津鹏翎胶管股份有限公司车间一角

（图片来自网络）

中塘镇产业特色鲜明，经过多年的创新发展，形成了以汽车橡塑配件产品为主导的产业集群，产品在国内市场占有率达到63%。多家企业与天津大学、天津工业大学、天津一汽技术中心、清华大学汽车工程学院等多所院校和研究机构建立长期合作关系，企业创新能力不断增强。中塘镇已成为全国最大的汽车胶管研发生产基地、市级循环经济示范试点单位、汽车零部件新型工业化产业示范基地、小企业创业基地。

中塘镇依托汽车橡塑配件这个特色产业，做足汽车文章，把汽车文化融入工业发展之中，塑造中塘汽车产业品牌，发挥产业集聚效应。本着集约节约利用土地的原则，计划在河东区域，拿出1km^{2}左右土地建设汽车主题园，形成集互动体验、教育教学、科技研发、休闲娱乐等为一体的主题公园。

（2）美丽环境建设

中塘镇南接北大港国家公园、西接钱圈水库、北接团泊洼水库，有着得天独厚的地理优势和自然风光，对于提升镇区环境具有重要作用。特别是，全球八大候鸟迁徙路线中，经过北大港国家公园的鸟类数量最多，约250种5000万只水鸟往返迁徙。中塘镇紧抓建设北大港国家湿地公园的有利用时机，围绕候鸟迁徙路线，在河西区域，以"水"为主题，规划建设一个"湿地小镇"，内容包括水上娱乐、人鸟互动、温泉养生、天然氧吧等，在创建品牌、吸引人群的基础上，扩大服务功能，向高端服务业方向发展。

（3）公共基础设施建设

2016年重点对辖区进行滦河水改造，改造庭院管网和室内管网，总投资2100万元；对五进支、四排支、一甜干及坑塘等进行河道清淤和坑塘美化，总投资272万元；修建乡村公路14.226km，投资1066万元；园林绿化投入1084.34万元；新建示范镇幼儿园及中学，占地面积0.0449km²，总投资13408万元；新建中塘镇社区服务中心，占地面积0.01km²，资金投入3450万元；组建应急救援队，资金投入200万元。

（4）体制机制创新

抓好规划布局，委托市规模设计研究院重点对河西区域做总体规划，河东区域规划已经完成。规划编制包含特色产业发展和布局，镇村联动发展措施，镇区风貌塑造，近期建设项目库等内容。另外，进一步创新投融资体制机制，积极引导社会资本加大投入，形成多渠道、多元化的投资格局。

（三）山西省汾阳市杏花村——酒都小镇

1. 基本情况

山西省汾阳市杏花村镇于2016年10月被评选为全国首批特色小镇。该镇位于吕梁山东麓子夏山下。镇域面积86km²，交通便利，青银高速、太中银铁路、307国道横穿而过。全镇耕地面积3.7万亩，辖18个行政村，2个居委会。镇域总人口4.8万人，是全国首批特色小镇、全国重点镇、中华名酒第二村、国家特色景观旅游名镇，是全国最大的清香型白酒生产基地、山西省百镇建设示范镇和山西省历史文化名镇，见图4-10。

2. 主要做法

（1）规划——绘好一张蓝图

因为国土、规划、城建、环保等部门都有自己的规划，过去小镇同一个项目

图 4-10 鸟瞰杏花村镇"中汾酒城"一角

（图片来自网络）

审批需要市多个部门一起协商，经常会出现扯皮现象。如何避免规划之间的"冲突"？ 2014 年以来，杏花村镇启动了"五规合一"编制工作，将国民经济和社会发展规划、城镇规划、国土规划、产业规划、环保规划核心要素进行重组和整合，避免各自为政、目标抵触、项目重复建设等问题。

（2）引领——建好一个班子

特色小镇建设不完全是一个镇的事，它也是一个地区的发展大事。为保证特色小镇建设有可持续性、可操作性，就要组建好一个强有力的领导班子，由市里主要领导牵头担任特色小镇建设领导小组组长，这样才能加强镇与市相关职能部门的协调配合，才能针对招商引资、项目建设、广告宣传等不同内容进行细化分工，才能有效推动各建设项目立项审批，加快推进项目建设进度。

（3）拓宽融资渠道

在打造特色小镇的过程中，资金短缺是一个致命伤，如何在逆境中寻求发展？拓宽融资渠道，如采用 PPP 模式，即政府和社会资本合作，是解决资金短缺问题的有益尝试。2017 年 3 月，汾阳市政府与北京首都创业集团有限公司达成投资意向，汾阳市政府拿出 2000 万元放入城投公司，便可以撬动首创集团 8 亿元资金投入到基础设施建设当中。

3. 初步成效

（1）规划方面

特色小镇获批后，杏花村镇积极谋划特色小镇建设专项规划，委托中国建筑设计研究院展开了杏花村镇特色小镇建设专项规划工作，并于 2017 年 5 月 12 日由汾阳市市长牵头，组织市直相关部门进行了讨论，专项规划初步定于 7 月定稿并进行组织评审。与此同时，杏花村镇把基础设施建设项目、公共服务设施建设项目和产业发展建设项目 30 个近 50 亿元项目进行打包规划、统计上报。同时，及时做好各项目的前期项目立项手续办理，待项目获批后能够及时开工建设。

（2）建设方面

今年以来，杏花村镇多方筹备资金，在基础设施建设方面投入大量资金，一是投入资金 1500 余万元，铺开了新石线道路绿化工程；二是投入资金 800 余万元，完成了杏花村新区一横四纵道路绿化工程；三是投入资金 400 余万元完成了杏花村镇 13 个行政村的河道、道路两侧及农田林网绿化工程。逐步实现了杏花村镇"有村就有绿、有路就有树、有河就有荫、有企就有景"的生态景观，实现"田成方、树成林、林成景"的宜居环境。

（四）山西省汾阳市贾家庄——文旅名镇

1. 基本情况

山西省汾阳市贾家庄镇位于汾阳市城北 2km 处，全镇总面积 56.7km²，建成区面积 1.54km²，现辖 17 个行政村，居民 10000 余户，3.28 万人，建成区人口 1.01 万人，耕地面积 4.7 万亩。许多党和国家领导人先后莅临贾家庄视察指导。有 60 多个国家的国际友人慕名而来参观访问。贾家庄镇是郭沫若先生挥毫"杏花村外贾家庄，红旗高举在汾阳"所在地，是享誉之远的国家园林城镇、山西省文明和谐乡镇、卫生乡镇、旅游名镇、小城镇建设重点推进镇。贾家庄镇基础设施和公共服务设施较为完善，环境整洁，生态良好，镇容镇貌富有特色，见图 4-11。

图 4-11　贾家庄镇贾（gu）街

2. 主要做法和初步成效

（1）产业健康发展——注重旅游引领，着力打造"实力高地"

贾家庄镇引进大型国有企业——中国节能环保集团公司，建设中节能 FKJV50 兆瓦太阳能光伏大棚发电项目，总投资达 5 亿元，占地约 2300 亩，项目已投产达效。"花园式工厂"——贾家庄特种水泥厂已成功转型为贾家庄工业文化创意园。四星级涉外宾馆——裕和花园酒店，效益良好。2014 年，贾家庄文化生态旅游区成功创建国家 AAAA 级旅游景区。2016 年 3 月，三晋民俗文化体验地——贾街，正式投入运营，为贾家庄旅游业增添了新的元素。2016 年全年游客量达 150 万人次，2017 年春节假期游客量达 37 万人次，游客人数居山西省景区第三。

（2）新增建设项目——注重投资拉动，着力打造"项目洼地"

2017 年，贾家庄镇预计完成总投资 6100 余万元。投资 1200 余万元建设贾樟柯种子影院；投资 1600 余万元建设贾樟柯艺术中心；投资 1300 余万元建设"作家写作基地"；投资 2000 余万元建设贾街二期。预计 2017 年底，上述工程顺利完工。贾樟柯种子影院和艺术中心不存在建设占地，系旧水泥厂厂房改建而成。

（3）美丽环境建设——注重民生为本，着力打造"宜居之地"

贾家庄污水处理站，日处理污水 360m³，处理后的污水达到绿化和农业用水标准。各户发放分类垃圾桶，由贾家庄专业保洁队负责垃圾收集与清运等日常保洁工作，每日定时定点进行清运，实行日产日清。公园布局合理，基本满足人民群众的健身与娱乐需求。贾家庄生态园，面积达 15 万 m²，1999 年由镇区旧（砖场）砖窑改造成集休闲、娱乐、健身、科普教育及防灾避险的综合性生态公园，有效改善生态环境，同时也实现了废物资源化利用。贾家庄纪念园，面积达 5 万 m²，旨在"栽下一棵树，留下一片绿"，现已成为全镇乃至全市人民的绿色教育基地。

在道路绿化建设中，严格按照规范要求施工，使每条路都成为风景线、景观路。生态园北路和富民南路成为两条林荫路。镇区环境整洁有序，商铺窗明几净，广告牌匾整洁、美观，内容健康，交通秩序井然。特别是镇村广大干部群众几十年如一日，义务劳动，无怨无悔，进一步推动了镇容镇貌的美化靓化。

（4）传统文化保护——注重文化传承，着力打造"文化高地"

充分挖掘贾家庄特有的红色基因和爱国主义教育资源，2012 年投入 2000 余万元，建起了贾家庄村史展览馆。2014 年，贾家庄村史展览馆被山西省委、省政府命名为"省级爱国主义教育基地"。为纪念人民作家《吕梁英雄传》作者之一马烽先生，建成了"马烽纪念馆"，已成为爱国主义教育基地、红色旅游基地、文学创作的重要基地。

（5）体制机制创新——注重群众主体，着力打造"活力高地"

特色小镇建设，广大人民群众是主体，政府不能越位和错位。贾家庄镇坚持依靠群众，全民动员，通过贾家庄电视台、广播、《腾飞报》、板报等形式宣传，开展了"我为特色小镇建设添光彩"系列活动，营造良好社会氛围，同时开通了特色小镇建设专线电话。全镇机关企事业单位、镇区各住户也迅速响应，积极行动，群策群力，促进了特色小镇建设。贾家庄镇用全域旅游思想统领经济发展全局，持续用力，久久为功，找准自己的核心竞争力"美丽乡愁贾家庄"，努力达到"旅游让生活更美好，旅游让百姓更幸福"，努力打造全国特色旅游名镇。

（五）山西省灵石县静升——"家文化"古镇

1. 基本情况

山西省灵石县静升镇位于灵石县城以东 12km 处，东屏绵山、西望汾河，土地总面积 54.96km²，耕地面积 37100 亩，建城区面积 5km²。全镇辖 16 个行政村、25 个自然村，户籍人口 2.3 万人，常住人口 3.5 万人。近年来，静升镇围绕建设"特色农业大镇，魅力文化强镇，现代宜居名镇"奋斗目标，依托王家大院品牌，整合古镇资源，挖掘厚重的历史文化底蕴，坚持古镇保护、新区开发并举的发展战略，把美丽宜居乡村建设、基础设施建设、古建筑保护利用、挖掘利用非物质文化遗产资源等作为工作重点，全面加快特色小城镇建设步伐，见图 4-12。目前，在生态农业方面，发展了以核桃为主的干果经济林 2.3 万亩；以六马养猪、望鑫林牧为龙头的规模养殖场 2 个；王家庄园、天星农业设施农业观光园 2 个。旅游服务业方面，对外开放的旅游景点有王家大院、文庙、王家庄园 3 个；崇宁堡温泉酒店被国家旅游局评为中国十大特色主题酒店之一；宏源国际酒店是国家旅游局批准的五星级酒店，古镇内民居客栈、农家饭店、风味餐厅、购物商店等鳞次栉比，综合发展水平稳步提升。

图 4-12　静升古镇镇区的一条古街

2. 主要做法和成效

（1）构建以"家文化"为特色的产业形态

一是全力创建中国"家文化"特

色小镇。静升古镇位居国家首批历史文化明镇之首，在第一批公布的 10 个历史文化古镇中排名第一。静升古镇是以东西走向的一条古街为轴线、南北走向的九条黄土沟为主体，八堡十八巷为载体的民居建筑格局；形成院、堡、庙、塔、牌坊、祠堂、戏台、古树、故事浑然一体的古镇风貌。静升古镇自然与人文旅游资源非常丰富，太岳山脉、黄土高坡、静升河水把古镇衬托的像一颗璀璨的明珠。院、巷、庙、祠、戏浑然一体，建筑的艺术性堪称世界稀有，中国第一。王家大院开放已经 20 年，是全省较早的 4A 级旅游景区，在海内外旅游市场享有很高的知名度和品牌影响力。以"家"为中心的古镇地域文化，呈现出内涵的丰富性、要素的完整性、家族的传承性，具有永恒的生命活力，它不仅仅是历史文化，而是中华民族根性的"家文化"，是活生生的具有生命的文化，是具有唤醒人民心灵和意识的文化，在当代需要大力传承和弘扬。因此，静升古镇创建特色小镇的主题定位是：中国"家文化"特色小镇。"家文化"是静升古镇的灵魂和文化标识，"家文化"既延续了静升古镇历史文化根脉，又传承了中华文化的精髓，形成了以"家文化"为特色的文化主线，确定了静升古镇未来发展方向，进而又可把文化基因植入静升古镇产业发展全过程，通过创意发挥，做好文化的固化、物化、活化和品牌化，能够面向全国，走向世界。

二是加快推进王家大院家文化旅游区创建国家 5A 景区步伐。王家大院是国家 4A 级旅游景区，为了把创建工作与特色小镇建设相吻合，确立了以创建中国家文化特色小镇为整体目标，以创建 5A 级旅游景区为重要抓手，总体规划、共同推进、联动开发、配套完善、协调发展的指导思想，分别制定了《静升古镇王家大院旅游区提升策划与概念规划》、《山西王家大院文化旅游区总体规划》、《创建国家 5A 级旅游景区提升规划》。目前，特色小镇和 5A 创建项目部分建设项目均已启动，见图 4-13。

三是加快少林资寿文化园景区开发建设。以创建国家 4A 级旅游景区为目标定位，建设核心文化带、商业步行街和禅文化体验区、武文化展示区、医学文化养生区、艺术文化传承区、康乐养老孤儿区、居住禅舍区、实景演出文艺区、功夫学校"两带八区"。

四是抓好静升非物质文化遗产的保护和传承。进一步推进完成国家基层公共文化服务体系示范区创建工作；积极

图 4-13　闻名遐迩的王家大院

引进文化开发企业，探索建设文化产业创新试点，探索文化产业发展新路径。依托尹方村灵尚绣品有限公司纯手工刺绣，持续引进一批和静升资源相匹配的文化产业项目，通过举办文化节、旅游节、推介会等一系列节庆宣传和推介活动，不断提高静升古镇的知名度和美誉度。

五是规划建设山西民居古建文化产业园。对家居生活及其历史文化进行延伸，着手进行山西居民古建专题研究，依据古建文化产业的特点及未来的发展趋势，选择古建文化创意核心产业，形成古建规划设计、古建建造与施工、古建产品与艺术品制作、古建产品与艺术品销售、古建产品物流、古建文化艺术交流等为支撑的产业体系。

（2）营造美丽宜居的人居环境

和谐宜居的美丽环境是对古镇风貌与建设特色的要求，从整体格局与空间布局、道路路网、街巷风貌、建筑风貌、住区环境等方面全面建设、系统配套。在集镇管理方面，组建城镇建设管理队伍，制定城镇管理规章制度，形成城镇及乡村管理规范；加强城镇和乡村环境意识教育，充分调动广大群众参与管理城镇的积极性。在环境整治方面，巩固"国家卫生县城"和"国家园林城市"创建成果，以镇村环境综合整治为总抓手，加快建设规范有序、卫生整洁、优美和谐的镇村环境，先后建成垃圾填埋场6个，垃圾中转站1座，日处理垃圾22吨，配备专职保洁队伍和垃圾运输车，有效改善了镇区环境卫生。同时，不断加大对镇区的治安管理力度，为小城镇的发展创造了良好的环境。在美丽乡村建设方面，静升镇抓住灵石县被省建设厅列为"美丽乡村片区"建设试点的有利契机，结合古镇保护开发项目的建设，启动沿河六村美丽乡村片区建设项目，实施产业升级工程、服务提升工程、配套改革工程，铺开片区路网建设工程，整治村容村貌和片区环境，加快小区规划建设力度，投资2.5亿元实施阳光集贤苑煤矿地质灾害移民小区工程；投资6935万元实施旺苑住宅小区工程；投资5200万元建成旋介绵麓小区；投资3860万元改造尹方"里仁巷"项目；投资2450万元建设苏溪村安居二期工程项目，安居小区的建设，为扩大镇区容量和实现新区、古镇、特色居住区相互映衬提供了有效支撑。当前，全镇上下正在按照市、县"拆违治乱提质"城乡环境大整治攻坚行动的要求，"拆"字开路，"治"字跟进，以扎实的成效推动古镇环境的大提升。

（3）彰显特色的传统文化

静升镇历史文化资源类型丰富，镇中保存有古寺庙、古祠堂、古民居、古店铺、古桥、古树、古道等不同类型的历史文化资源，以及较为完整的空间形态和环境。由高家崖和红门堡组成的王家大院所具有的真实性和完整性，表现在建筑布局上具有严谨的章法。为彰显特色的传统文化关乎小镇文化积淀的存续与发扬，静升镇从文化传承和文化传播两个维度来进行开发培育。

一是抓好文化传承。在非物质资源遗存方面，包括人物、文化传统、诗词、传说、民谣、族约乡规、礼制在内的资源非常丰富，以建筑环境和人民的生活为传承载体，反映了晋中地区浓郁的民俗风情及悠久的历史文化，成为历史文化名镇生动鲜活的文化资源，同时也成为物质遗存和价值的内涵支撑。

二是抓好文化传播。依托尹方村灵尚绣品有限公司纯手工刺绣，发展特色文化产业，组织开展妇女手工艺技能培训班，培育绣娘，建成了扶贫基地，吸纳了部分贫困人口。如大公共文化投入，加强文化设施和文化阵地建设，镇综合文化站不断充实各类图书、文体器材和设施，坚持活动经常化，为繁荣和发展农村文化事业发挥了积极作用。16个村的农家书屋和文化信息资源共享基层服务点进一步规范运行。积极推进基层公共服务文化体系建设工作，圆满完成了"411工程"和"六个文化建设"工作任务。全年举办讲座、培训5次，展览、文艺活动11次，举办数字化服务4次，极大地彰显了古镇魅力，丰富活跃了群众文化生活，提高了群众的精神文化生活水平。

(4) 注重提升古镇的综合承载力

一是基础设施建设步伐加快。投资5100万元，完成古镇文昌西街、东风路、团结路的建设；同时全面铺开新区路网建设，先后投资5.29亿元建成了经二路、纬七路、纬九路、经八路和红崖沟旅游路；投资2亿元新建第二污水处理厂。目前，全镇的自来水供水率达100%，燃气普及率10%，供暖覆盖率40%，垃圾处理率100%；宽带入户率70%。投资4亿元完成万亩核桃园、森林公园、北山生态修复项目建设，园林绿地面积达到74.7公顷，绿地覆盖率达31%。

二是公共服务设施不断完善。集资4595万元进行市政公用设施和医疗卫生、教育、文体、科技设施建设。目前全镇幼儿园6个、小学7个、中学1个，学前3年毛入园率100%，高中阶段毛入学率49%；中心卫生院1个，每千人拥有卫技人员4个每千人拥有医疗床位4张；镇常住人口基本养老保险、城镇职工、新农合、城镇居民医疗保险实现应保尽保；人均文化场馆面积1.02m^2，人均体育场地面积0.89m^2。

(5) 积极创建充满活力的体制机制

一是坚持规划先行，引领特色小城镇建设。已编制完成《静升古镇保护开发规划》、《王家大院保护规划》、《静升古镇王家大院旅游区提升策划与概念规划》、《山西王家大院文化旅游区总体规划》、《创建国家5A级旅游景区提升规划》、《游客集散中心修建性详细规划》、《施善老街修建性详细规划》，形成了《静升古镇创建国家特色小镇研究报告》，对镇区发展进行指导。

二是坚持多元融合，开放带动特色小城镇建设。以先进的理念、科学的架构，采用 PPP 模式，构建以政府引导、企业主体、社会力量共同参与的多元融合、协调发展的平台。基础设施建设以政府投资为主。遇到一些行政实施困难较大的项目，则采取 BT 模式推进。投资建设与经营管理以企业为主。县委、县政府引进民营企业靖烨投资集团，作为打造特色小镇的投资开发主体，全力打造"静升古镇"、"中国家文化特色小镇"、"晋中南旅游集散中心"、"创建国家 5A 级旅游景区"和"崇宁堡二期黄土风情生态休闲区"四大重点项目，总投资 18 亿元，分三年基本完成建设项目，五年打造成国内外著名、魅力四射的特色小镇。

（六）辽宁省海城市西柳镇——服装之乡

1. 基本情况

西柳镇处于沈阳经济区和辽宁沿海经济带的交汇处，是全国宜居小镇、国家卫生镇、辽宁省重点镇、辽宁省宜居示范乡镇。镇域内有沈大高速、丹锡高速、哈大客运专线、哈大铁路、盘海营高铁等区域性基础设施，交通区位条件较好，被誉为"关东第一镇"。镇内有高速公路出入口、客运站、火车站等重大基础设施节点，1 小时可达沈阳，1.5 小时可达大连。全镇总面积 64.12km²，镇区建成区面积 8.6km²。2016 年镇域常住人口 8.2 万人，常住人口城镇化率为 64.6%，城镇化水平在辽宁省各建制镇位居前列。

2016 年全镇固定资产总投资 12.1 亿元，地方财政收入 1.58 亿元，农村居民人均纯收入 27316 元，主要经济指标居全国第 84 位，全省第一位。服装商贸业是西柳镇的主导产业，镇域范围内商铺总量达 1.6 万个，本镇就业总人口约 6.5 万人，市场经营服装、面料、辅料、针织、家纺、鞋帽、电子电器等 20 大类 2 万余种商品，见图 4-14、图 4-15。

2. 主要做法和成效

（1）特色鲜明的产业形态

西柳镇以服装专业市场为主导，坚持"以市兴镇、三产互动、产城一体"的发展思路，加速打造以海城义乌项目，引领内外贸结合为核心，以现代电子商务与国际物流的"两翼"的新兴服务业发展格局。西柳镇已经成功打造"北派服饰"品牌形象，先后在陕西西安、山西运城、临汾、太原等城市举办"丝绸之路·西柳驿站"拓展贸易对接会活动。市场辐射范围到东北、华北、西北、中央等省区，并通过订单和边贸出口东北亚、东南亚、中西亚、欧盟、美国、俄罗斯等国家和地区。近三年西柳市场年货运量分别达到 160 万吨、200 万吨、260 万吨，年均增幅 20%；市场交易额分别达到 370 亿元、430 亿元、540 亿元，平均增幅 22.9%。围绕西柳市场，在本地及周边形成了链条完整、规模庞大的轻工纺织服装产业集群。依托市场，全镇交通运输、金融电讯、餐饮服务、信息中介、房产开发、商贸旅游等现代服装业迅猛发展。

图 4-14　西柳商城

图 4-15　西柳服装市场

（2）打造和谐宜居的美丽环境

城镇整体风貌具有东北地域特色，街区肌理清晰，道路与水系相互交织，空间尺度宜人。建筑色彩以浅黄、棕色和白色为主，与自然环境相互协调，建筑体量和风格上保留有东北特色。镇区环境优美，有滨河公园、休闲步道、动物园、儿童乐园等多处景观节点。近年来，西柳镇新建东出口、美馨庄园等 5 处绿化休闲健身广场，并结合滨河公园景观改造工程，镇区已经形成 2 条生态景观绿廊。

（3）完善基础设施和公共服务

西柳镇铺设地下供水管网主管线 10 万延长米，建成 13 座供水井站，日供水能力 7.8 万吨，供水普及率 100%；投资 450 万元建成污水泵站，日处理污水 1 万吨，污水处理率 92%；投资 9000 万元建立西柳镇宝强供热中心，供热面积达 220 万 m²；全镇 700 余户居民实现天然气入户。全镇累计投资 2100 万元进行河道治理，新修村路 49 条共计 13.8km，全镇各村主干道硬化率达到 100%，新增路灯 800 余盏，砌筑和绘制文化墙 1.2 万延长米，实施农村绿化、美化、净化、亮化工程，村庄环境明显改善。在公共服务方面，西柳镇设施完善，服务质量较高，有全日制小学 15 所、中学 1 所、职业高中 1 所，医疗机构 130 家，教育、医疗、文化、商业等各类设施覆盖农村。全镇投资 3000 万元建设 1 处综合文化中心和 5 处文化健身广场。

（七）辽宁省营口市熊岳镇——东北第一泉

1. 基本情况

辽南古城熊岳，位于辽东半岛中部，渤海辽东湾东岸，营口地区南端，总面积 53.5km²，下辖 6 个社区，14 个行政村，常住人口超过 16 万，户籍人口 12 万，驻镇单位中省市直单位 60 余家，工业企业近 120 余家，其中规模以上工业企业 42 家。熊岳镇区位优势明显，自然资源得天独厚。哈大铁路、哈大公路、沈大高速公路和哈大高速铁路等交通动脉纵贯全境，山海广场、鲅鱼公主、贝壳观景台、亚洲植物标本园、熊岳温泉、金沙滩海滨浴场等自然人文景观，构成了山、海、林、泉交相辉映的海滨旅游度假胜地。其中望儿山，是以母爱为主题而命名的天下独有之山，"望儿山的传说"被评为省级非物质文化遗产，已列入国家小学教材内容。望儿山风景旅游区，是辽宁省风景名胜区、辽宁省爱国主义教育基地，见图 4-17。温泉资源，被誉为"东北第一泉"，1990 年经国家权威部门鉴定为"高温医疗矿泉水"，是温泉中的极品。近年来，熊岳镇秉持文化　台、经济唱戏、产业主导的理念，规划出望儿山村、温泉村两个自然村约 3km² 的特色乡镇区域(已经建成区域 1.5km²)，通过精心规划，精心打造，已经逐渐成为一座基础设施趋于完善、服务功能基本齐全、居民安居乐业、游人纷至沓来的宜居美丽特色小镇，见图 4-16。

图 4-16　古熊岳镇图

图 4-17　望儿山

2. 主要做法

（1）高标准规划

坚持以规划为引领，创新发展理念，挖掘文化内涵。一是高点启动。成立组织机构，深入调研，科学运作，分步实施，努力做到自然资源和人文载体深度融合。二是全面实施。通过"十大杰出母亲"、"十佳敬母儿女"，更好诠释了母爱文化；通过建立国学学校，弘扬优秀传统文化；通过举办国学讲堂，开展国学培训活动；通过建立书画体验园，打造青少年国学教育基地。开发出文化旅游、休闲养生旅游、教育旅游资源，逐渐发展为地方乃至省、全国有影响力的品牌。

（2）加大宣传力度

一是树立母爱孝文化品牌。充分发挥望儿山孝道文化作用，完善"望儿山孝道文化"，打造"神奇望儿山，魅力锶温泉"品牌。二是举办主题文化活动。2016年举办了以"温泉让生活更美好"为主题的第三届中国温泉旅游推广暨首届世界温泉论坛大会；举办母亲节文化活动，自从1995年起中国营口望儿山母亲节，已经连续举办23届，并载入世界吉尼斯纪录。三是强化对外宣传。积极参加省、市旅游局组织的宣传营销活动，在各级、各地媒体宣传中增加温泉旅游比重。

（3）完善基础设施和市政设施

熊岳镇目前在建的项目有圣亚大大白鲸海洋馆、恒汇万象水世界、二高中、医院，以及基础设施等一批项目，正在策划一批具有鲜明特色的高端项目。如拟承办北京大学政府管理学院为主办方的特色乡镇论坛，中国交通集团、广州航道局正筹备与营口市政府签订框架协议，与熊岳镇联合打造特色乡镇。

（4）带动养生养老产业发展

熊岳镇温泉集聚区作为辽宁省首批现代服务聚集区，现拥有温泉疗养院、专科医院十余所，是东北地区最高档的温泉洗浴疗养地之一，见图4-18、图4-19。2016年，温泉旅游收入约达到6亿元；带动相关产业实现效益约10亿元，温泉企业解决就业人员约5000余人。形成了种类丰富、品位较高的温泉旅游产品体系和特色鲜明的温泉旅游产业集群。目前拥有忆江南、天沐温泉、鸿舍行馆、小雨宾馆等温泉旅游度假酒店15所。天沐温泉、忆江南被评为全国首批"五星级"温泉。此外，熊岳镇亲和源公益养老中心是由"养老服务第一品牌"上海亲和源股份有限公司在东北建立的唯一一家大型实体养老产业基地，打造领先全国、服务东北亚的高端智慧健康养老社区。以智慧健康养老为主线，将机构养老、社区养老、居家养老融为一体，引入会员制养老新模式，以健康秘书、生活秘书、快乐秘书为服务主体的"三大秘书"服务为特色。

3. 基本成效

2013年熊岳镇通过国家重点镇审批；2014年被评为国家级生态镇；2016年熊岳镇被住房城乡建设部批准为美丽宜居小镇示范，通过了国家级创建工作专家组评审。先后获得全国创建文明村镇工作先进村镇、省级平安镇、省卫生镇、省依法行政示范镇、省爱国卫生先进集体、辽宁省宜居示范镇、辽宁省先进基层党组织等多项殊荣。

图 4-18 熊岳镇亲和源 1

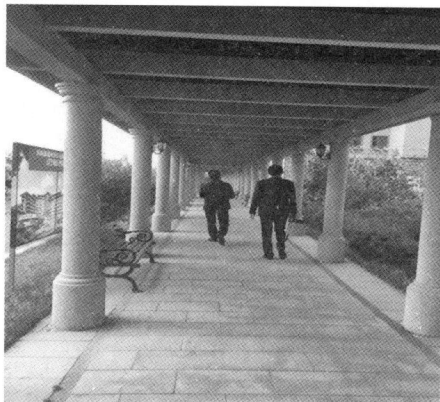

图 4-19 熊岳镇亲和源 2

（八）辽宁省盖州市双台——辽南温泉第一镇

1. 基本情况

双台镇位于辽东半岛中部盖州市南部，西、南、北三面与国家级经济开发区鲅鱼圈相连。西行 4km 可达鲅鱼圈中心城区，紧邻中长铁路、哈大公路，距离沈大高速公路不足 4km、距离最近高铁站 15km，距离营口蓝旗机场 30km，距离大连周水子国际机场仅 1.5 小时路程。全镇镇域面积 87.52km²，常住人口 34649 人，其中户籍人口 18693 人，下辖 10 个行政村。2016 年实现地区生产总值 9.2 亿元，固定资产投资约 3 亿元，镇财政总收入 5858 万元，一般预算收入 686 万元，农民人均收入 15000 元。双台镇主导产业以温泉旅游为主，双台镇蕴藏着丰富的地下热泉资源，属于我国著名的第二热带，被誉为"辽南温泉第一镇"。目前已经探明热田面积约 1.6 ~ 1.86km²，储量至少有 100 万 m³，思拉堡温泉水温最高可达 97℃，富含偏硅酸、钾、钠、钙、氡等多种有益人体健康的矿物质元素。

2. 主要做法

（1）组织架构

盖州市政府成立了以市长为组长的"特色乡镇建设领导小组"，双台镇成立了以党委书记、镇长为组长的"特色乡镇建设领导小组"，明确了分工和责任，规范督促检查，总体提升长效工作机制。

（2）规划编制

双台镇政府十分重视特色小镇建设工作，编制了《双台镇特色镇工作实施方案》和《双台镇特色镇建设规划》，确定了打造温泉旅游、休闲为主的特色小镇发展定位，并逐年加大资金支持力度，加速基础设施建设，投资 3.5 亿元用于道路、护坡、沙河整治、亮化、绿化等工程，全方位加大开发力度。近年，共引进亿元以上项目 6 个，总投资超过 50 亿元，温泉旅游产业已经成为双台镇龙头产业。

（3）完善基础设施

如双台镇温泉旅游基础设施项目，总投资 8700 万元，修建道路 2.9km，宽 16m，河流护坡 5.8 万 m^2，桥梁 1 座，长 169m，宽 10m。绿化 7 万 m^2。项目于 2016 年开工，计划 2017 年完工。

（4）企业实施

思拉堡温泉小镇目前投入运营项目包括虹溪谷天然森林温泉中心、温泉假日酒店、会议中心、体育运动中心、山地滑雪场、马术俱乐部、演艺中心和农业旅游等项目。（1）思拉堡温泉小镇虹溪谷乐园、国际营地项目，总投资 10 亿元，占地 2330 亩，建筑面积 30 万 m^2，已经初步形成了集餐饮、娱乐、休闲、疗养、度假观光于一体的温泉旅游度假区全面提升了双台镇旅游环境和服务档次，见图 4-20、图 4-21。项目 2015 年开工建设，目前基础设施、地下管网、蓄水池已经完工，预计 2018 年完工对外营业。（2）思拉堡温泉小镇养生养老院项目，总投资 10.6 亿元，占地 14 万 m^2，建筑面积 10 万 m^2，项目 2015 年开工，目前主体已经基本完工，预计 2018 年完工对外营业。（3）思拉堡温泉小镇基础设施项目，一是道路、综合管网工程，由盖州市思拉堡温泉小镇开发有限公司施工建设，总投资 3 亿元，道路总长度 15km，宽 16m 及配套管网。二是思拉堡温泉小镇景区绿化工程，总投资 2 亿元，绿化面积 5280 亩。

图 4-20　虹溪谷

图 4-21　思拉堡温泉小镇

此外，辽宁奕丰集团打造"奕丰·北方温泉城"项目，占地近4km²，总投资达 30 亿元，建设周期 8 年，分三期建设。总体规划分为五区两带：温泉养老养生居家区、广场文化商业街区；温泉高端度假区；东湖风景游乐区；生态农业观光区、滨河景观带、山地运动带。目前已完成投资 20 亿元。

3. 基本成效

"十三五"时期，双台镇特色镇建设重点项目 8 个，总投资 43.3 亿元，项目建成后实现全镇年平均接待游客 300 万人次，旅游收入预计实现 15 亿元，占全镇 GDP 的 55%，预计增加农民就业 2000 人，推动新型城镇化建设，促进城乡协调发展。

2016 年双台镇呈现旅游业跨越式发展态势，年接待各类游客 150 余万人次，实现旅游业收入约 3.6 亿元，占全镇 GDP 的 39%，比上年增长 18.7%。2016 年双台镇社会生产总值 26.5 亿元，上缴利税 2628 万元。

思拉堡温泉小镇建设取得了可喜成绩，先后获得国家、省市政府部门的表彰和鼓励。2012 年思拉堡温泉小镇开发有限公司被辽宁省服务业委评委全省 100 家现代服务业领军企业。2013 年 9 月虹溪谷温泉旅游度假区取得国家旅游局颁发的 4A 级景区资质。2016 年 8 月营口虹溪谷温泉度假区被国家旅游局评定为国内温泉最高品质的 5A 级温泉、辽宁省生态旅游示范区、辽宁省旅游度假区。年接待游客数量已达 100 万人次，占双台镇游客总接待量的 67%，游客客源已经辐射东北三省，京津塘地区以及韩国、日本、俄罗斯等国家。年均旅游收入达 2.5 亿元，占双台镇旅游总收入 70%，对安置就业、拉动区域经济和改变城镇面貌都具有十分重要的意义。

（九）浙江省德清县莫干山——民国风情小镇

1. 基本情况

莫干山镇位于浙江省湖州市德清县，处于美丽富饶的长江三角洲的杭嘉湖平原，国家级风景名胜区——莫干山在其境内。莫干山镇群山连绵，环境优美，气候宜人，物产、旅游资源十分丰富。相传春秋末年，吴王派莫邪、干将夫妇来到这里铸成举世闻名的雌雄宝剑，莫干山由此得名。全镇"七山一水二分田"，绿化覆盖率 68.2%，2016 年 1 月由原莫干山镇、筏头乡撤并组成。东接武康街道，南邻杭州市余杭区百丈镇、黄湖镇，西连安吉递铺镇，北靠吴兴区埭溪镇。管辖 18

个行政村，3 个居民区。全镇户籍总人口 3.1 万余人，镇域面积 185.77km²，镇区人口 3500 人，2015 年镇地区生产总值 10.5 亿元，城镇居民人均纯收入 2.5 万元，农民人均纯收入 2.3 万元。

2. 基本做法和成效

(1) 积极发展特色鲜明的高端乡村旅游产业

莫干山镇以得天独厚的生态资源为依托，突破了以往小农耕作的经济方式，以民宿产业为主导，以"洋家乐"品牌为支撑，以"裸心养生"为特色，大力发展特色鲜明的休闲旅游产业，形成了以"低碳环保、中西融合"为理念，以国际化、多元化、精品化民宿为支撑，带动乡村发展、农民致富的莫干山模式。目前，全镇有中高端低碳民宿 400 多家，直接带动近 5000 人就业，其中以裸心谷、法国山居为代表的"洋家乐"共有 70 家，2016 年上半年接待游客 106.7 万人次，旅游收入达 10.8 亿元。

莫干山镇旅游业定位高端运动休闲度假，引进了 Discovery、郡安里、久祺国际骑行营等高端项目，带动了文化创意、运动休闲、养生度假、休闲农业等产业的发展。到 2016 年 7 月，莫干山镇已签约大型旅游投资项目 16 个，成功吸引了 20 余位国内外景观、建筑设计大师和近 30 余个文化创意团队入驻，吸收各类专业人才 160 余名，并培育了一批本土优秀民宿管理人才。

(2) 持续优化镇容镇貌

莫干山镇充分挖掘民国文化，在镇区庾村黄郛路、庾信街两侧精心改造上山沿路建筑 101 栋，打造了一条文化底蕴深厚、环境干净整洁、商铺规范文明的别具一格的民国风情主题街，使得小镇的民国风和莫干山景区内万国别墅为代表的浓郁的海派风相得益彰，见图 4-22。此外，洋家乐的设计是在保留乡村建筑错落有致、环境优美的基础上，注入了"低碳环保，中西融合"的可持续发展理念和"裸心养生"的生活态度，使得莫干山的整体面貌焕然一新。

此外，按照"均衡布置，突出重点"的原则，莫干山镇构建了一个以河溪绿地为主体，结合休闲公园、林荫绿带、广场绿地以及街旁绿地、社区游园等完善的公园绿地系统，实现人均公园绿地面积 7.47m²，达到了浙江省园林镇的创建要求。

(3) 注重历史文化保护

莫干山不仅是避暑胜地，也是文化名山。从莫邪铸剑、沈约封侯拜将，到近代西方文化的涌入，莫干山形成了中华文化为主、中西文化交融的独特形态，留下莫干山别墅群、碑林石刻等各级文物保护单位 60 余个，传承十样景灯、山袜缝纫制作技艺等非物质文化遗产 8 项。近年来，莫干山镇以"低碳环保，中西融合"

图 4-22　莫干山镇民国风情街（庚村黄郭东路）

理念为指导，以旅游市场需求为导向，推动历史传统文化活传承，成功实施了裸心乡、庚村 1932、民国图书馆等富有创意的项目，开发了后坞村省级非遗景区等。

在注重历史文化保护的同时，莫干山镇也注重通过新闻媒体、旅游节庆、旅游推介、扩大与国际友好城市的交流合作等方式实现文化推广。此举使得使莫干山美名远扬，成为国内外各大媒体关注和报道的对象，被《纽约时报》评选为全球最值得去的 45 个地方之一（莫干山排名第 18 位），被 CNN 称为除了长城之外，15 个必须要去的中国有特色的地方之一。

（4）不断完善基础设施和公共服务设施

近年来，莫干山镇建设公路 190km，建成停车位 3400 个，初步建成了一个山上山下联动发展、村镇之间便捷往来、景区道路优美通畅的科学道路交通网络。为实现山上山下联动发展，莫干山镇投资 2.2 亿元，完成了三莫线道路及市政配套工程（供水、污水、燃气管网），集镇市政设施整改提升工程，农村供水一体化工程、农村生活污水处理工程和民宿生活污水处理工程等。目前，莫干山镇实现自来水供水率和卫生达标率 100%，城镇生活污水达标排放率 100%，垃圾集中收运率和无害化处理率 100%，实现城乡电力电信网络全覆盖，实现宜林荒山（荒沙、荒滩）绿地率达 100%，宜林坑、塘、沟、渠、路绿化率达 100%。

（5）创新和完善体制机制

在管理创新方面：一是大力推广村民自治，推广"乡贤参事会"等新型组织，开展村规民约家庭积分制管理试点，探索量化激励机制；二是通过建立民宿行业协会，制定民宿管理办法，探索民宿行业管理与自治。颁布国内首个民宿地方标准，启动"民宿集聚区社会治理工作站"等，推动民宿集聚区社会管理制度化、法制化和常规化；三是开展服务外包，逐步推进环卫保洁、园林绿化、道路养护等市场化运作。

在完善体制机制方面：一是积极构建城乡一体发展的体制机制，探索城乡绿化、环卫、水电等基础设施的投资体制改革，打破镇村二元分割结构，率先实现环卫城乡一体化、市政一体化目标；二是初步构建产业创新发展的体制机制，招商时坚持项目优选，实现精准招商。不断优化市场引才机制，建立高端民宿管理人才孵化平台；三是形成绿色低碳发展的体制机制，始终践行"低碳环保，中西融合"的发展理念，发展低碳旅游，推广绿色建筑，培育低碳文化，开展低碳城镇建设。

（十）浙江省绍兴东浦镇——黄酒故里

1. 基本情况

东浦镇位于绍兴市区西郊，地处越城、柯桥、袍江三大组团中心，属国家城市湿地公园——绍兴镜湖湿地公园区域之内，距离高铁站绍兴北站不到5km，站前大道、杭甬铁路、104国道、杭甬运河穿境而过，水陆交通便捷。镇域面积30.78km²，其中，古镇核心保护区3km²，传统风貌延伸区9km²。下辖32个行政村，1个居民委员会，人口4.2万。

绍兴黄酒小镇于2015年6月30日被列入浙江省省级特色小镇创建单位，根据"一镇两区"创建模式，越城东浦片区依托丰富的酒乡古镇资源，重点发展黄酒文化旅游产业；柯桥湖塘片区依托雄厚的黄酒产业基础，重点发展黄酒酿造产业。(1)湖塘区块。位于柯桥区西南部，东距柯桥轻纺城4km、西去省城杭州40km、萧山国际机场15km。104国道南复线、鉴湖水道、柯湖公路、杭甬铁路、104国道、萧绍运河六大水路交通线贯穿境内。(2)东埔区块。位于越城区西北部，在鉴湖之北，为水乡泽国，临近镜湖新区，水路、陆路交通四通八达，区位优势明显。

绍兴黄酒小镇（湖塘片区）规划范围：北至柯湖路，东至阮型路——鉴湖——蓬山江，南至104国道南复线，西至余渚路，总面积为3.43km²，其中核心区建设面积约1.2km²。小镇力争通过三年规划建设，计划总投资超过60亿元。小镇总体空间结构为"一湖两岸三大片区"：即以鉴湖为中心，南岸为黄酒特色小镇产业片，北岸为十里湖塘休闲片和黄酒文化旅游片。根据由南京大学城市规划设计研究院编制的绍兴黄酒小镇（东浦）控制性详细规划，目前规划共分12个功能区，"两街十中心"：分别是东浦古镇街区、民宿酒坊街区、黄酒历史文化中心、黄酒产业创意中心、商业休闲中心、国际酒业展示中心、越秀演艺中心、名人文化艺术中心、黄酒文化国际交流中心、游客集散中心、健康养生产业中心、特色医疗中心，每个区块都围绕黄酒延伸出产业、文化、旅游和社区等不同的功能，打造一个充满产业动力和生活气息的"特镇"。作为远期目标，绍兴黄酒小镇将在确保国家 3A 级景区创建成功的前提下，争创国家 5A 级景区，见图 4-25。

图 4-23　地理位置图

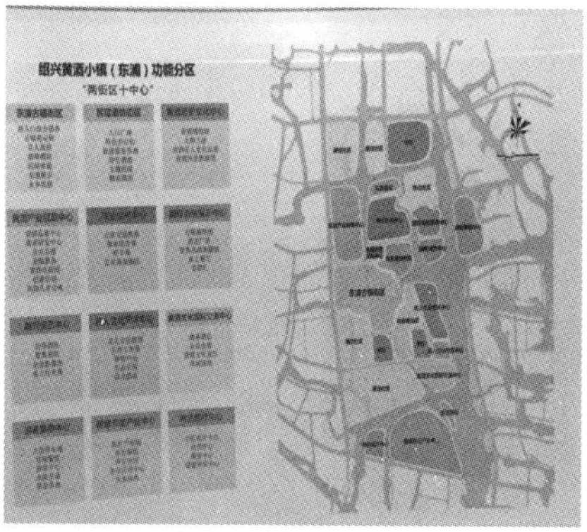

图 4-24　产业布局

图 4-25　小镇招牌

（图片来自网络）

以古镇内散布的酒坊遗迹为主线，串联古镇台门、景点、名人故居等，致力打造富有江南水乡风情、凸显绍兴黄酒特色的古镇旅游目的地。市民游客可以通过手工作坊、古法酿制展示等手工体验加深对酒文化的理解。东浦"酒国"的繁华景象，打造集水乡古镇和绍兴黄酒文化为一体的体验街区。同时，还将引入传统酒坊、工艺，并进行绍兴地方非物质文化遗产的展示和销售，增加游客的参与度和互动性。黄酒文化国际交流中心，位于黄酒小镇南部，建成后，这里将成为集会议办公、文化交流、酒店住宿等多种功能于一体的高规格商业区块，承接国际性酒业盛会，让中国黄酒真正走向世界。位于黄酒小镇西北部的黄酒产业创意园区，则将涵盖黄酒产业研发中心、电商园、文创园和黄酒企业总部园区。园区东部更有农耕生态村落，游客可以在千亩稻田边亲身体验如何用绍兴的水、绍兴的米酿造成绍兴的酒，打造绍兴黄酒从源头到成品的酿造体验区，见图4-26。地处黄酒小镇东北角的游客中心，除了提供"一站式"的旅游服务，游客还可由此开启绍兴水上全域游。与游客中心相连的越秀演艺广场更将借助大树江口的半岛及水面优势，呈现绍兴地方曲艺和戏剧文化的绚烂多彩，打造"坐乌篷、听社戏、品黄酒，过神仙般日子"的慢城生活。

图 4-26　黄酒小镇上的酿酒坛

（图片来自网络）

2. 主要做法和基本成效

（1）管理架构明确

2015年10月，绍兴市越城区政府与精功集团签订政企合作框架协议，合作开发绍兴黄酒小镇东浦片区。2015年底，黄酒小镇创建工作全面启动，见图4-27、图4-28。市级绍兴黄酒特色小镇培育建设协调领导小组、越城区绍兴黄酒小镇建设领导小组、绍兴黄酒小镇（东浦）开发建设管理委员会相继成立。创建过程中，按照"政府主导、企业主体、市场运作"的要求，积极探索运用政府和社会资本合作，引入民间资本参与建设，明确浙江会稽山股份有限公司为产业片区投资建设主体，政府负责小镇定位、基础建设、招商引资等大规划大服务，企业负责产业生产线、黄酒博物馆等产业项目建设。

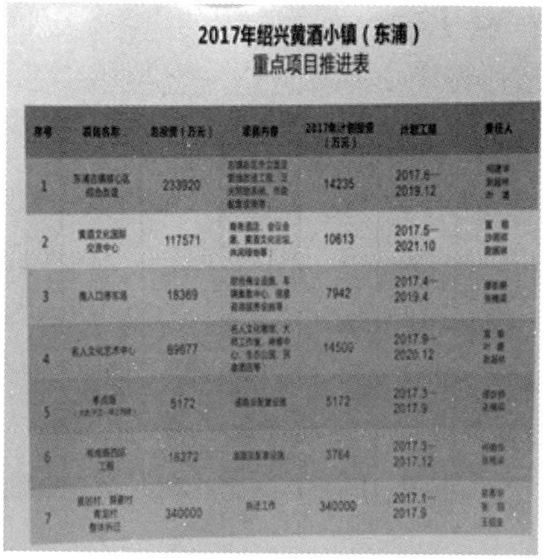

图 4-27　项目推进

图 4-28　黄酒节

（2）企业主导鲜明

3 月，湖塘片区与精工集团、前海融泰中和投资签订了"绍兴黄酒产业基地及文化旅游"项目，总投资 25 亿元。浙江绿城集团、上海高诚创意科技集团也表示合作诚意，正在抓紧做整体设计方案。到目前为止，湖塘片区已累计完成投资 11.8 亿元。此外，塔牌厂区总占地 300 亩、投资 5 亿元的手工黄酒生产厂区，会稽山一期总占地 200 亩、投资 5.5 亿元的黄酒生产车间均已建成投产；占地 100 亩、投资约 11 亿元的接待中心、研究院、博物馆、包装物流自动化项目等正在抓紧建设中；投资 1 亿元的塔牌黄酒生产观光线及黄酒精酿车间项目改造启动。

（3）挖掘黄酒文化内涵

不断深化对黄酒历史文化的挖掘和传承，做好黄酒老字号的恢复和弘扬，推进黄酒传统技艺的传播和传承工作。保护地方文化遗产，恢复"酒仙会市"并申报浙江省非物质文化遗产，举办水龙节等特色节会活动；邀请国内一流团队精心设计重建"云集昌记"酒坊、设计修缮同泰当铺；走访古镇古桥、台门和老手艺，挖掘东浦文化遗存，凸显工匠精神；拍摄古镇形象片《醉东浦》。编印出版《东浦古镇史料》等书籍，再现《古镇风情长卷》、《东浦 72 溇》、《老街店铺图》、《古镇遗迹 47 图》等历史风貌，其中《古镇风情长卷》经上海大世界基尼斯总部评鉴，获得大世界基尼斯纪录之"最长的水墨画出版物"称号。

（4）保护知识产权

注册"绍兴黄酒小镇"、"东浦黄酒小镇"以及绍兴黄酒老字号商标 17 个 69 类，为恢复黄酒老字号做好准备，并开展黄酒小镇 LOGO（标志）征集活动。

（十一）浙江省杭州市云栖小镇

1. 基本情况

云栖小镇是浙江省首批创建的 37 个特色小镇之一，位于杭州市西湖区，规划面积 3.5km²。小镇按照产业、文化、旅游、社区功能协同发展要求，"绿水青山就是金山银山"的发展理念，以阿里云为引领，着力建设以云计算为核心、云计算大数据和智能硬件产业为产业特点的特色小镇。2015 年实现了涉云产值近 30 亿元，完成财政总收入 2.1 亿元，累计引进企业 328 家，其中涉云企业达到 255 家，产业已经覆盖云计算、大数据、互联网金融、移动互联网等多个领域。

2. 主要做法和成效

（1）集聚创新创业人才，形成人才和产业制高点

通过政策、环境、情怀，云栖小镇积极引进创新创业型人才，提升云栖小镇的科级创新能力。王坚博士是小镇最重要的代表人物，是云栖小镇的主要创建者和名誉镇长，作为阿里巴巴的首席技术官、阿里云的创始人、中国云计算领域的领军人物，他致力于把云栖小镇打造成中国未来创新的第一镇。在科研领域，云栖小镇目前集聚了施一公、陈十一、潘建伟等著名科学家和团队，并举办研究院和产业转化基地。同时，云栖小镇与清华、北大、浙大、中科院等深度合作，以人才为核心、以产业为目标，在小镇形成了人才和产业的制高点。另外，杭州市与"千人计划"专家联谊会正式签署战略合作协议，明确提出双方将合作筹建一所新型的一流民办研究型大学——西湖大学，选址就在西湖区云栖小镇内。根据协议，西湖大学（筹）将借鉴美国加州理工大学的规模和斯坦福大学的办学理念，培养国家未来发展需要的创新型复合型人才。

（2）发展高端新型产业，构建全新产业生态

云栖小镇坚持发展以云计算为代表的信息经济产业，着力打造云生态，大力发展智能硬件产业。目前已经集聚了一大批云计算、大数据、APP 开发、游戏和智能硬件领域的企业和团队，致力于建成全国最强的云产业集聚区。另外，云栖小镇构建了"创新牧场—产业黑土—科技蓝天"的创新

图 4-29 云计算产业园

（图片来自网络）

生态圈。"创新牧场"是凭借阿里巴巴的云服务能力，淘宝天猫的互联网营销资源和富士康的工业 4.0 制造能力，以及像 Intel、中航工业、洛可可等大企业的核心能力，形成全国领先的创新服务基础设施。"产业黑土"是指运用大数据，以"互联网 +"助推传统企业和互联网创新技术的有机结合。"科技蓝天"是通过创建浙江西湖高等研究院、北大云栖研究院等，形成科技创新和全球高端人才集聚高地。

（3）创新运营模式，提升政企合作效率

在理清政府与市场关系的基础上，云栖小镇逐步形成了"政府主导、名企引领、创业者为主体"的运作方式。政府通过腾笼换鸟、筑巢引凤打造产业空间，集聚产业要素，做优服务体系。在鼓励企业落户、鼓励企业发展、鼓励人才引进、鼓励企业创新、鼓励企业贡献、鼓励配套服务等方面给予政策支撑。名企引领要充分发挥阿里云等行业龙头企业的引领作用，输出核心能力，打造中小微企业创新创业的基础设施，加快创新目标的实现。创业者为主体就是政府和民企共同搭建平台，以创业者的需求和发展为主体，构建产业生态圈。云栖小镇运营模式的核心是充分发挥三者的协同效力，如西湖区与阿里云达成合作，在政府推出专项政策扶持云产业发展的同时，阿里云同步推出入驻企业云补贴政策，这种政府和企业"1+1"扶持机制在全国是首创。

（4）举办云栖大会，提升小镇平台作用

云栖大会不仅仅是一个会议，更是云计算等高端新兴产业的大平台、大载体、大生态，云栖小镇通过举办云栖大会提升了小镇在服务于草根创新创业的作用，成为杭州市实施创新驱动发展战略的重要平台。云栖大会前身是阿里云开发者大会，最早举办于 2009 年，最初规模是 400 人，2013 年开始落户云栖，2015 年更名为云栖大会。2016 年参会人数超过 4 万人，有 58 个国家、3000 多名企业参与，成为全球规模最大、规格最高、影响力最深远的云计算大会。

（十二）浙江省杭州市玉皇山南基金小镇

1. 基本情况

玉皇山南基金小镇位于杭州上城区南宋皇城遗址，小镇地处西湖景区这一世界遗产核心地带，拥有国内一流的山水人文环境，具有"三个融合"——历史与人文、环境与文化、金融与文创融合的特征。当前，小镇规划面积 $3km^2$，定位金融产业，是浙江省首批特色小镇创建对象，并被列为 10 个省级示范特色小镇之一，目标是建成中国的格林尼治基金小镇，见图 4-30。

图 4-30   基金小镇办公场景

2. 主要做法

（1）政府引导城市产业有机更新

基金小镇所在的位置原本是陶瓷品交易市场，粗放的落后产能面临淘汰。交通不便，环境恶劣，成了杭州"脏、乱、差"的代名词。杭州市多年前就启动了西湖综合保护工程，腾退出的旧厂房仓库建筑租金低、空间大，为新兴产业提供了重要的孕育基地。

在政府的积极引导下，一些轻资产的文化创意企业进驻园区，实现了产业的第一次更新。起初以多类型文创产业入驻逐步形成山南文创产业园，又因以基金产业为代表的金融产业入驻，实现了产业的第二次更新并迅速壮大，伴随浙江省特色小镇的创建契机，逐渐升级为全国第一家以基金产业为龙头、文化创意和休闲旅游复合并进的产业小镇。

（2）把握机遇，用好用活各项政策支持

在国家提出将培育 1000 个特色小镇的风口下，各具特色的小镇如雨后春笋般"破土而出"，玉皇山南小镇便把握住了机遇，活用政策资源，探索与实施科学的扶持机制。

在省级层面有以下政策支持：

用地保障：对纳入省重点培育特色小镇创建名单的对象，若如期完成年度规划目标任务的，省里按实际使用指标的 50% 给予配套奖励，其中信息经济、环保、高端装备制造等产业类小镇按 60% 给予配套建奖励，对 3 年内未达到规划目标任务的，加倍倒扣省奖励的用地指标。

财政支持：在创建期间及验收命名后，其规划空间范围内的新增财政收入上交省财政部分，前 3 年全额返还、后 2 年返还一半给当地财政。

在市级层面有以下政策支持：

杭州市人民政府出台《关于加快杭州市特色小镇规划建设的实施意见》（杭政函〔2015〕136 号），《杭州市高层次人才、创新创业人才及团队引进培养工作的若干意见》（市委〔2015〕2 号），对市级特色小镇在用地保障、财政支持、人才引进方面给出了优惠政策。

用地保障：对纳入市本级新增建设用地项目计划的重大项目，所需农转用计划指标由市本级统筹安排。

财政支持：市级特色小镇规划空间范围内的新增财政收入上交市财政部分，前 3 年全额返还、后 2 年减半返还给当地财政。

人才引进：市级特色小镇引进的各类人才可享受《中共杭州市委、杭州市人民政府关于杭州市高层次人才、创新创业人才及团队引进培养工作的若干意见》所规定的各项政策。为各类人才提供资助、户籍、住房、医疗、社保等多方面优惠政策。

在区级层面有以下政策支持：

上城区相继出台《上城区金融人才分类认定办法（试行）》、《关于吸引海内外领军型人才来上城区创新创业"1211"计划的实施意见》、《上城区打造玉皇山南基金小镇扶持意见》等政策文件，逐步构建具有竞争力的人才政策体系。

（3）体制机制创新，全面提升环境

基金小镇内存在大量旧仓库、旧厂房、农居以及历史建筑，上城区政府将其中符合低效用地再开发政策的土地整理出来，主要通过三种模式：一是土地置换，将原有的厂房、企业仓库搬迁出去，货币安置，调整土地使用性质；二是租赁，长期租赁二十年的使用权，改造的费用大家分摊；三是在不改变土地使用性质的情况下，调整产业功能，用于发展与特色小镇业态相符合的产业。

并且，对于原有地段进行重新规划设计景观，建筑全部翻新改造。将部分陶瓷品市场附属配套仓库、老旧危旧农居房、铁路职工宿舍、铁路机务段厂房等，通过保护性的修缮后，升级为与文创产业、基金产业相配套的办公用房和配套服务设施，为入驻企业提供了良好的工作环境。

（4）完善设施建设，做好配套服务

小镇强调以人为本的社区营造，以适宜密度的组团方式有机聚合生产、生活、生态要素，形成核心区 800m 辐射范围的微小镇生活圈。除了空间丰富的办公场地，小镇还融入了住宅、商业、娱乐、医疗、体育、宗教、文化、休闲、会展等城市综合功能。同时，组织建立各类社团，筹划丰富的文艺体育休闲活动，保持小镇青春活力。

在提供行政审批一站式服务的基础上，小镇按照"一小时快速领证"、"最多跑一次"审批改革等要求，在杭州率先试行了"住所登记申报承诺制"，简化审批流程手续，使得行政审批事项全覆盖，实现"办事不出小镇"。除此之外，小镇借助行业主管机构和行业服务部门等平台，不定期开展各种形式的知识更新培训和交流活动，为企业之间搭建平台、提供服务。

地方政府通过设立创投社区服务中心、基金经理人之家等交流对接平台，提供资本对接、项目路演、联合调研、人才培训等，构建"募投管退"全方位产业服务平台，充分发挥"店小二"的服务作用。同时，与各大银行、券商、期货等机构建立直通端口，提供私募基金完成从注册、产品设计、发行、销售一条龙服务，并协助对接银行资金池。

3. 初步成效

小镇根据金融人才国际化、精英型的特点，坚持市场化运作、产业链招商、生态圈建设的模式，通过联合政府性行业组织、龙头企业和知名中介，开展海内外招商及合作业务，做好店小二提供精准服务，快速推动私募金融集聚发展。针对基金小镇的产业特点和人才需求，玉皇山南基金小镇已经建成启用了小镇国际医疗中心、出入境服务站、基金经理人之家等服务平台。小镇目前已吸引了高盛集团前董事、总经理王铁飞，原阿里巴巴集团联合创始人谢世煌，敦和资产叶庆均等一批涵盖股权投资、商品期货、固定收益等方面的金融精英汇聚小镇。

数据显示，自 2015 年挂牌至 2017 年 5 月底，小镇已快速集聚股权投资类、证券期货类、财富管理类机构 1556 家，其中，千亿级资管规模的 3 家，管理各类资金规模突破 8350 亿元人民币，投向实体经济资本规模 3060 亿元人民币，项目数 930 个。

（十三）江西省进贤县文港镇——华夏笔都

1. 基本情况

文港镇位于进贤县西南部，抚河下游东岸。交通便利，316 国道、京福高速公路穿境而过，温厚、梨温、沪瑞、昌厦高速公路、320 国道、浙赣铁路复线在此交汇，水上运输经抚河直达长江。文港镇总面积 54.53km²，耕地面积 2.6 万亩，辖 15 个村委会、3 个居委会，人口 6.4 万，其中镇区人口 3.2 万，镇域面积 6.8km²，城镇化率 61%。2015 年底建成区面积 6.8km²，2016 年新增建设用地 0.13km²，2017 年计划新增建设用地 0.15km²，到 2020 年规划建设用地面积 7.6km²。

文港镇是北宋宰相著名词人晏殊的故里，是当今中国的"华夏笔都"、"中国毛笔之乡"、"中国毛笔文化之乡"和"中国楹联之乡"，是一个文化底蕴深厚、产业特色鲜明、发展态势强劲的文化名镇、商贸重镇、产业强镇、旅游新镇。文化用品产业是文港镇的传统产业、特色产业、支柱产业。2016 年，拥有各类毛笔生产企业和作坊 2200 多家，从业人员 22000 人，带动周边农民就业 6000 人。2016 年，毛笔产量 7.5 亿支，产值 17.50 亿元，文化用品及相关产业实现产值 51.43 亿元，销售收入 47.12 亿元，利税 5.41 亿元。全镇开办电商网店 1200 多家，销售额 5.98 亿元。在外经销人口 1.2 万人，销售窗口达到 5100 多个，几乎遍布全国所有县级城市，文港毛笔及相关文房四宝商品占据全国 75% 的市场份额，金属笔占据全国 30% 的市场份额，在全国同行业中位列第一。

文港镇实现地区生产总值 38.15 亿元，财政收入 1.25 亿元，公共财政预算收入 5551 万元；完成固定资产投资 10.9 亿元；完成规模以上工业增加值 11.04 亿元，城镇居民人均可支配收入 29351 元，农民人均可支配收入 17890 元。先后获得全国文明村镇、全国小城镇建设重点镇、全国重点镇、全国"一村一品"示范镇；2016 年被列为中国第一批特色小镇。并被列为江西省文化产业示范基地、江西省制笔及相关文化用品产业基地、江西省首批商贸示范镇，南昌市特色小镇建设示范镇。

2. 主要做法和基本成效

（1）主导产业鲜明

以制笔为主导产业，紧扣产业发展，推动城镇发展，建立制笔及相关文化用品的特色产业体系。制笔和相关文化用品产业是文港镇传统产业、特色产业。首先，重点打造规划占地 2km² 的制笔及相关文化用品产业基地，占地 2000 亩的文化产业园，促进文港特色产业实现集约发展。其次，大举招商引资，近年来上海英雄有限公司、上海实业马利画材有限公司、上海豪利来笔业有限公司、上海周虎臣素功笔墨有限公司等知名企业纷纷落户文港，见图 4-31、图 4-32。三是经营方式向"线上＋线下"模式转变。2016 年全镇电商网店 1200 多家，销售额 5.9 亿元。文港镇制笔及相关企业由小生产走向大生产，从小产业走向大产业，从小市场走向大市场，实现了生产方式、经营方式、交易地点、经济模式转型升级。

图 4-31 毛笔交易市场

图 4-32 毛笔微雕

（2）生态环境治理有效

一是推进了重金属土壤污染修复项目。完成了污水处理站下游 260 亩受污染农田生态修复项目，完成了电镀企业 5645m² 污染土壤修复项目。二是推进了电镀集控区项目建设。文港镇其中一大支柱产业是金属笔，金属笔需要电镀，会产生一些污染。文港镇投资 4.6 亿元，规划建设占地 300 亩、建筑面积 15 万 m² 的电镀集控城。现已建成 4 栋标准厂房，12 家企业入驻。三是推进文港镇生活污水处理设施及管网建设。完成了文港文化产业特色街区改造提升工程、新港大道绿化亮化提升工程等四大工程建设，启动了笔都路改造提升工程和文港大道立面改造提升工程，实施了市政设施、敬老院改造提升，幼儿园建设等惠民利民便民工程。美丽乡村建设项目。重点推进了晏殊故里沙河村、中国毛笔文化第一村周坊村、曾湾村等三个中国传统村落，前途"五位一体"综合示范村、下范村新户型、小岭、猛湖喻家新农村建设得到推进，城乡一体垃圾处理模式持续深化，垃圾压缩站建成运行，环卫行业实现市场化管理。

（3）服务设施完善

新建、改扩建的公共设施项目。重点推进了三个项目建设：一是文港中心幼儿园，投入 560 万元，新增建设用地面积 0.0085km²；二是文港镇医技院周转房。投入 270 万元，新增建设用地面积 0.00055km²；三是文港镇敬老院宿舍，投入 75 万元，新增建设用地面积 0.00015km²。新建、改扩建的市政基础设施项目。重点推进了四个项目建设：一是镇村道路硬化，投入 450 万元，硬化镇村道路 4.5km；二是文化产业街改造提升，投入 200 万元，实施道路油化、绿化、亮化、美化工程，在虎臣路、燕归路安置交通信号灯；三是安全饮水工程，投入 80 万元，推进村村通自来水工程管网建设；四是污水治理，投入 1200 万元，推进生活污水及管网配套设施建设。市政基础设施运行维护管理。建立市政所、园林所、交通管理办公室运行维护管理机制，见图 4-33、图 4-34。

图 4-33　居住小区

图 4-34　毛笔作坊

（4）体制机制创新

一是坚持规范为先。在全镇范围内开展违章建筑大排查、大清理，并出台了文港镇规范农民建房的实施意见，不仅理清了小城镇建设的一些遗留问题，而且使得今后的小城镇建设有法可依、有章可循。二是坚持市场为要。积极探索把环卫保洁市场化运作作为农村清洁工程的基础工作来抓，通过公开招标，确定一家实力强的保洁公司承包镇区范围内的环卫保洁工作。三是创新投融资机制。探索建立政府主导、农民主体的多元投入机制。尝试设立以政府资金为杠杆、以市场和农民投入为主体的城镇建设专项基金，合理确定政府、企业、市民在城镇建设中的权利和义务，初步建立多元化的城镇投融资机制；四是建立志愿协会。在探索在城镇建设和管理中引入志愿者制度，成立了 360 余人的志愿者队伍，调动人民群众参与城镇建设的积极性。

（十四）江西省宜春市温汤镇——天然氧吧

1. 基本情况

温汤镇位于江西省宜春市城南 15km 处，辖区总面积 171.6km²，集镇建成区 5.2 平方公里，辖 12 个行政村，1 个居委会，总人口 4.43 万，其中集镇人口 2.48

万。境内风景优美，资源丰富，拥有国家5A级景区——明月山和华夏第一硒泉。硒泉日出水量达13000吨，水温常年保持在68℃～72℃；空气中每立方厘米负氧离子7万多个，是国家标准的35倍，有天然氧吧之称；境内大部分土壤富含硒，每克土壤含硒量达到3.62微克。2016年，完成财政收入2.14亿元，全社会固定资产投入31亿元，国民生产总值达10亿元；全年接待游客人数达到650万人次，实现旅游综合收入达45亿元；农民人均可支配收入达1.8万元。先后被授予全国首届"中国温泉之乡、全国文明乡镇、全国重点镇、全国美丽宜居百强小镇、中国最佳旅游休闲目的地、江西省百强中心镇、全国首批特色小镇、国家卫生镇、全省旅游风情小镇"等荣誉称号，见图4-35，图4-36。

图4-35 温泉古池

图4-36 养老地产

双向8车道的明月直达宜春中心城区，距离国家5A级旅游景区明月山只有15公里，到明月山机场、宜春高铁站仅20分钟车程，到沪昆高速公路宜春出口仅25分钟车程，同时开通了115、116、118三条直达旅游公交专线。温沙线连接320国道，温古线连接洪江镇，樟排线连接萍乡万龙山，并力争铜宜高速挂线开通。同时，温汤——明月山景观公路、温汤——洪江二级隧道公路、区域旅游环线正在规划设计中，辖区内所有村组都通了水泥路，形成了可达性强、出入便捷的旅游交通网络。公用设施齐全，设有中学、中心小学、幼儿园、卫生院；建有集贸市场、大型超市、文化中心；有农业银行、农商银行等金融网点5家；邮政、快递、电信、互联网、广电网络等齐全；有自来水公司、110kV变电站，可以保障24小时不停水停电；建有垃圾中转站、公共厕所、天然气站、消防中心等，足以保障居民和游客日常服务需求。

2. 主要做法和基本成效

着力实施"三项改造"工程。第一,推进"镇中村"棚户区改造工程。

(1) 镇域旧城改造

投入资金 1.7 亿元改造温汤镇四、六、八组合里布片区,拆迁旧房 5.7 万 m^2,实行公寓楼安置,配套建设了旅游商品特色街、玉盘广场、文化中心、公共厕所、温泉古井公园、购物中心等等;投资 1.1 亿元进行崩山片区改造,拆迁旧房 9600m^2,实行公寓楼安置。推进城中河治理工程。投入资金 5576 万元对温汤河防洪整治工程,并进行景观提升改造,打造"一河两岸"景观工程,增加游客体验度。推进城中街改造工程,见图 4-37、图 4-38。2012 年投入资金 1.5 亿元,以"建筑特色化、街道景区化、管线规范化、空间明净化、配套设施标准化、集镇休闲化"为主要内容的温汤集镇"六位一体"改造工程,提升了集镇面貌、功能、品位。

图 4-37 城中街改造 1

图 4-38 城中街改造 2

(2) 打造温泉文化旅游综合体

投资 12.5 亿元打造温泉文化旅游综合体,拆迁旧房 7.5 万 m^2,配套建设独具特色的四条街"小吃一条街、娱乐一条街、酒吧一条街、休闲一条街",见图 4-39、图 4-40。

(3) 打造秀美乡村

投入 4000 万元,实施大布村铲石片区"六位一体"延伸改造,打造秀美乡村。

图 4-39　温汤镇泉街 1

图 4-40　温汤镇泉街 2

（十五）山东省烟台市龙泉——温泉养生小镇

1. 基本情况

山东省烟台市牟平区龙泉镇位于烟台市牟平区东南部，距烟台港 40km、烟台机场 58km、威海市 30km，到北部海滨仅需 7 分钟车程，到城铁牟平站仅需 15 分钟车程，上泽公路纵贯镇域南北，俚李公路横穿镇域东西，交通便利，区位优势突出，是全国重点镇，山东省首批省级特色小镇，省级历史文化小镇，山东省美丽宜居小镇。全镇户籍人口 2.45 万人，镇域面积 160km²，辖 52 个行政村。

龙泉镇自然资源和历史文化资源十分丰富。龙泉温泉，是胶东著名温泉之一，始于明代，兴于清代，水质优良，是沐浴、水疗的绝佳之地，因沐浴后皮肤爽滑、舒适，故留下"千年古泉，龙泉温泉"的美誉。龙泉镇物产丰富，是胶东半岛大樱桃主产区，已成功举办多届大樱桃、甜瓜、桑葚采摘节。龙泉镇毗邻国家森林公园、国家自然保护区昆嵛山。昆嵛山是道教名山，全真教发祥地，神话传说中的海上仙山蓬莱、瀛洲、方丈都源于此。古往今来，难以数计的帝王将相、文人墨客、僧家道众来此寻仙问道，为昆嵛山增添了浓郁的文化色彩，见图 4-41。

2. 基本做法和成效

（1）积极培育特色产业

依托丰富的自然和旅游文化资源，围绕温泉养生这一主题，龙泉镇打造特色鲜

图 4-41　昆嵛山国家森林公园

明的产业形态。规划方面，以旅游养生产业发展为核心，聘请国内知名规划设计专家，完成了镇总体规划、镇旅游产业总体规划和镇区控制性详细规划，形成了"一个中心、两条轴线、四大片区"的旅游发展新格局，着力以高水平规划为引领，打造"中国北方温泉养生小镇"。项目建设方面，2017 年计划投资超过亿元，开展嵛龙温泉、双百山旅游度假区、神台缘旅游度假区、北大川国际休闲旅游度假区、乐康金岳龙泉国际颐养园等多个项目建设。嵛龙温泉项目，2017 年计划投资 6500 万元，图纸审查意见已出，正在修改图纸，办理土地挂牌前的相关手续。双百山旅游度假区项目，休闲木屋别墅已开工建设，目前已建 8 栋、在建 2 栋。相关活动方面，近年来，龙泉镇依托丰富的旅游资源，成功举办了枣园健步行、桑葚甜杏采摘、逛民居摇蜂蜜、高家疃蜂蜜文化节、丁家庄甜瓜采摘节等 30 多场次乡村旅游活动。

（2）努力推进镇区建设

目前，安德利·山水名郡、37°温泉花园、三缘温泉花园、温泉嘉苑、福霖居等住宅小区都已建成，采用山泉水、温泉水双泉入户，形成了 2000 户规模的高档温泉特色养生小区。在镇政府前大街建成一处 1400m² 的日用品超市，一处 500m² 的农资超市，并配套了餐饮、住宿等服务设施，既方便当地居民生活，又完善了相关服务功能。目前，投资 200 万元的垃圾压缩中转站已建设完成；投资 2000 多万元的汉河综合整治项目已进入基础建设阶段；污水处理厂和 LNG 气化站项目规划设计已完成，土地出让前期手续已办结，土地指标已落实，正在做污水管网和天然气管网的设计；投资 1.4 亿元的河滨公园建设项目全面启动，景观规划面积 10 万 m²。预计一到两年后，一个独具温泉特色，设施较为齐全、宜居宜游、景色优美的小镇雏形便会形成。

（3）不断探索生态文明村镇建设的"龙泉模式"

为顺应百姓对美好生活的向往,龙泉镇积极探索以人为本的"四步走 + 四创新"的生态文明村镇建设"龙泉模式"。第一步,创新理念。通过深入研究、高水平规划,立足各村实际,编制"一村一文本"、"一村一特色"的规划方案;第二步,创新实践。建立了户分类、村收集、镇转运、区处理的垃圾一体化处理机制,从根本上解决了垃圾包围村镇的问题;第三步,创新内涵。通过完善文化设施,开展文化会演,以及生态文明家庭创建等手段,充实当地居民的生活。第四步,创新动力。通过重点项目建设和农业转型升级做好产业支撑,拓展百姓致富的渠道。

目前,全镇实现了垃圾一体化处理全覆盖,成功打造东汤、八甲、曲家屯、河里庄 29 个区级生态文明村,占了全镇所辖村庄的一半以上,其中一些村因其干净整洁,历史文化底蕴深厚,吸引了许多领导和游人前来参观,并受到广泛好评。

（十六）山东蓬莱市刘家沟——葡萄酒小镇

刘家沟镇借助当地快速发展的葡萄种植和葡萄酒产业,打造出了宜居宜业宜游的葡萄酒特色小镇。与贵州的茅台镇、山西的杏花村镇一样,刘家沟镇作为酒类特色小镇于 2016 年 10 月入选第一批中国特色小镇,是山东省 7 个第一批国家级特色小镇之一,从此无力招商的困境得到扭转,迅速发展为投资热点。

全镇依山傍海,风景秀丽,气候宜人,被确定为国家葡萄标准化种植示范区,具有"世界七大葡萄酒海岸之一"的地域优势,拥有中国唯一一条 18km 长的葡萄种植观光长廊。引进了中粮长城、法国瑞枫奥塞斯等十多家国内外知名葡萄酒企业。工业门类齐全,已形成以葡萄和葡萄酒、汽车及零部件两大支柱产业以及食品、木制品、彩印包装等特色产业体系,是胶东最具发展潜力的地区之一。

1. 基本情况

刘家沟镇位于烟台市西北部、"人间仙境"蓬莱市东北部,西距蓬莱阁 13km。镇域面积 101.7km²,耕地面积 6.6 万亩,辖 61 个行政村,人口 3.1 万人,镇区常住人口 0.61 万人。2015 年镇 GDP 为 141.6 亿元,城镇居民人均纯收入 1.97 万元。东邻烟台蓬莱国际机场、北靠蓬莱新港,北部有 206 国道东西过境,刘五路南北过境,南接荣乌高速,交通区位得天独厚。先后荣获"全国环境优美乡镇"、"全省农产品加工业示范基地"、"山东省旅游强乡镇"、"好客山东休闲汇最佳休闲乡镇"、"民营经济特色产业镇"、"自来水村村通工作先进镇"、"新农村建设科技示范镇"等荣誉称号,见图 4-42。

图 4-42　葡萄酒小镇刘家沟镇印象

（图片来自"印象特色小镇"公众微信号）

全镇经济框架主要由工业、渔业、农业三大产业构成。农业重点发展了以粮油、瓜果、蔬菜、禽畜饲养为主的农副产品生产基地；渔业盛产对虾、刺参、扇贝、鲍鱼、牙鲆等 20 多种海产品。该镇地下矿藏有火山灰、石灰石、透灰石、大理石、宝石、铅、锌、滑石、花岗石等 10 多种，蕴藏丰富，具有很高的开采价值。

现在全镇葡萄种植面积达到 3.75 万亩，葡萄酒年生产能力 6 万吨，拥有中粮长城等葡萄酒生产和销售企业 50 家，其中规模以上酒庄、酒厂、研究所 25 家。刘家沟镇已建成国内首个葡萄酒公共型保税仓库，在国内葡萄酒行业内率先开发使用"葡萄酒全产业链信息化管理系统"，实现了集葡萄栽培、葡萄酒生产、食品安全保障、产品质量追溯、物流销售管理于一体的全产业链信息化管控，成功打造了国内葡萄酒行业首家"数字化工厂"。当地积极推广"公司＋基地＋合作社＋农户"的种植管理模式，就地带动 4000 户农民变产业工人，农户年均增收 15%。

2. 主要做法与成效

按照"标准化种植、规模化生产、产业化经营"的发展思路，大力发展葡萄种植、葡萄酒酿造产业，并在此基础上，结合依山面海、生态优良、交通便捷的禀赋条件，借力蓬莱旅游优势，不断挖掘葡萄种植、葡萄酒酿造、酒堡建筑等项目的旅游附加值，"美丽乡村＋葡萄酒庄"的新亮点极大带动了全镇乡村游和葡萄酒文化游的发展。

葡萄酒品牌引进扩大了小镇知名度。依托葡萄海岸产区优势，着力打造中国葡萄酒特色产业镇，引进建设中粮长城、香格里拉玛桑酒庄、瑞枫奥赛斯等 30 余家国内外著名葡萄酒生产企业，规划建设了集葡萄种植、葡萄酒生产和生态旅游为一体的 18km 葡萄产业带，获得"中国葡萄标准化示范区"称号。小镇还引进了拉斐法国品牌葡萄酒庄，大力提振了小镇的影响，吸引了国内外葡萄酒业的关注，也带来了葡萄酒业先进发展模式。为保证葡萄酒的质量，拉斐酒庄考察了近 20 年，选择了该镇，可见这里的葡萄种植经得起考验。与日常食用的套袋葡萄不同，为保证阳光品质，配制葡萄酒的葡萄都不套袋。

葡萄酒小镇还开发了相关产业，如文成城堡成功借鉴欧洲城堡的建筑风格融合中国元素，并利用当地火山石资源，构建了独具特色的城堡风貌建筑和内部设计，依此发展了观光旅游、婚庆拍摄和音乐表演等第三产业形式。文成城堡的沉稳廊柱和半圆式拱顶，携手共拥着直指蓝天的塔尖，带转折横亘的屋脊跌宕起伏，梯形和三角形的屋顶造型相互叠加，各种精巧的装饰点缀其间，前凹后凸的折转立面……这些极具创意的建筑设计，明晰、深化了这座城堡的构思，使得整个建筑显得错落有致、相得益彰，见图 4-43、图 4-44。

图 4-43　文成城堡外景

（图片来自"印象特色小镇"公众微信号）

图 4-44　文成城堡群内景之一

　　葡萄酒小镇与乡村旅游相结合，更好地带动了当地农民增收。所辖的马家沟村乡村旅游最具代表性，以旅游公司运营的方式，吸引周边的居民采摘、休闲度假、乡村周末短途旅游等，让村民都能从旅游中获得收入，即使每天种草也有稳定收入。马家沟生态旅游度假区位于刘家沟镇马家沟村，地处胶东半岛蓝色经济隆起带和胶东半岛黄金旅游板块的核心位置，距国家 5A 级旅游景区蓬莱阁、三仙山、海洋极地世界只有 15km，休闲区毗邻烟蓬观光大道，北距蓬莱新港 8km，南距潮水国际机场 8km，海、陆、空融合交汇，交通畅达便利。此处知名酒庄珠环玉绕，有机果蔬遍布周边。2012 年，村集体牵头成立了马家沟生态旅游开发公司，2014 年 10 月马家沟生态旅游度假区正式对外营业。马家沟生态旅游度假区已经初步形成葡萄酒文化体验区、滨河临水垂钓区、特色果蔬采摘区、农家乐休闲区、综合餐饮服务区、特色夜景观赏区等 6 大板块，融合了酒堡临风、休闲垂钓、茂园采摘、木屋风情、花港观鱼等近 10 个景点，让"村在景中走，人在画中游"变为现实。2015 年，马家沟获评"中国首批乡村旅游模范村"。2016 年国庆七天假期，马家沟村的旅游收入再创新高，超过 100 万元，每天接待游客 5000 人以上，见图 4-45。

图 4-45　马家沟村八大碗美食

（图片来自"印象特色小镇"公众微信号）

　　除加快发展葡萄及葡萄酒加工业，刘家沟镇还发展了养殖加工业、汽车零部件两大龙头产业。依托 12km 黄金海岸线，发展对虾、刺参、扇贝、鲍鱼、牙鲆等 20 余种海产品，建成海产品养殖场 30 多个，冷藏加工厂 10 多个。依托蓬莱汽车产业园，成功引进了北方奔驰、大庆电子、成东产业、集大汽车物流园、九星机械等 10 家制造企业。

万亩海岸葡萄园是天然的净化器，加之葡萄酒具备抗衰老和养生功能，发展高端的养老养生健康产业优势显著。到 2020 年，刘家沟镇将打造成富有活力的"酒、游、居"（葡萄酒、乡村旅游、养老养生）主题特色小镇，建成大型农村社区 6 ~ 8 个，集中居住人口 8000 人，村级社区、休闲公园覆盖率达到 70%。

（十七）河南省禹州市神　——钧瓷小镇

1. 基本情况

神垕镇主导产业为钧陶瓷文化产业和旅游业。钧陶瓷文化产业基础雄厚，是神　镇经济发展的主要支柱产业。2016 年，全镇工业总产值完成 56.7 亿元，农民人均纯收入达到 19030 元。在旅游业方面，神垕镇历史悠久，现有伯灵翁庙景区、灵泉寺风景区等多处自然人文景观。该镇"三山一凹、双水环绕"，形成了一河连五寨、组团式拥河发展的城镇格局，明清式建筑风格是神垕镇传统建筑的典型代表。主街与古镇区相协调、独具神垕色彩的建筑风貌，见图 4-46。

图 4-46　神垕钧瓷之都展示碑

2. 主要做法和初步成效

（1）以"钧瓷"为主导产业，构建钧瓷文化特色产业体系

神垕镇是驰名中外的钧瓷文化发源地，是国家级历史文化名镇，被誉为中国唯一"活着的古镇"。2016 年以来，神垕镇依托产业优势、文化优势和资源优势，

鼓励钧陶瓷企业加快发展与上档升级，形成了孔家钧窑、大宋官窑、光大瓷业、惠祥瓷业、恒昇瓷业、王氏陶瓷等一大批钧陶瓷发展的龙头企业，培育了许多具有较大发展潜力大、发展后劲足的钧瓷企业代表性人才，共同推动神垕钧陶瓷特色产业的持续、健康、快速发展，见图4-47。目前已拥有国家级钧陶瓷艺术大师7人，省级工艺美术大师和陶瓷艺术大师90余人。神垕大力推进钧瓷文化产业创意园和生态产业园区建设，形成产业集聚，传承和保护钧瓷文化。孔家钧窑被授予"国家文化产业示范基地"；杨志钧窑被授予"国家级非物质文化遗产保护基地"，有56件钧瓷作品作为"国礼"。

图4-47　神垕大宋官窑钧瓷

（2）引进企业改善镇区风貌与环境，促进旅游业发展

神垕镇是国家级历史文化名镇，自唐朝钧瓷生产初期，就奠定了"三山一凹、双水环绕"的人居环境格局；随着钧瓷衰陶瓷兴，在明朝逐步形成了临水而居、长街窄院、砖木结构的古镇风貌；清朝战乱频繁，继而形成了一河连五寨、组团式拥河发展的城镇格局。目前，古镇保护区面积达4km²，保护比较完整。明清式建筑风格是神垕古镇古代建筑的典型代表。2016年通过招商引资，5月份引入上海博大绿泽公司，采用PPP项目模式，通过特许经营权转让，进行市场化运作。上海博大绿泽公司共投资3.5亿元，对古镇核心景区老街进行沿街房屋修缮，并

对 8 个重点院落进行修复改造，见图 4-48、图 4-49。另外还有投资 3.2 亿元的 20 兆瓦太阳能发电项目、投资 1.2 亿元的河南钧魂钧瓷文化艺术园项目和投资 1.3 亿元的钧瓷文化主题公园、南环路停车场等重大项目。目前，争取到 8686 万元的上级财政资金，整个项目分三年实施，主要包括道路交通、供排水等基础设施，目前已完成投资 2900 万元。通过治理项目的实施，使镇区与周边环境更加协调，贴近居民生活，形成了与古镇区相协调、独具神垕色彩的建筑风貌。

图 4-48　天保寨街区修复

图 4-49　神垕古民居—任家大院

（3）通过体制、理念创新推动特色小镇创建

一是神垕镇创新建制镇投融资体制，协调镇级财政一般预算收入用于神垕基础设施建设和古镇保护开发，运用社会资金，完善公共事业的建设发展，积极引进国开行等商业银行参与神垕古镇开发。按照"优势产业抓规范，上规模；引进企业抓龙头，树典型；休闲旅游抓品牌，提形象"的工作思路，大力发展个私经济。扶持和源瓷业、华神钧窑完成股权托管并顺利挂牌，大宋官窑、惠祥企业正在积极筹备上市前期工作。同时，高度重视环境保护工作，发展经济绝不以牺牲生态环境为代价，在全镇深入开展了大气污染防治工作，强力推进钧陶瓷产业传统钧瓷煤烧、柴烧窑炉治理，经济社会和谐发展。二是完善公共服

务供给体制，依托城中村改造、社区建设等，加快基础设施和公共服务设施建设，大力推进钧瓷文化创意产业园，推动旅游产业发展，提供就业岗位，利用企业发展平台，完成各项配套建设，大力发展公益事业。三是优化产业发展环境，加快钧瓷文化产业项目建设，以神垕总商会为平台，推进钧瓷健康快速发展，规范各钧瓷市场的发展，加快产城融合，有序引导群众融入文化旅游和三产服务，增加规划、环保、城管等管理机构，完善神垕城镇管理功能。

（十八）河南省西峡县太平——中药材小镇

1. 基本情况

太平镇围绕建设"生态大镇、旅游名镇、山区富镇"的奋斗目标，充分发挥资源优势，大力调整产业结构，形成了以山茱萸等中药材为主的特色农业，以老界岭风景区、伏牛大峡谷和老界岭滑雪场为主的生态旅游业，以冶铁辅料、汽车配件为主的工业三大支柱产业。2016年完成国民生产总值 28.1 亿元，社会固定资产投资 29.7 亿元，农民人均纯收入 2.1 万元。先后获得全国特色景观旅游名镇、全国"一村一品"示范乡镇、国家级生态镇、全国文明村镇、国家级卫生镇、国家 5A 级景区等称号。

2. 主要做法和初步成效

（1）加强主导产业带动作用，创造良好产业发展环境

在镇域经济发展上，太平镇创优发展环境，发展支柱产业。一是中药材产业。与全国中药 50 强企业——宛西制药合作，以"公司＋农户＋基地"模式，全镇 3.6 万亩山茱萸全部实现 GAP 管理和生产加工。以山茱萸为主的中药材年产量保持在 5000 吨以上、产值在 2 亿元以上。同时，积极引进安徽、广州等外地客商到太平镇从事中药材交易，目前客商达 200 多家、从业人员 2000 多人，日交易额在 200 万元以上，见图 4-51。二是旅游产业。在配合好老界岭景区创建国家级 5A 景区、老界岭滑雪场创建国家级 4A 景区和伏牛大峡谷景区建设的基础上，围绕三大景区发展旅游服务配套项目，见图 4-50。制定了优惠政策，先后引进资金雄厚的南阳财富置业、鸿运房地产开发公司和中原第一漂集团等企业，投资近 3 亿元，建成了伏牛山游客接待中心、伏牛山财富庄园、老界岭迎宾馆和山林逸境、伏牛山水、松泉山庄等商住小区。2016 年以来，先后引进福岭德馨佳苑、红豆杉庄园、老界岭名企会所等 12 个旅游服务配套项目，扩大了镇区框架，提升了服务档次。每逢夏季，避暑度假居住人口达到 1 万多人。三是发展"农游一体"。按照"政府支持、

扶持引导、示范带动"的工作思路，围绕旅游环线和三大旅游景区，发展各类农家宾馆达到 500 多家、床位 10000 多张，从业人员 3000 多人。进入旅游旺季，平均每天在农家宾馆居住度假的游客达 1 万人以上，全年农家宾馆的接待量达在 50 万人次以上，实现综合收入 2 亿元以上。

图 4-50　老界岭风景区

图 4-51　山茱萸药材加工基地

（2）注重宣传教育，培育文化内涵

一是围绕培育和弘扬社会主义核心价值观，在镇区的游园、旅游环线以及各个农家宾馆，安装了以孝道文化、生态文化、古训家风和历史文化等为主的宣传栏，沿路新建了 500 多米文化工艺墙，建成了中华传统优秀文化一条街。二是积极开展和睦家庭、道德模范、星级农家宾馆等创建评选活动，修订完善了"建设美丽乡村"、"农家宾馆经营"等村规民约，营造和谐文明的村风民风。三是围绕千年银杏树、原始杜鹃花群、千年古刹黄石庵庙、清太平公主殿、地方戏、"十大碗"等，深入挖掘本地的生态文化、宗教文化、历史文化、民俗文化和地质文化等，推出打造独有的"界"文化品牌，进一步推动特色文化与城乡建设的相融合。

（3）加大资金投入，完善城镇功能

以"全国旅游度假示范区后勤服务基地"为定位，加大投资力度，不断完善集镇的基础设施建设。投入资金 800 多万元，配套完成镇区自来水和污水管网系统。投资 5000 多万元，三纵五横 8 条集镇街道和旅游环线道路高标准升级成柏油路面，人行道全部铺设花岗岩，道路硬化率 90% 以上；建成星级旅游公厕 8 座，安装太阳能路灯和各类景观灯 1000 多盏，街道亮化率达 80% 以上。投资 1600 多万元，对 1200 多户民居统一按规划设计的特色民居风格、进行立面改造建设。投资 700 万元，实施了"三线入地"工程。投入资金 500 多万元，新建 12 个景观游园，镇区绿化覆盖率达 46.5%，人均公共绿地达到 32.1m^2。投入资金 2000 多万元，完成了新百利大型超市、镇直幼儿园，镇区卫生院、文体广场等项目建设，集镇功能不断完善。投资 100 多万元建成太平镇便民服务中心，政府各职能单位实行"一站式"办公，形成了高效、便捷的公共服务体系。

（4）健全工作机制，推进城镇建设

一是强化组织领导，成立了小城镇建设领导小组，把小城镇建设纳入了党委、政府的重要议事日程，加大建设特色小镇工作力度。二是注重编制规划，制定了十年总体发展规划和旅游发展规划，使基础建设、环境建设和旅游发展等各方面都有了科学的标准和规范。三是强化规范管理。在完善管理制度方面，制定了小城镇规划建设管理办法、环境卫生管理办法等制度，使小城镇管理进入规范化轨道。在建设管理方面，成立了 120 人的环卫队伍，生活垃圾日产日清，粪便无害化处理达 100%，垃圾无害化处理率为 100%。

（十九）河南省镇平县石佛寺——玉雕小镇

1. 基本情况

石佛寺镇位于南阳西北 30km 处，东依 207 国道，南临 312 国道，宁西铁路穿境而过。全镇辖 21 个行政村、2 个居委会，户籍人口 5.6 万人，流动人口 4.5 万人，总面积 148km²，素有"中国玉雕之乡"的美誉，是南阳玉雕的发源地，河南唯一的玉雕产销重镇，全国最大的玉雕加工销售集散地，是全国重点镇、国家 4A 级景区、荣获联合国人居环境范例奖。

2. 主要做法和初步成效

(1) 围绕玉雕产业，建立链条长的玉文化产业

石佛寺镇致力于打造全国领先的玉产品采购中心、玉产品消费体验中心、玉产品展示与信息发布中心、玉产品电子商务交易中心、玉文化旅游基地和全国玉产品价格发布与交易标准制定中心。先后投资 70 余亿元，建设了国际玉城、天下玉源、真玉天地、玉博苑早市、榆树庄小挂件、万玉市场、老毕庄琢玉苑加工小区等 10 大玉雕专业市场。目前，小镇内市场共有摊位 40000 余个，门店 3000 多家，直接经营人员 7 万余人，初步形成梯次搭配、优势互补的市场构架体系，年产销各类玉雕产品 12300 多万件，实现产值 300 余亿元，约占南阳的 50%，全国的 30%。相继汇集了国内外玉料近 100 个品种，产品主要有饰品、摆件和保健品三大系列十大类近 1000 余个品种，畅销世界各地。市场内产品高中低档齐全，适合不同层次的消费群体，见图 4-52。重点培育出的珠宝玉雕有限公司、博涵、百宝堂等骨干企业也都是集设计、生产、销售为一体，形成一个集原料、设计、生产、加工、质检、包装、宣传、销售为一体的相对完备的产业体系。

图 4-52　石佛寺玉器批发市场

(2) 实施"玉 +"战略，推动玉产业与互联网、电商经济融合发展

联合真玉天地商业管理有限公司总投资 2 亿元打造电商孵化基地，建筑面积

2万 m²，配套有沙龙、书吧、教学基地、物流服务、品牌策划、文案摄影等保障设施，打造功能全、配套优、服务好的电子商务创业平台。与南阳理工学院合作，在石佛寺设立"南阳理工学院电子商务学院镇平基地"，引进阿里巴巴农村淘宝镇平服务中心进驻石佛寺，建成物流中心并投入运营，举办玉器电商发展高峰论坛，通过县人劳局培训专业电商人才。目前，电子商务已成为石佛寺增强经济活力、推动玉产业转型升级、转变经济发展方式的重要切入点，全镇电商企业6800余家，线下O2O体验店及规模化电商企业40余家，货运物流37家，年交易额达到40余亿元，约占全镇年产值的15%，见图4-53。

图4-53　石佛寺玉器商铺集聚中心

（3）提升建设水平，打造宜居、宜业、宜游的"中华玉都"

一是规划起点高。在"六规合一"的基础上，先后聘请同济大学、武汉大学、清华大学等对古镇区和新镇区详规进行了修编，对特色商业区进行控制性详规，达到"三区合一"、协调发展。二是建设力度大。投资约30亿元完成了毕玉大道、京华路、玉飞路等十二条道路建设，形成"六横六纵"网状道路格局；投资3亿元建成玉雕湾客运站和东区农贸市场；投资9000余万元对玉源大道、龙翔路等12条道路重新铺油、对玉文化广场和游园整体提升改造、更换主要道路路灯等，使小镇形象整体提升。三是管理成效实。以管理城镇的理念管理集镇，年投资200余万元，采取市政机构和物业公司双重卫生管理，对15条镇区主次干道全天候保洁；投资近80万元，成立交警中队，完善设施，创新管理，对占道经营等违规行为进行整治；投资800余万元，取缔马路市场、拆除弯腰大棚、取缔临时摊点等，促进环境卫生整治工作制度化、规范化、常态化，使镇区环境卫生干净整洁。四是美化效果好。树立精品意识，以赵河为轴线，以国际玉城为重点，高端定位，打造 5A 级景区，大密度栽植生态绿化系统，达到优化、美化的森林景观效果。

（二十）湖南省浏阳市大瑶——烟花小镇

1. 基本情况

大瑶镇位于湖南省浏阳市东南部，地处湘赣两省三市（萍、浏、醴）结合处，是浏阳南部重要的政治、经济、文化中心，也是中国优秀乡镇、中国农村改革与发展综合试点镇、中国小城镇建设示范镇、中国经济发达镇行政管理体制改革试点镇、浏阳市城乡一体化建设规划的区域中心城市。大瑶镇镇辖区总面积 149.3km²，总人口约 9.1 万，下辖 19 个村（社区）。其经济以花炮产业为主导，是世界上最大的花炮及材料集散中心，同时也是花炮文化的发祥地——花炮始祖李畋诞生于此，见图 4-54。

2. 主要做法

大瑶镇自 2016 年被确立为中国第一批特色小镇，就把"特色小镇"作为新型城镇化建设的主攻方向，在产业发展、环境改善、设施建设、体制创新、文化保护五个方面积极发力，做到了特色小镇与城市建设相协调、田园城市与城乡统筹相统一，引领了新型城镇化的"特色担当"。

（1）推动特色产业协同发展

大瑶镇大力改革传统花炮产业，整合产业资源，引导企业聚焦花炮特色产业，形成烟花爆竹生产、烟花爆竹经营、原辅材料经营、包装印刷、造纸、机械六大产业集群。大瑶镇产业发展形成以花炮产业为主导、新型工业、商贸三产、休闲农业多点支撑的产业格局。通过市场精准定位花炮龙头产业，创新花炮时代特征。

（2）扎实推进镇域环境改善

全面推行"路长制"，重点打造

图 4-54　李畋庙

G319 最美国道风景线。强力推进环保"春雷行动";坚决落实"河长制",完成团结水库和南川河周边 500m 范围内 217 家养殖户退养协议签订工作,目前已拆除 123 家,园区污水排放达到国家一级 A 排放标准;宏宇公司污泥焚烧项目投入使用,卫生防护距离内征拆和二期安置工作加紧推进,全镇环境进一步优化。

（3）加大基础设施建设投入

大瑶镇将花炮元素注入城市建筑,启动城市风貌塑造工程,完善迎宾大道、新城大道、李畋广场、百姓广场的风貌设计。育才路片棚户区改造、南川河安置区、污水管网铺设等项目强力推进,农村公路建设三年行动全面启动,55km 建设计划实施到位。烟花王朝、大瑶公馆、万家乐商城等综合体项目竣工投产,城市形象显著提升。2016 年共铺排重点项目 19 个,完成投资 12.86 亿元。2017 年计划铺排重点项目 32 个,总投资约 10.6 亿元。

（4）调动体制机制创新活力

强镇扩权,"大瑶实践"落地开花。大瑶镇获批全国经济发达镇行政管理体制改革试点镇,有序承接 96 项县级权限。率先在全省成立财税办公室,实行国税、地税、财政合署办公。全省首个综合行政执法局获得批准,提高行政执法效率;购买服务遵循重点项目与一般性项目的分别设置,提高财政服务透明公开。宅基地制度改革扎实推进,南山村新河小区集中居民点启动建设,率先完成全市第一宗农村集体经营性建设用地入市,农村土地承包经营权确权完成入户调查和第一轮公示,农村资源流转交易市场、建设用地市场加快盘活。

（5）重点保护花炮文化发展

巍巍九华山、汩汩南川河、渺渺团结水库,山水地貌资源契合村镇建设区。大瑶镇将花炮元素注入城镇空间设计中,重点建设花炮文化艺术街、迎宾大道、李畋广场、瑶正街、花炮大道等特色街区,创建全国唯一的花炮文化博物馆。目前,花炮传统制作工艺列入国家级非物质文化遗产,"浏阳花炮"获国家地理标志产品保护,并开展一系列的花炮文化论坛。

3. 初步成效

（1）经济转型升级,"产城融合"发展更加优化

大瑶镇全年财政总收入完成 2.53 亿元,其中地方收入 1.54 亿元,超额完成目标任务。完成固定资产投资 47 亿元,增长 2.2%,规模工业总产值 74 亿元,增长 20%。工业经济实现新增长,科学有序淘汰落后产能,引导烟花爆竹企业（含工区）自愿退出 26 家,兼并整合 1 家。成功举办"瑶望李畋"第二届花炮文化产业博览会,重磅推出花炮文化观光、乡愁民宿骑行体验、传统民俗文化旅游、美丽幸福

屋场4条精品旅游线路。正在推进浏阳、大瑶两个花炮市场向国际花炮商贸城转移，引进中国烟花爆竹协会落户大瑶镇，巩固花炮产业集中区核心地位。

（2）先行先试，"改革先区"效应聚焦

先行先试，强镇扩权走在前。优化政务服务，创新推行"首问落实制"，及时办结首问落实事项受理单482份。率先在全省成立财税办，推行国地财合署办公，办理业务4100余笔，征缴税收1.5亿元。获批成立大瑶镇综合行政执法局，有序承接635项行政执法权限，改革实践走在全省前列。开发开放，区域合作干在前。策划"融通湘赣边"机械展、商贸会，承办湘鄂赣县（市）乒乓球协作比赛。创新创业，要素激活抓在前。加强科技创新支撑，宏世花炮"互联网＋烟花"落户花炮文化产业园。

（3）加大投入，推进城乡统筹发展

启动"数字化大瑶"建设，增设高清摄像头181支，实现镇区治安、交通、城管监控"三网合一"。开展综合整治70多次，拆除破旧及违规广告580处，清除"牛皮癣"4330处，规范店外经营、乱堆乱放4161处，取缔流动摊点72处，集镇品质不断提升。大手笔投入，项目建设再提速。将花炮元素注入城市建筑，启动城市风貌塑造工程，完善迎宾大道、新城大道、李畋广场、百姓广场的风貌设计。

（4）发展文化，汇聚"和谐共建"能量

传统文化保护传承。花炮传统制作工艺列入了湖南省非物质文化遗产项目，大瑶青面狮、王家拳、陈家拳进入长沙市非遗项目，焰火龙狮、民间祭祀、棠花传统工艺制作、杨花民间春锣等多个项目正在尽力挖掘、整理和申报非遗项目，花炮文化博物馆获评湖南省科普和社科基地。定期举办书画、剪纸、楹联交流赛，大力推动财神庙会、将军庙会等节会，让花炮衍生文化和传统特色文化生生不息。

（二十一）湖南省花垣县边城——书里的小镇

1. 基本情况

边城镇原名茶峒镇（苗语"Zhal dongs"），位于湖南省西部边陲，湘黔渝三省交界处，是湖南省的西大门和湘西四大闻名古镇之一。全镇总面积76.95km²，辖25个村，2个居委会，约27000人。边城茶峒历史悠久，风光秀丽，民风淳朴，文脉深远，丰富的自然人文资源在此集聚和组合，形成了边城茶峒的独特魅力。目前，边城镇已入选住房城乡建设部第一批特色小镇名单。

边城镇独有的特点在于：一是独特的地理区位。边城茶峒地处湘渝黔交界地带，自古为川黔出入洞庭湖平原的门户，被誉为"一脚踏三省"、"湘楚西南门户"，自古以来就是重要的交通节点；二是独特的自然风光。镇区坐落在群山环抱之中，背靠湘西鸾太山，面朝渝东凤鸣山，左依黔东北九龙山，右傍湖南香炉山，清水江沿城北流过，山环水绕，三面环山，风光优美，气候宜人；三是独特的湘西民俗民风。边城茶峒古镇形成于明朝，数百年来的发展镇区形成了西依清水江成带状布局的城镇空间形态，形成了城内、城外、河街、隘门街等多条小街，古镇格局保留完整、功能结构特色明显。难能可贵的是，镇区保留有大量的传统建筑，民居以苗家吊脚楼为主；四是世界闻名的边城文化。边城茶峒文学氛围及自然风光交融，清澈见底的清水江（图4-55）、美丽的吊脚楼、穿过岁月风雨的拉拉渡、拙朴的石板街和封火墙、恬静的小镇生活，既是寻梦的理想地，又给人带来创作的灵感与冲动。一代文豪沈从文先生曾在此生活，并以此地为背景写出了不朽名篇《边城》。

图4-55　清澈的清水江

2. 主要做法

（1）重视顶层规划布局

近年来，先后完成《边城镇控制性详细规划》《边城（茶峒）历史文化名镇保护规划》《边城（茶峒）历史文化名镇控制性详细规划及核心区修建性详细规划》《边城·古苗河风景名胜区总体规划》《边城（茶峒）旅游区旅游控制性详细规划》等相关规划数十项，规划编制实现全覆盖，为边城茶峒的保护建设以及旅游开发提供了支撑。

通过严格实施《边城镇城镇建设总体规划》等规划，研究制定政策引导、利益导向、宣传教化等措施，加强对建设经营活动的管理和引导。重点以"两违"清理整治为抓手，加强对新建建筑的控制，在体量、风格、色彩等方面与风情小镇整体风貌相协调。

（2）不断完善配套设施

致力于打造最淳最美人文风情古镇，重塑沈从文笔下的世外桃源般的古朴意境。通过专项投资、贷款融资、项目配套、政策扶持等方式，先后建成了边城翠翠岛、"边城百家书法园"等高艺术价值景点，完成了沿河古民居和石板路改造，实施了景观灯、橡胶坝等配套景观建设，边城景区逐步成形。

（3）持续攻坚重点领域

推进开发体制创新，大力开展招商引资，引进战略投资者。充分发挥边城风情小镇开发投资公司的开发主体作用，整合资源资产，积极与金融机构开展对接，拓展开发建设投资渠道。进一步加强三省边区合作，积极整合旅游资源，发挥区域旅游特色和整体优势，把边城景区打造成为武陵山片区区域合作发展的典范。

全面推行"路长制"，修建了清水江防洪堤、橡胶坝等工程，在清水江上形成了两级人工湖。强力推进"河长制"，完成石牛溪河道综合治理，加大力度完成清水江边城河段的综合治理工作。

3. 初步成效："边城品牌"初步显现

边城镇围绕"书里边城"的总体思路，以"湘西边城风情小镇建设项目"以及"省际口子镇"的建设为主要推手，完善基础设施配套，做强做精旅游业。通过"旅游+"发展模式，结合周边传统村落、美丽乡村以及万亩脐橙丰产园等农业基地，延伸旅游产业链。

边城镇不断推进三省市边区统一步调、统筹规划、加强协作，建设"大边城"品牌。通过专项投资、贷款融资、项目配套、政策扶持等方式，使边城景区逐步成形。自2008年边城景区成功获批国家3A级景区以来，旅游人数与旅游收入逐年递增，近三年年均接待游客近70万人次，实现旅游收入6630万元，拉动了餐饮住宿、客运交通等行业发展，2015年城镇人均可支配收入达到6100元，年增长15%以上。

（二十二）重庆市潼南区双江——文化古镇

1. 基本情况

双江镇位于重庆市潼南区西部，距潼南城区 10km，面积 119.4km²，辖 4 个社区居委会、17 个行政村，全镇总人口 5.4 万人，城镇规划面积 3km²，建成区面积 2km²，城镇常住人口 2.1 万人。双江镇是革命先驱杨　公、共和国第四任国家主席杨尚昆的故乡（图 4-56），是全国首批历史文化名镇、全国爱国主义教育基地。近年来，本着产业特色突出、建设空间聚集、综合效益良好、风貌协调优美、组织保障有力的原则，突出对"产业发展、小镇环境、传统文化、设施服务、体制机制"5 个方面进行精心培育。

图 4-56　杨尚昆故居

2. 主要做法和初步成效

（1）加强科学规划引领

在旅游产业发展上，融合大佛寺景区，整合周边旅游资源，整体规划建设 5A 级景区；在城镇建设发展上，强化空间布局，注重生态环境，彰显古镇特色（图 4-57）。先后编制完成《双江—大佛寺 5A 级景区规划》《双江镇总体规划》《双江镇城镇控制性详细规划》《历史文化名镇保护规划》《双江镇环境保护规划》《传统村落保护与发展规划》等规划，强化规划管控，充分发挥规划统领和指导作用。

（2）强化特色产业支撑

努力培育特色旅游产业，不断增强发展活力。一方面促进文旅融合，发展以古镇历史民俗文化、红色抗战文化为主的文化游，另一方面打造以美丽乡村为辅的休闲游。形成以古镇为中心，辐射周边乡村的"全域"旅游景区，在积极培育新兴旅游产业的同时，推进现有产业的转型升级，开发特色旅游产品，促进一、二、三产业融合发展。

图 4-57　古镇街景

（3）注重文化传承发展

对"杨氏民居""禹王宫""兴隆街大院"等历史建筑和 3 万余平方米传统民居的保护维修，实施民俗文化馆、民俗文化庭院的建设，让双江独特的红色文化、抗战文化和建筑文化得以保护和传承（图 4-58）。通过编写出版《杨氏家国梦》、《走进双江》、《双江杨氏探微》等系列书籍 10 万余册，拍摄《杨闇公》、《杨尚昆系列纪录片》、《母亲，母亲》等影视作品 10 部，使双江历史文化得以记载、保存与延续。通过举办民俗文化节会活动，培育民间文艺团队 10 个，培养文艺骨干 32 人，使双江民俗风情和非物质文化遗产得到传承与发展。传承发扬传统餐饮文化，获评中国名菜 3 个，重庆名菜 5 个。

（4）着力环境综合整治

完成古镇核心区建筑的保护维修，保护和延续了双江传统风貌。投资 1500 万元完成长滩子环境综合整治、松林坡山体绿化 300 亩、垃圾收运系统建设，投资 1530 万元建成污水干网 1500m 和日处理 2500 方污水处理厂，计划投资 15000 万元，实施河道综合整治 5000m、三星堡环境综合整治，不断改善人居环境。注重绿色发展，正有序推进高污染、高能耗、低附加值的企业迁建和转型。

图 4-58 杨家老宅戏台

（5）不断完善城镇功能

完成核心区水、电、路、气、讯、照明的改造。建成游客接待中心，新建公共卫生间 4 个，新建露天停车场 5 个新增车位 502 个，改扩建广场 2 个 8000 余平方米、新建广场 2 个共 1.4 万 m²，不断完善公共服务设施。完成古镇核心区亮化工程，实施主干道亮化提升工程，推进新区夜景灯饰工程。

（6）探索体制机制创新

成立以区委常委挂帅，区级有关部门组成的特色小镇建设指挥部，综合协调、统筹推进特色小镇建设。以区级融资平台公司对接农发行等金融机构，策划包装项目，加强建设项目资金保障。将特色小镇纳入区宜居城市建设工作范畴，进一步加强规划执行、功能完善、品质提升、城镇管理。

（二十三）四川大邑县安仁——文博小镇

1. 基本情况

安仁镇位于成都平原西部，距成都 39km、双流国际机场 36km、大邑县城 8.5km，辖 28 个行政村（社区），辖区面积 56.9km²。镇域规划区面积 15.07km²，控制性详细规划面积 8.76km²。全镇总人口 7.65 万人，城镇人口 4.85 万人，城镇化率达 63.8%。近年来，安仁镇积极抢抓全国、省市县重点（示范）镇建设机遇，创新落实全省百镇试点要求，充分利用得天独厚的历史文化资源优势，以文博产业为引领，以旅游度假为载体，实现了文化旅游与特色小镇建设融合发展，镇域空间布局、承载能力、产业支撑、公共服务、生态保护得到全面提升。先后获得"中国历史文化名镇"、"中国博物馆小镇"、"中国文物保护示范小镇"、"国家园林城镇"和"全国特色小镇"等多项殊荣（图4-59）。

图4-59　安仁建川博物馆

2. 主要做法和初步成效

（1）坚持规划先行，科学布局小镇发展

坚持"跳出安仁规划安仁，放眼未来定位安仁"，将全镇发展定位和空间布局融入全县、全市乃至全省、全国发展的大格局中去谋划，先后邀请四川城镇规划设计研究院和中国城市规划设计研究院科学编制城镇总体规划、镇区控制性详细规划，确立了"一心、两区、双轴、多点"的发展布局，统筹优化土地利用、产业发展、基础设施配套等资源配置，提升规划的针对性和实效性。结合安仁独有的历史文化资源，编制形成了以文博旅游产业为核心，高端规模农业和都市观光农业为依托的产业发展规划，牢固树立了"以人为本、四化同步、生态文明、文化传承"的特色新型城镇化发展思路。

（2）坚持文化引领，实现文旅融合发展

安仁浓缩了川西近代史的百年风云，历史文化底蕴比较深厚，在促进和发展特色小镇建设中，坚持把历史文化的保护和传承放在首位，着力强化古镇核心保护区、历史建筑、传统村落和林盘的保护，保留了"望得见山、看得见水、记得住乡愁"的历史文脉和安仁记忆。通过大力实施"文博品牌化"战略，进一步放大川西古镇文化、公馆建筑文化、博物馆文化，以文旅融合方式不断聚集文博资源，着力打造文博旅游产业链，实现古镇文化旅游资源的全域开发。目前，安仁拥有全国闻名的重点文物保护单位、国家 4A 级旅游景区——刘氏庄园，中国最大的民间博物馆聚落、国家 4A 级旅游景区——建川博物馆聚落及省（市）级文物保护单位刘湘公馆和刘文辉公馆。镇域内有保存完整的中西合璧民国老公馆 27 座（图 4-60），文保单位 16 处，建成有抗战系列、电影系列、党史系列以及涉及社会发展、传统文化等各类主题博物馆（含展示馆）32 座，藏品 800 余万件（国家一级文物 166 件）。现存文物的价值、规模以及拥有博物馆的数量，在全国小镇中尚处唯一。2016 年，全镇共接待游客 658.3 万人次，国内旅游收入 62153.2 万元，同比增长 114.2%、122.1%。

图 4-60　安仁民国公馆一角

（3）坚持全域统筹，城镇建设迅猛发展

充分发挥安仁"链接城市、辐射农村"的独特地位和作用，坚持把城乡统筹、协调发展的理念贯穿于特色镇建设的始终，做到全域规划、镇村统筹、产镇相融、农旅结合，初步实现城镇建设、镇域发展全域全程规划；产业发展、基础设施、公共服务配套到村，实现了安仁从传统农业镇向现代文化旅游小镇转变。近年来，先后投入资金 3.6 亿元改造和完善市政公用配套设施，新修村组道路 120km；光纤到户率和宽带入户率均达到 78.3% 以上；城乡居民清洁能源的使用率达到 66%，人均绿地面积 28.86m²，基本实现了镇域居民"服务更完善、设施更俱全、生活更便捷"目标。

（4）坚持四态合一，实现转型升级发展

安仁在推动特色小镇发展的路径上，始终坚持"文态个性化、形态特色化、业态多样化、生态优美化"多元融合理念，在保留自己独有特征，彰显地域文化魅力的同时，坚持以特色产业为引领，一张蓝图画到底，既注重文化事业与文化产业双轮驱动，又突出文化与旅游深度融合发展，促进了城乡文化与经济的均等发展，实现了以文化旅游带动实现就地新型城镇化，并同步实现生态的可持续发展与经济发展的绿色化。近年来，通过实施文化产业项目、农村土地综合整治项目，就近转移安置农村人口 3 万余人，城镇化率达 63.8%；农民人均纯收入达 19300 元，城镇居民可支配收入达 28570 元（图 4-61）。

图 4-61 安仁古镇居民生活街区

（二十四）四川成都市德源——创客小镇

1. 基本情况

德源镇域面积 30.7km²，常住人口 6.3 万余人。2010 年 7 月，为富士康生活配套区项目建成 2.6km² 城市新区，但后来由于重大产业化项目转移，闲置房源 140 余万平方米。2015 年，为解决小镇"空心化"危机，依托存量房源和周边高校富集的科教优势，规划建设具有全球影响力的创新创业小镇，大力实施"创业天府·郫县行动计划"，将双创载体空间命名为"菁蓉镇"，探索实践一条"空心小镇"到"创客乐园"的特色小镇发展之路（图 4-62）。2016 年 4 月 25 日，李克强总理视察德源镇，称赞"空置宿舍巧变创客空间，好比新经济借壳传统产业'上市'"。

图 4-62　德源"菁蓉镇"创客公寓

2. 主要做法和初步成效

（1）凸显双创产业形态，促进产城融合发展

以菁蓉镇为品牌形象的双创特色，是德源镇特色小镇的独特"名片"。在产业形态上始终聚焦"菁蓉镇"，确立了建设国际创客小镇的发展定位。一是高端招引双创项目，利用闲置房源改造创业公寓、孵化器等载体 55 万 m²，引聚专业孵化器 35 家、创新创业项目 1263 个，引进高层人才 21 名，引进基金 22 支，引进技术平台 38 家。以项目实施带动新经济培育工程，大数据、无人机、生物医疗、VR/AR 技术、文化创意等新兴产业迅速集聚，初步形成镇域经济增长新引擎。二是助推新经济产业园建设，现开工建设项目有华通创志、中国数码港成都大数据产业园、阿尔刚雷等 5 个，跟踪在谈项目有国信优易大数据基地、西南交大成果转化基地等 12 个，预计投资规模将达到 100 亿元，提升了转型升级和创新创造的"含金量"。三是着力发展现代服务业，融合特色小镇的双创功能、文化功能、社区功能，引进成都航空旅游职业学校、成都华商理工培训学校等 4 所中高职学校，聚集师生员工 1.1 万余人。打造美食商业街，提档升级农家乐，引进大型连锁超市及休闲娱乐场所，增添人气商气（图 4-63）。

（2）优化双创生态环境，营造宜居宜业氛围

将德源镇全域按景区进行包装，打造和谐宜居的美丽环境。一是突出优化城镇景观设计，充分融入创新创业元素，完成城镇楼宇风貌改造、街区绿化、引水入镇、光彩工程，整体打造环境氛围，建成千亩生态艺术公园，打造百亩创客公园。二是提升外部生态景观，改造建设村组道路 11.5km，整治沟渠水系 9km；建

成 7000 亩大蒜连片种植基地和 1000 亩连片粮经基地,建设 1500 亩春舞枝·成都花世界旅游观光景区,原生态保护具有川西林盘特色院落组团 50 多个和天府田园风光。三是突出城乡环境综合治理,重点实施旅游干线、农村主干道及城镇主干道的"三线美化"行动,推行"巧媳妇"清洁之家众创活动,城乡环境明显改善,获得四川省环境优美示范镇美誉。

图 4-63 德源"菁蓉镇"创业园区

(3) 传承地方特色文化,提升城镇风貌品位

充分发掘德源传统文化和双创文化底蕴,提升镇域文化软实力,获得四川省书香之镇称号。注重传统文化传承创新,举办了独具德源乡土文化特色的东林寺"抢童子"大庙会及大蒜节,改建了大禹文化广场,并创作微电影、话剧 7 部,打造德源特色文化品牌活动。注重文化服务载体创新,建成 1700m² 镇综合文化站,培育专兼职文化服务志愿者 500 多人,自编自办了《德源信息报》、郫县菁蓉镇微信平台,组建了德馨民乐文艺社、布谷鸟合唱团等 10 多支群众性文体团队。注重新兴文化传播创新,围绕双创文化特色,举办了"国际友城青年音乐节"、全国第二届《创业英雄汇》海选等高品质双创文化活动。征集优选了菁蓉镇 LOGO,发布并传唱了《菁蓉创业之歌》、《菁蓉创客之歌》。

(4) 实施全域设施配套,提升城镇综合功能

一是坚持交通先行,开通连接县内 19 所高校的环线公交、音乐巴士和 3 条到机场、车站的交通快线。二是提升公共配套品质,基本实现镇域无线 Wi-Fi 全覆盖。引入石室蜀都中学、泡桐树小学等市级优质教育资源,改建了镇公立卫生院,新

建创业服务超市、多功能体育场馆等设施，构建起"10分钟公共服务圈"。三是优化生活配套服务，完成30000m²商业改造升级，初步形成创客餐饮文化特色街区；建成镇级便民服务中心和11个便民服务站，全方位提升了居民、创客的服务水平。

(5) 注重体制机制创新，激发城镇发展活力

一是创新城镇建设规划机制，高标准、系统性实施总体设计、专项规划编制，指导管控小城镇建设品质。二是创新社会治理服务机制，大力培育社工服务组织，启动城乡居民就业创业"双千计划"，推荐就业2000余人次。三是创新党群服务机制，实施双创党群"一站五中心"阵地建设、"一格三员"网格化管理和"五联三服务"运行机制。四是创新市场运作机制，加快实施美丽新村绿道环线等民生工程，整体包装规划建设菁蓉湖、菁蓉中心等重大项目。

（二十五）四川成都市三道堰——亲水小镇

1. 基本情况

三道堰镇位于郫都区北部，距成都中心城区16km，是成都最重要的饮用水源地，徐堰河、柏条河贯穿全境，是川西平原唯一的有两条河流穿镇而过的小镇。镇域总面积19.86km²，城镇建成区2.1km²，常住人口3.2万人，辖6个村2个社区。2016年底，城镇居民人均可支配收入达39075元；农村居民人均可支配收入达22210元；地区生产总值达7亿元；完成固定资产投资7亿元，新型城镇化率63%。近年来，三道堰紧紧围绕国际化都市新区和特色小城镇建设同步发展的战略部署，按照区域"双创高地　生态新区"定位和"全域旅游化、全产业链旅游化、全要素旅游化"理念，着力推进"国际亲水度假小镇"和城乡建设，先后被评为国家级4A景区、全国宜居小镇、全国环境优美乡镇，被列为四川省"百镇建设行动"试点镇，市、区特色小城镇建设示范镇。青杠树村被评为中国十大最美乡村、中国美丽体闲乡村。

2. 主要做法和初步成效

(1) 特色鲜明的产业形态

成功创建三道堰镇和青杠树村两个国家级4A景区，实现年游客接待量500万人次，旅游总收入2.5亿元，近三年接待旅游人口年均增长率为54.3%，旅游收入年均增长率为33.6%。着力打造"惠里"特色商业街，年接待省内外游客数量达200万人次，年营业额已超5000余万元。大力推进旅游向品牌化、特色化、标准化和规模化方向发展，强化都市农业观光旅游、体验休闲、教育示范、生态涵

养等多种功能, 支持发展多种形式的家庭农场、现代农庄和乡村酒店, 推动了休闲农业与乡村旅游有效融合 (图 4-64)。目前全镇共建成 18 家乡村酒店, 建成 "花田喜事" 水生植物观赏园、"蕃米" 创意农场、"醇菜" 智慧农场等一批现代农场, 新增优质粮油、生态种养基地 3900 亩, 打造 "香草潮"、"土米" 等农业天府品牌。投资环境更加优化, 中国数码港、成都传媒集团等企业先后入驻, 项目涉及旅游、商贸、酒店和乡村会展等行业。恒大健康集团、兴蓉集团、万科房地产等企业也纷至沓来, 寻求进一步合作发展机会。

图 4-64 三道堰镇青杠树景区—乡村旅游

(2) 和谐宜居的美丽环境

以 "保、改、建、腾、塑" 为路径, 依托独特的水系、生态等资源优势, 着力将三道堰镇打造成为田水相依、城水相映、景水相融、人水相亲的 "国际亲水度假小镇"。按照小街区规制理念, 打造 12 条小街巷。实施引水入镇, 形成 "水在城中流, 人在水中游" 的城乡景区形态。实施退楼显水工程, 拆除临河建筑 3 万 m²; 将沿河 10 万 m² 公共空间返还公众, 关闭污染养殖场、农家乐 140 家, 治理黑臭河流 4 条, 生态搬迁 110 户。全面建成沿河 2000 余亩生态湿地, 贯通两河四岸 28km 一级巡查道、4km 二级巡查道 (包括全国首个沿河空中绿道—双虹桥), 建设截污沟 10km。镇区整体风貌、色彩、风格和谐统一, 街巷空间错落有致, 小镇出入口、广场、重要交叉口等节点特色鲜明, 充分体现了川西地域特色和水乡文化的传承与重塑。镇区内有导堰公园、乐水公园、城北公园等, 城镇绿地总面积达到 0.98km^2，城镇公共绿地面积达 0.6km^2，城镇绿地率 39.29%，人均公共绿地面积达到 27.98m^2/ 人以上。

（3）彰显特色的传统文化

作为都江堰精华灌区，徐堰河、柏条河镇域内水域面积超过 0.93km^2，河岸线长达 35km，渠系纵横，川西林盘众多。立足充分保护利用水系及林盘资源，以"保、改、建"三种方式延续川西林盘风貌特色，同时积极引导特色餐饮农家乐提档升级，加大竹编、棕编、草编等民间技艺的旅游市场化发展力度，着力修缮县级历史文物保护单位青塔寺等历史文化遗迹，发展壮大国家非物质文化遗产蜀绣基地——蓉绣坊。在进一步梳理镇域文化传统与传承的同时，结合旅游市场开发拓展，优化端午节龙舟会、迎春灯会、泼水节、踏青会等传统节庆活动，强化旅游文化的底蕴与内涵。通过挖掘三道堰镇悠久的水文化、农耕文化、民俗文化等历史文脉，提炼独特文化符号，完成惠里、水乡街、码头岁月等特色街区改造。

（4）充满活力的体制机制

围绕"国际亲水度假小镇"和"中国最美乡村聚落"特色小城镇建设要求和理念，着力优化规划布局和空间资源利用，整合各类管理要素和资源，强化规划引领意识，理顺生态保护、规划管控和产业发展之间的关系，建立完善各类管理的机制体制，激活和鼓励社会资本资金积极投入镇域建设，探索启动 PPP 建设模式，引进社会资金 1.2 亿元，实施了新景观廊桥建设及景观营造。抓住农村土地改革试点契机，积极探索农村集体经营性建设用地入市，全面激活农村土地资产，促动农村集体经济发展，促进农民多元增收。

第五部分

新时期特色小镇的成功要素与发展前景

一、成功要素

小城镇作为城乡发展的纽带，是构建新型城镇化新格局的关键举措和推进全面建成小康社会目标实现的重要手段。目前，各地特色小镇建设发展正在如火如荼推进，特别是第二批全国特色小镇推荐工作的开展，将特色小镇工作推上了一个新高潮。毫无疑问，在未来的一段时间内特色小镇建设还是助推经济增长的新动力、承接社会投资的新热点和缩小城乡差距的新桥梁。然而，特色小镇的发展有何规律，特别是具备哪些要素才能更易于成功？这是当下亟须探究清楚的。综合国外著名小镇的发展规律和经验，并且结合我国各地的发展实践，可以概括出特色小镇的八大成功要素。

（一）产业有特色

1. 所有著名小镇都有特色产业

纵观国内外成功小镇的发展经验，特色产业是小镇的生命和活力之源，是支撑镇区经济发展的基础，能够有效带动城乡居民收入增加。特色小镇不在规模大小，在城市群体系中区别于其他小镇的核心竞争力是特色产业。小镇依靠其强大的特色产业基础，形成不可替代的竞争优势。在特色小镇发展过程中，有的镇依靠产业集聚效应形成具有产业链和产业规模优势的专业镇，有的镇依靠多元产业经营成为强势特色产业主导镇。

2. 特色产业形成基于自身资源禀赋或外来投资打造

特色产业是基于两方面形成的：一是依赖自身资源禀赋形成的特色产业，二是基于外来投资打造的特色产业。对于内生型特色小镇，其特色产业主要依靠其特色资源发展形成。例如，浙江省绍兴市的东浦镇是绍兴黄酒的发祥地，"越酒闻天下，东浦酒最佳"，东浦古镇留下了千年的历史印记。作为世界三大最古老的酿造酒之一，东浦黄酒依然延续着千百年来的传统工艺，街头巷尾、民家院落随处可见酒缸、酒坛、榨酒石等酿酒器具；古镇内依然保留了孝贞酒坊、云集酒坊、谦豫萃酒厂旧址等一大批黄酒历史遗迹，积淀了深厚的酒文化。通过发挥其千年黄酒国的独特优势，逐渐形成了以黄酒产业为基础，拓展到文化和旅游的特色产业链。对于外生型特色小镇,其特色产业主要依靠外来投资打造。例如,浙江省杭州市的玉皇山南基金小镇,本无发展基金产业的基础,但小镇根据金融人才国际化、精英型的特点,坚持市场化运作、产业链招商、生态圈建设的模式,通过联合政府性行业组织、龙头企业和知名中介,开展海内外招商及合作业务,做好店小二提供精准服务,快速推动私募金融集聚发展,打造了独具特色的基金产业。

3.特色产业是小镇的核心竞争力

特色产业的形成可以产生独到的竞争力,为小镇经济发展、基础设施改善、城乡居民收入提高做出重要贡献。这样的例子比比皆是,比如湖南省浏阳市大瑶镇通过花炮产业的发展,既加大了镇区基础设施投入,完善迎宾大道、新城大道、李畋广场、百姓广场的风貌设计,育才路片棚户区改造、南川河安置区、污水管网铺设等项目强力推进,农村公路建设等等;又对小镇经济发展贡献巨大,2016年其全年财政总收入完成2.53亿元(其中地方收入1.54亿元),超额完成目标任务。完成固定资产投资47亿元,增长2.2%,规模工业总产值74亿元,增长20%。

4.特色产业的发展方向是产镇融合

区别于产业园区,小镇特色产业的发展方向是坚持产镇融合,生产、生活、生态共同发展。特色小镇发展过程中要有适宜特色产业发展的生态,坚持产镇融合,以城镇为基础,承载产业发展,做大做强特色产业。通过发展特色产业,提升特色小镇的活力、竞争力和吸引力,最终实现人口集聚、产业发展,经济社会环境等综合协调的可持续发展。

(二)区位有优势

1.区位优势突出的特色小镇更容易成功

城镇体系是分工协作的体系,特色小镇既是相对独立的聚集区,也是城镇体系中链接城乡的重要一环。特色小镇既可以是大城市市域范围内的一个功能区,也可以是乡村地区的一个中心点,成为强化城市功能、连接城市与乡村的节点。因此,成功的特色小镇一般都具有良好的区位,位于大城市辐射区,能与城市互动互补、相辅相成并承担一定城市功能,主动吸引城市要素扩散,形成人流、物流、信息流等的便捷交换。事实上,交通基础设施越好、与城市群体系连接越紧密、到达中心城市越便捷的小镇更容易成功。我们研究发现,中西部地区很多小镇自然资源禀赋很好,但是由于交通区位相对较差,发展不如东部地区大城市周边的一些小镇。比较典型的是北、上、广、深大都市周边的休闲小镇虽然资源禀赋不是最好的，却成为资本追逐的新标的，更容易获得成功。

2. 外生型小镇更依赖区位条件

由于外生型特色小镇没有独特的稀缺资源，其特色产业强调与外部产业的分工合作，满足外部市场的需求。因此，对区位条件更加依赖，必须有较好的区位才能使人才、资金、技术、产品进行流动。而内生型特色小镇具有在本地自然风貌、历史文化或民族聚居等方面具有明显优势，这种优势是独一份的，"酒香不怕巷子深"，只要运营好，区位条件发挥的作用相对弱一些。

3. 区位条件可以调整改善

区位不是固定的、刚性的，既可以主动调整，也可以被动改善。区位包括自然区位、交通区位和经济区位三部分。自然区位是小镇的绝对地理位置，交通区位主要是小镇的便利性和可达性，而经济区位主要是小镇所处在经济发展水平和经济联系强度。小镇的发展要想取得成功，必须要改善自身区位条件。其中，自然区位无法改变，经济区位和交通区位可以改善。随着交通基础设施建设、技术的进步和生产生活方式的转变，区位状况也在变化。例如，高铁线路等交通基础设施的建设可以被动地改善小镇的区位，采用新技术、发展新产业也可以主动改善区位；贵州省本来区位条件不佳，然而在大数据产业来看，却是个极佳的地方。

（三）文化有底蕴

1. 文化是小镇特色的最重要因素

文化底蕴是特色小镇的灵魂和内涵，是小镇发展的精气神。文化所包含的内容非常丰富，如历史文化、建筑文化、企业文化、产品文化等等，这是小镇可识别的重要因素。小镇的个性、特点、引人入胜之处均需要依靠其文化内涵，特色小镇之所以能够在较小空间范围内，产生全国甚至全球知名度，需要的是文化内涵所产生的影响力，这也是我们常说的"IP"的概念。

2. 文化底蕴深厚的小镇更具有吸引力

小镇要发展成功必须要保护好、承接好、发挥好文化优势。需要注意的是，文化应是广义的概念，可以是非物质的历史传承，如"××名人故里"、神话故事等；也可以是历史建筑、民族建筑；还可以是一项技术（如黄酒酿造技术）或一种商业模式（如山西的票号文化、××产品小镇等）；甚至是人为创造出来的。特别是在当前信息大爆炸和过度传播时代，小镇要想脱颖而出，获得广泛共识和认可至关重要。小镇独有的"IP"能产生社会认同，最终形成小镇的向心力和凝聚力，这是特色小镇成功的重要因素。

3. 特色小镇的文化既可以传承也可以创造

内生型小镇要承接好、发扬好历史文化；外生型小镇需要引入龙头企业、集聚人才，打造独有的企业和产品文化。小镇的文化从何处来？关键在于传承和创造。对于内生型特色小镇，它有历史底蕴可以挖掘，承接好、发扬好历史文化即可。例如，湖南省花垣县边城镇只需围绕边城文化做文章即可，把"书里的小镇"融入小镇的建设发展全过程。而对于外生型特色小镇，需要创造文化。这种创造出来的文化可以是企业文化，如浙江杭州的云栖小镇主要依靠阿里巴巴云公司来打造；也可以是产品文化，如美国的好时小镇的巧克力文化；还可以是人才的创意文化，如意大利的色彩小镇是靠画家的创意而创造出来的文化。

（四）创新有人才

1. 成功的特色小镇始终注重创新

创新是成功特色小镇区别于一般小镇的重要因素。特色小镇何以鹤立鸡群？形成特色产业生态，打造特色文化，其本质都是创新。创新是知识活动与管理活动的不断更新，是特色小镇成长的动力。特色小镇是以某一特色产业链为核心，融合投资链、创新链、人才链、服务链等要素的创新生态区。特色小镇的创新是要综合创新，其中人才统领特色小镇的产业、制度、管理等诸多方面的创新，成功的小镇普遍拥有利于创新的人才集聚、成长和发展的环境。

2. 灵魂人物发挥决定性作用

总结国内外著名小镇的成功经验，通常都有个灵魂式的人物起了决定性作用。不仅特色小镇的发展依靠人，其发展的目的也是为人服务，而创新在很大程度上依赖人才，特别是领军人才或者带头人。例如，美国音乐小镇布兰森被称为现场音乐之都，是仅次于纽约百老汇和拉斯维加斯的美国第三大演艺中心。但是它发展初期是依靠其领军人物——吉姆·欧文。布兰森当时只有一个小剧院——欧文的山地音乐剧院，欧文邀请电影明星和歌唱家来到剧院门口摆姿势照相，地方商会也积极地把布兰森的特性介绍给每一位客人。布兰森的人们不断地改善他们的小镇，建立第二个、第三个剧院，并且一直在建，最终发展成为现场音乐之都。国内这样的小镇例子也很多，如浙江杭州的云栖小镇发展离不开阿里巴巴首席技术官王坚博士的带动；乌镇离不开操盘手陈向宏的"一笔一画"。

3. 创造和保持特色还需要创意人才

领军人才通常是镇长、企业家和投资人，他们确定小镇的发展目标和方向。但是创造和保持特色还需依赖创意人才。创意人才通常是技术人才，如建筑大师和能工巧匠精心雕琢的房子使意大利波托菲诺小镇蜚声世界，吸引了世界各地的游人。在小镇上，所有的房子都错落有致，且至少有一扇窗户朝向蔚蓝的海湾；政府修建公用设施，全都充满了个性和特色，采用了鲜明亮丽的色调来表现他们对生活的热爱；色彩鲜艳的房屋环绕着碧绿的小海湾，背靠群山绿荫繁密，面临大海碧波浩渺。再如西班牙的胡斯卡之所以被称为蓝精灵小镇，与众多油漆工的努力不无相关，他们用 4000 升蓝色油漆把整个小镇 175 座雪白房屋外墙全部涂成蓝色，包括镇政府大楼、教堂和公墓，使这个穿越山川和草原后的世外桃源，正式成为蓝精灵的家，吸引各地游人。

（五）风貌易识别

1. 成功的特色小镇一般具有可展示的独特风貌

特色风貌是小镇的标识，凡是成功的特色小镇都具有可展示的、吸引人的风貌。与文化底蕴通过精神去感受不同，风貌是人可以直接接触到的；并且，文化也可以通过风貌展示出来。成功的特色小镇都具有可展示、协调的、易识别的风貌。这种风貌可以是自然风貌，也可以是建筑风貌等等。例如，美国的外星人小镇罗斯维尔的典型风貌就是处处都是外星人的"世界"，随处可见外星人元素，外星人主题酒吧餐馆，外星人博物馆，外星人纪念品商店，大街上的街灯都是外星人形状的，还有一个以飞碟的形式建立的麦当劳建筑。罗斯维尔小镇镇上的所有的标示，橱窗的摆设，以及 UFO 展览厅、电影院，卖纪念品的商店，无一例外的有一位外星人的照片摆在最显眼的位置上。再看国内的小镇，"华夏笔都"江西省进贤县文港镇镇域规划的诸多细节设计都融入了毛笔元素。

2. 特色小镇风貌与文化紧密相关

特色小镇的风貌应该统一，并且和特色小镇本地文化紧密挂钩。住房城乡建设部关于特色小镇建设坚持各地要尊重小镇现有格局、不盲目拆老街区；延续传统风貌，统筹小镇建筑布局、协调景观风貌、体现地域特征、民族特色和时代风貌。具体有新建区域应延续老街区的肌理和文脉特征，形成有机的整体；新建建筑的风格、色彩、材质等应传承传统风貌，雕塑、小品等构筑物应体现优秀传统文化；并且，严禁建设"大、洋、怪"的建筑。

（六）基础可承载

1.基础好的小镇更容易吸引投资和人才

小镇发展需要一定的基础，基础好的更容易吸引人才和投资。成功的特色小镇在发展过程中一般都有较好的承载基础和适合特色产业发展整合的条件。比如，小镇本地的自然资源、区位条件、人才储备等适宜特色产业的形成和发展，通过地域优势逐渐发展、引导，最终形成特色产业链。这种承载基础还包括小镇基础设施情况和公共服务的提供能力。

2.基础设施条件好的小镇更能把握机遇

由于地方政府财权与事权分离，一般小镇基础设施建设相对落后，高标准的公共服务供给不足，难以形成有效带动。随着新兴产业兴起，互联网技术发展、交通路网及其他基础设施的不断完善，现有产业经济无须在大城市核心区集中，这是逆城市化进程，也是特色小镇发展的机遇期。而具有好的自然环境、交通基础设施、市政基础设施、公共服务设施的小镇在投资条件上更优，容易把握这种机遇。较为典型的是浙江杭州的玉皇山南基金小镇，它不仅自然环境优美、交通条件优越，基础设施和配套公共服务完善，使得基金产业的集聚发展成为可能。

（七）体制机制活

成功的特色小镇普遍在坚持政府引导、企业主体、市场化运作中创新了培育模式和土地利用机制，拓宽了资金来源渠道，形成了灵活的运行机制。具体有：

1.政府有边界

特色小镇的发展与传统的建制镇发展和园区开发、组织模式都不一样。它特别注重社会资本的运营，注重在特色小镇发展过程当中，各参与主体的协作。推进特色小镇建设，最重要的是要处理好政府和市场的关系。坚持市场主导，政府并不大包大揽，做好裁判员。其职责是编制规划，推荐基础设施配套建设，重点是完善小镇道路、供水、教育、医疗、商业等基本功能；通过生态环境保护，各种发展要素保障（如土地），营造良好的政策环境，吸引各方力量来建设特色小镇；而市场机制的作用在于引导企业推动产业发展和人才引进。在小镇建设初期，由政府主导基础设施和重要公共服务设施建设，通过政府先期投入来引导企业共同推动小镇建设序幕。建设中后期，充分利用民营资本，以市场运作方式，结合

PPP 模式，建设经营性设施，为特色小镇的可持续发展提供运营保障。

2. 要素支持实

特色小镇建设需要多方面要素的支持，以土地为核心的稀缺要素的利用机制创新有助于小镇发展成功。在当下需要在土地供给逐渐缩减的情况下，以保护自然环境和改善城镇设施和服务为前提，使土地利用朝着集约化、多样化、多功能化方向演进。具体做法有：一是通过盘活原有工业用地，将原来未运营或者效率不高的工业用地进行重新规划，转型升级、集约使用；二是对原有工业用地进行土地利用性质转换，降低工业用地规模，增加旅游和商业用地，改善用地结构。

3. 资金来源广

当前特色小镇普遍存在基础设施薄弱欠账较多、建设资金不足的特点，需要以平等开放的竞争机制，鼓励各类资金投入到特色小镇。成功的特色小镇一般具有资金来源机制灵活的特点。它都注重发挥各类相关财政资金的引导作用，积极向特色小镇建设倾斜。而在财政资金以外，注重创新调动各类融资方式。一是加强与政策性银行对接，政策性金融资金是特色小镇建设稳定的中长期资金来源。二是发挥融资平台的作用，地方政府通过发起、建设融资平台公司为特色小镇建设融资。三是利用政府与市场合作模式，通过基于项目的社会资本引进形成与企业的合作。四是因势利导发挥属地优势，充分发挥属地上市企业的融资优势，依托特色产业，鼓励企业参与投资建设。

（八）各方均得益

1. 外来投资与本地利益相兼顾

在特色小镇发展过程中，需要保障各参与方的利益。外来投资要获益，让参与小镇规划、建设、融资、运营服务等企业获得应有的收益；本地利益也要保障，特色小镇建设发展过程中，需要保障小镇居民的利益，这是小镇得以长期可持续发展的基础。兼顾外来投资与本地利益协调，力求相融互促，在特色小镇建设过程中共同发展获益。同时，特色小镇建设过程中各方利益诉求都很多，要全部满足，不是不可能，只是在某些阶段应该分步骤、有序去满足。

2. 短期利益和长期利益相统一

小镇的发展是长期的事情，以小镇长期利益为出发点和落脚点才是可持续的发展。部分小镇不知道平衡短期和长期利益，只知道"火烧眉毛顾眼前"，借特色小镇之名进行房地产开发，只顾赚短期的快钱，以达到短时间内迅速提高

GDP 规模的效果。事实上，大规模的房地产开发会抬高会提高土地成本、住房成本、生活成本等，通过盖房建成小镇容易，但是产业导入难，反倒不利于特色小镇建设。

3. 整体利益和局部利益相协调

正确处理整体利益和局部利益的关系，首先要弄清对特色小镇而言什么是整体利益。总的来看，特色小镇的整体利益应包含代表本地利益的居民和代表外来利益的投资人、建设者等多参与主体，以及小镇本身的建设水平和可持续发展水平。强调整体利益并不是对局部利益的否定，正是一个个局部利益构成了整体利益。成功的特色小镇普遍能够做好整体和局部的协调，局部利益能做帕累托改进是实现整体利益提升的重要保障。

二、运营模式

特色小镇建设时间紧、任务重、市场潜力大，已成为当前各级政府部门和社会资本关注的焦点领域，吸引了大量房地产企业、投资机构等进入。因此，在特色小镇发展过程中，如何有效整合和利用包括社会资本、政策性金融等在内的资金，资金进入后特色小镇如何建设、运营，已成为当前需要解决的关键问题。综合当前特色小镇发展经验来看，主要看产业和平台谁来做、谁先做。有以下三种典型模式。

（一）利用产业搭建平台

部分特色小镇已经形成一定的产业集聚，这就形成了在该产业基础上搭建平台的运营模式，浙江省绍兴市的黄酒小镇就是这种运营模式的典型代表。东浦镇是绍兴黄酒的发祥地，"越酒闻天下，东浦酒最佳"，东浦古镇留下了千年的历史印记。东浦镇是四大古镇之一拥有"酒乡、水乡、桥乡、名士之乡"的美称。聚成于东晋，在宋代就是绍兴黄酒酿造业的中心；黄酒作为世界三大最古老的酿造酒之一，东浦黄酒已蜚声海内外，并形成一定的黄酒产业集聚，但因为没有良好的平台包装而不能得到大的发展。在此基础上，绍兴市政府搭建平台，按照"一镇两区"创建模式，东浦片区以"大绍兴、大黄酒、大文化、大旅游"为战略目标，以"创新黄酒产业、发展黄酒文化旅游、打造黄酒养生社区"为创建定位。采取

"黄酒+"运营模式，逐渐形成了以黄酒产业为基础，拓展到文化和旅游的特色产业链。

（二）利用平台引入企业

第二种模式是先搭建好平台，再引入企业。这个平台可以是政府或者企业来搭建。

1. 政府搭建平台

特色小镇的推动进程，政府是特色小镇建设的重要参与者，因此以政府搭建平台，再引入企业的运营模式具有一定的代表性。政府直接参与投资，以及政府行为对小镇建设、产业发展以及投资者产生直接影响的小镇发展模式，称为政府主导模式，具体有三种方式：一是政府直接投资，撬动社会资本进入；二是政府通过产业等各种政策，鼓励社会资本进入，帮助企业成长；三是政府搭建小镇产业发展和创新平台，为企业创造转型和创新环境。

这种模式较为代表性的是浙江省杭州市的云栖小镇。云栖小镇主要采取"政府主导、名企引领、创业者为主体"的运营模式。政府通过腾笼换鸟、筑巢引凤打造产业空间，集聚产业要素，做优服务体系。在鼓励企业落户、企业发展、人才引进、企业创新、企业贡献、配套服务等方面给予政策支撑。名企引领充分发挥阿里云等行业龙头企业的引领作用，输出核心能力，打造中小微企业创新创业的基础设施，加快创新目标的实现。创业者为主体就是政府和民企共同搭建平台，以创业者的需求和发展为主体，构建产业生态圈。云栖小镇运营模式的核心是充分发挥三者的协同效力，如西湖区与阿里云达成合作，在政府推出专项政策扶持云产业发展的同时，阿里云同步推出入驻企业云补贴政策，这种政府和企业"1+1"扶持机制在全国是首创。通过云栖大会的举行，提升了小镇在服务于草根创新创业的作用，成为杭州市实施创新驱动发展战略的重要平台。

2. 企业搭建平台

特色小镇建设对资金需求很大，普遍存在资金短缺或资金没有落实的问题。农民进入城镇，要有住房，要配套水、电、气、道路、排污等基础设施，还要享受教育、医疗、养老等基本公共服务和福利。因此，特色小镇建设需要拿出巨额资金，但这不可能完全依靠政府财政来推动。未来，政府是引导，社会资本是主体，转变特色小镇的投资运行机制，充分调动、发挥社会资本的作用。鉴于此，形成了一个企业做平台，待平台成形后再引入企业运营模式，具有代表性的是华夏幸福公司的产业新城模式。

华夏幸福秉持"以产兴城、以城带产、产城融合、城乡一体"的系统化发展理念，通过创新升级"政府主导、企业运作、合作共赢"的 PPP 市场化运作模式，提供一揽子区域经济整体发展解决方案，推动了开发区域的经济发展、城市发展和民生保障，有效提升了区域发展的综合价值，成为中国城镇化发展的一个样板。

在这种运营模式下，主要依靠积极运用 PPP 模式建设特色小镇。特色小镇与有实力的大企业（华夏幸福公司）联合设立特色小镇的项目公司 SPV，大企业向项目公司注入注册资本金与项目开发资金。项目公司作为投资及开发主体，负责特色小镇的设计、投资、建设、运营、维护一体化市场运作，着力打造小镇品牌；小镇政府履行政府职能，负责决策重大事项、制定规范标准、提供政策支持，以及基础设施及公共服务价格和质量的监管等等，以保证公共利益最大化（图 5-1）。

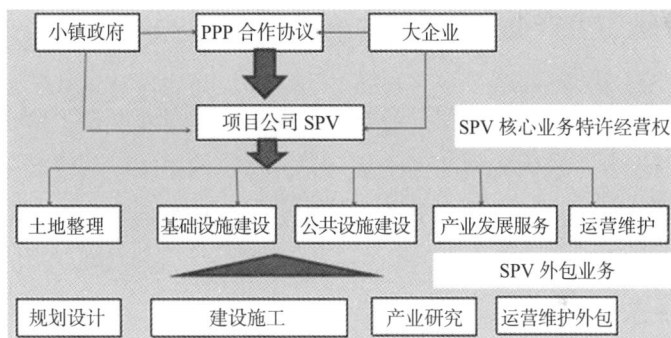

图 5-1　特色小镇 PPP 运营模式

（图片来自网络）

通过特许协议，小镇政府将特许经营权授予项目公司，双方形成长期稳定的合作关系。项目公司负责小镇的项目投资，通过资本市场运作等方式筹集、垫付初期投入资金。此外，项目公司还可以与多家金融机构建立融资协调机制，进一步拓宽融资渠道。

基于政府的特许经营权，大企业为特色小镇投资、建设、开发、运营提供一揽子公共产品和服务，包括土地整理、基础设施建设、公共设施建设、产业发展服务，以及咨询、运营服务等。双方各取所需，当地政府人均 GDP、财政收入等方面会增长得非常快。大企业进行一级开发和园区招商，代行政府职能，换取的是基建费用、土地整理费用、园区服务费。这意味着大企业前期在道路、桥梁、绿化、一级开发、园区服务等方面投入越多、提成就越多，招来的企业投资额越高，分成也就越高。大企业在这种 PPP 模式下，不仅能较好分享区域开发所带来的土地增值，还能在小镇成熟过程中逐步获取前期基建投资、中期招商引资和后期产业服务的"小镇生长红利"（图 5-2）。

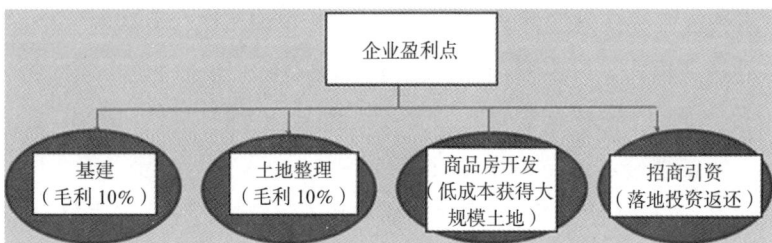

图 5-2　企业参与特色小镇的盈利模式

（图片来自网络）

（三）企业带着产业做平台

在这种运营模式下，产业和平台均由企业实现。企业既是平台也是产业，还是特色内容提供方，较为典型的例子是乌镇。乌镇的模式，从政府主导修建，到 2006 年引入上市公司"中青旅"开发古镇旅游，到此后向全国复制乌镇模式，乌镇既是文化运作模式，也是资本运作的成功案例之一。它遵循以下几个逻辑：

1. 做差异化产品

正如陈向宏所说的："不嚼别人的馍"，乌镇做旅游比周庄晚了 10 年，比西塘晚了 4 年，因此差异化发展才能后来居上、弯道超车。乌镇的发展也经历了三个阶段：观光小镇——度假小镇——文化小镇。这三个阶段共同在做一件事情，从壳上、内容上、内涵上，做出一个不一样的乌镇，构建行业中的壁垒，成为行业模仿的目标。

2. 重视用户体验

在基础设施和服务商，加入现代化服务。如铺建基础设施，自己建了液化气站，让家家户户通了管道煤气。建立直饮水厂，搭建无线网络。无论是餐饮、住宿，还是推动服务标准化都加强对原住民的利益共享和信用约束，这在餐饮和住宿上都有较为明显的体现。

3. 努力营造文化底蕴

乌镇戏剧节真正开创了中国小镇的艺术天地。有日场、午夜场、邀请剧目，还有大师演讲、对话论坛以及 1900 场嘉年华。戏剧节期间，演员林青霞、胡歌、著名画家陈丹青会出现在乌镇的街头巷尾。乌镇还承办第三届世界互联网大会，吸引了互联网医院、浙江大数据交易中心、5G车联网、壹壹租车、椿熙堂智慧养老、埃洛客无人机等数十家互联网企业。乌镇在传统与现代的交融下，努力营造文化底蕴，形成了多元化产业发展态势。

三、发展前景

我国城镇的问题和大城市病的根源是中小城市发展迟缓，城镇化进入新阶段后，从之前粗放的产业城镇化、人口城镇化、土地城镇化分离向综合型城镇化转变，以延长产业链为核心，将产业、人口及其福利、管理、文化和生态等相结合，实现综合城镇的发展方向。这为特色小镇的发展提供了机会。我们预期，未来的特色小镇发展将呈现以下前景。

（一）近期前景

1. 数量快速增长

当前政策支持、市场认可，受到各方追捧，可预见的是特色小镇数量将快速增长。目前，已先后公布两批国家级特色小镇，其中，第一批127个特色小镇，第二批276个特色小镇。2016年，住房城乡建设部、国家发展改革委、财政部《关于开展特色小镇培育工作的通知》中明确到2020年将建设1000个国家级特色小镇。而地方政府层面对于特色小镇建设热情更加高涨。据统计，"十三五"期间省级计划培育2340个特色小镇，县级计划培育5813个特色小镇。如浙江省已公布三批共计114个省级特色小镇创建名单。与之对应的是，其他部委也就特色小镇建设有所探索。如国家体育总局《关于推动运动休闲特色小镇建设工作的通知》，正式启动运动休闲特色小镇建设工作。

2. 质量逐渐优化

伴随政策培育过程，在经历数量快速增长后，特色小镇建设运营模式和投融资机制会逐渐成熟，将形成一个可复制的发展模式。特色小镇基础设施投入和建设水平将会大幅提升，公共服务供给能力也将增强，城乡差距将进一步缩小，最终实现特色小镇建设质量的优化。那些注重自身质量和竞争力水平提升的特色小镇将会脱颖而出，并最终取得成功，成为标杆。

3. 大城市周边的特色小镇将率先发展

从城市群体系角度看，特色小镇是其中节点之一。成功的特色小镇一般具有区位优势，交通和产业基础设施条件较好，使得人流、物流、信息流能够顺利交换。而当下东部地区的小镇无疑比西部地区更有优势，在小镇发展历史上我们也看到，离中心城市、大城市越近的小镇更容易获得资金的青睐，也更容易取得成功。比较典型的是，湘西地区小镇普遍自然景观优、文化底蕴较好，由于区位较差，离大城市较远，目前发展赶不上大城市周边的小镇。北京郊区的古北口镇守着北京，就能获得大量的人流和资金流。此外，在住房城乡建设部公布的第二批特色小镇名单中，东部地区的江苏、浙江、山东三省最多，均达到了 15 个。

4. 文旅型特色小镇还将占较大比例

在住房城乡建设部公布的首批 127 个国家级特色小镇中，以文旅型特色小镇居多。其中，旅游发展型的特色小镇最多，共有 64 个，占比高达 50.39%；其次是历史文化型特色小镇，有 23 个，占比为 18.11%。第二批特色小镇更加注重文化建设，文化 IP 成第二批全国特色小镇加分项。如《第二批推荐通知》中，《特色小镇推荐信息表》增加了"2015 年至 2017 年第 1 季度举办的文化活动"，并对参加人次、活动级别等内容作出要求。这表明，国家层面明确并提高了特色小镇的文化内容要求。这主要有如下原因：一是文旅型特色小镇原来的发展基础就较好，所以更容易取得成功；二是在产能过剩和消费升级的大背景下，文旅型特色小镇适能应新的消费需求，所以更受欢迎；三是目前文旅型小镇申请特色小镇的申报比例还比较高。

（二）远期前景

1. 融入城市

从特色小镇的发展规律来看，外生型特色小镇将更加注重质量和效益，随着特色资源的强化以及小镇品质的提升，小镇逐渐成为城市体系中重要的一环，它连接城乡，使得城乡均衡发展和新型城镇化得以实现。在长期发展过程中，离大城市较近的特色小镇随着城市的扩张会融入城市，成为城市的一部分。还有一部分小镇可能随着人口、产业等的聚集，规模急剧增大，本身就可能发展成为一个城市。例如，原来广东的许多有产业特色的镇逐渐发展成为城市，近期我们调研过的湖南省浏阳市大瑶镇市政基础设施建设水平和产业人口规模正在朝着城市的方向发展。

2. 保持特色

对于内生型特色小镇，往往以本地特色资源禀赋为导向，围绕旅游产业进行相应的城镇建设、管理和服务，主要工作是把人请进来。本地化的特色资源、历史文化、建筑等是内生型特色小镇形成的基础，小镇需要保持其自然资源，传承其历史文化，其发展的最终结果可能是规模保持不变。特色小镇进入成熟阶段后，拥有优势的特色产业和完善的基础设施、公共服务，成为宜居宜业宜游地区。而多数的特色小镇在现有成熟的运营模式下，可以较长时间保持产业发展优势，成功吸引外部资金和人员集聚，传承当地文化和特色。

3. 走向衰败

当前，特色小镇发展处于大干快上的阶段。国家层面规划到 2020 年建设 1000 个特色小镇，地方层面也规划了跟多特色小镇。然而，大多数小镇短期很难成长起来，或者说资源的分散可能造成大家都"营养不良"。因此，有个基本的判断：特色小镇开发建设将会过剩，一部分小镇将走向衰败。这可能是由于外部环境发生变化时，决策者和参与者没能及时响应，或是没能对产业选择、发展方向做出正确的选择，致使小镇难以维持原有的发展优势，使得小镇出现经营困难、人口规模减小、税收来源降低等现象。特色小镇走向衰败可能是阶段性的，也有可能是长期的。例如，统计数据显示，美国 822 个大都市统计区所在县的人口从 1990 ~ 2000 年增长了 17.9%；而 2320 个非大都市统计区所在县的人口只增长了 11.3%，15800 个小城镇中一半以上的人口都在减少，并且这种趋势还将继续，有部分小镇将走向衰败。

四、政府作用

成功的特色小镇普遍在坚持政府引导、企业主体、市场化运作模式，政府在特色小镇建设中发挥了重要作用，以下主要介绍各级政府在发展特色小镇中的作用。

（一）中央政府

1. 加强宏观指导

中央政府层面所做的主要工作是加强对特色小镇工作的宏观指引，做好方向的把握和标准制定工作。例如，2016 年 7 月，住房城乡建设部、国家发展改革委员会和财政部联合发布《关于开展特色小镇培育工作的通知》（建村〔2016〕147 号）中就明确要求了特色小镇培育要有特色鲜明的产业形态、和谐宜居的美丽环境、彰显特色的传统文化、便捷完善的设施服务和充满活力的体制机制。再如，2017 年 7 月，住房城乡建设部发布《关于保持和彰显特色小镇特色若干问题的通知》，明确要求各地坚持按照绿色发展的要求，有序推进特色小镇的规划建设发展。

2. 建立稳定的财政投入和金融支持机制

特色小镇的投资建设，周期长、投入高，纯市场化运作难度较大；特别是一些无法经营的基础设施和公共服务项目，需要政府直接投入。因此，亟须建立稳定的财政投入支持机制。一方面，加强专项资金支持，充分发挥其引导作用。整合各类产业补助资金和财政投资基金，以市场化机制运作政府产业基金来带动各类社会资本参与特色小镇发展，鼓励灵活运用 PPP 模式；另一方面，继续推动开发性金融支持，充分发挥国开行、农发行等政策性银行开发性金融的作用。

（二）省市级政府

1. 协调各项资源，加大对特色产业的政策扶持力度

省市政府主要是做好省市内各项资源的协调，推动小镇特色产业的发展。发展特色产业、吸引企业投融资的关键在于能为进入的企业创造利润和价值，为此需要在特色产业发展初期给予积极的政策支持。一是省市两级财政用以扶持产业发展的专项资金，优先对接支持特色小镇特色产业发展，支持促进特色小镇产业发展的配套设施建设；二是在土地政策方面，土地指标应向特色产业项目倾斜。对信息经济、环保、高端装备制造等产业类特色小镇，若如期完成年度规划目标任务，省市政府还应给予镇政府一定的用地指标奖励；三是设立地方特色小镇特色产业发展引导基金，重点用于特色小镇特色产业的培育；四是在人才政策方面，注重高级人才资源的引进，为小镇特色产业持续发展增加动力。

2. 投资奖励支持，充分发挥其撬动作用

支持特色小镇扩大有效投入，鼓励小镇内企业做大做强，重点支持培育特色小镇内龙头优势企业推进技术改造，增强创新能力，提高财政贡献度。对特色小镇规划空间范围内的新增财政收入上交省财政部分，一定年限的全额返还给当地财政。对入驻特色小镇的企业，一定比例的财政贴息。

（三）区县级政府

1. 营造良好的软环境

对于区县政府来说，做好规划，打造特色小镇建设发展的软环境，为企业和融资主体做好服务是第一要务。逐渐探索特色小镇建设运营体制机制的创新。特色小镇的培育需要时间积淀。这不是一两年、三五年就能形成的，它从规划到建设、到运营、到基本的功能完备，最起码要 10 ～ 20 年时间。因此，特色小镇运营体制机制的创新至关重要。

此外，特色小镇发展必须是环境友好的，注重资源环境保护是特色小镇发展的约束性条件，在特色小镇建设过程中避免物质资源过度消耗和污染物排放大量增长。因此，在特色小镇的小火慢炖期，必须建立可持续发展的机制。

2. 推进小镇体制改革

推行小镇体制改革，设立"城市运营官"、"城市设计师"等职位。树立运营小镇的理念，设立类似"小镇运营官"、"小镇设计师"等相对独立的岗位，从专业化角度对特色小镇发展的框架蓝图、建设设计、运营思路等进行战略性、制度性长期安排，确保"一张蓝图干到底"，最终实现产、镇、人、文相互融合发展。

（四）镇政府

1. 突出重点，开展高起点规划并分步实施

特色小镇的培育发展离不开产业支持，而产业发展的主体是企业。引进企业、吸引社会资本进入，首先需要开展具备战略眼光的高起点规划。高起点规划坚持多规融合，突出前瞻性和协调性、操作性和有效性，统筹考虑人口分布、生产力布局、国土空间利用和生态环境保护，有机融合产业功能、文化功能、旅游功能和社区功能。其次，需要分步实施规划，高标准引领特色小镇的形象定位、特色资源利用、功能设计、基础设施配套建设、产业定位、品牌创建等，为特色小镇营造优质的投资运营环境。通过高起点规划并分步实施，使政策性资金在特色小镇能得到有效利用、商业银行来到小镇能有利可图、创新性融资项目在小镇能有所突破，从而吸引各渠道的资金流入软硬环境都适宜的特色小镇，并通过产业发展为小镇创造源源不断的生产、生活和生态综合效益。

2. 利用好各级政府的支持政策，发挥小镇的主观能动性

特色小镇的发展离不开各种政策的支持。在利用好国家、省市县的支持政策基础上，充分发挥小镇作为发展主体的主观能动性。充分调动小镇居民参与小镇建设过程，构建宜居、宜业、宜游的特色小镇。从本地实际出发，因地制宜、遵循规律，体现区域差异性，提倡形态多样性。坚持产业建镇，要根据区域要素禀赋和比较优势，挖掘本地最有基础、最具潜力、最能成长的特色产业，打造出具有持续竞争力和可持续发展特征的独特产业生态，使每个特色小镇和小城镇都有一个特色主导产业，实现以产促镇、以镇兴产、产镇融合。

第六部分
特色小镇投资潜力评价体系

一、研究特色小镇投资潜力评价体系的意义

特色小镇投资潜力评价体系是一种筛选机制，政府、企业以及投资者、小镇自身可以各取所需，实现自身的战略意图。政府通过投资潜力评价体系，选择合理的小镇进行重点培养；企业、商业银行等投资主体可以通过投资潜力评价体系，根据本身特色以及优势，选择合适的投资对象；小镇可以根据本身特色以及核心竞争力，通过特色小镇投资潜力标准，查找差距，寻找不足和短板，明确自身的定位等等。

（一）有利于政府选择支持重点，避免重复建设、盲目投资

政府通过投资潜力评价体系选择支持重点。研究特色小镇投资潜力标准有利于政府选择支持重点，避免重复建设、盲目投资。我国的乡镇众多，只有一部分成为特色小镇，可以根据数量化的评价体系进行筛选特色小镇。上级政府也都需要通过投资潜力评价体系选择特色小镇，进行重点支持。

改革开放以来，伴随着工业化进程加速，我国城镇化经历了一个起点低、速度快的发展过程。1978 ~ 2013 年，城镇常住人口从 1.7 亿人增加到 7.3 亿人，城镇化率从 17.9% 提升到 53.7%，年均提高 1.02 个百分点。特别是 20 世纪 90 年代以来，小城镇飞速发展。以建制镇为例，根据中国城乡建设统计年鉴的数据，1990 ~ 2015 年年底，我国建制镇数量由 1.01 万个增加到 1.78 万个；建制镇建成区人口由 0.61 亿增加到 1.91 亿；建成区面积由 8250km^2 增加到 39076km^2（图 6-1）。《国家新型城镇化（2014-2020)》提出"有重点地发展小城镇"："按照控制数量、提高质量、节约用地、体现特色的要求，推动小城镇发展与疏解大城市中心城区功能相结合、与特色产业发展相结合、与服务"三农"相结合。大城市周边的重点镇，要加强与城市发展的统筹规划与功能配套，逐步发展成为卫星城。具有特色资源、区位优势的小城镇，要通过规划引导、市场运作，培育成为文化旅游、商贸物流、资源加工、交通枢纽等专业特色镇。远离中心城市的小城镇和林场、农场等，要完善基础设施和公共服务，发展成为服务农村、带动周边的综合性小城镇"。众多的乡镇只能选择部分成为特色小镇。因此非常有必要通过特色小镇投资潜力评价体系筛选特色小镇。

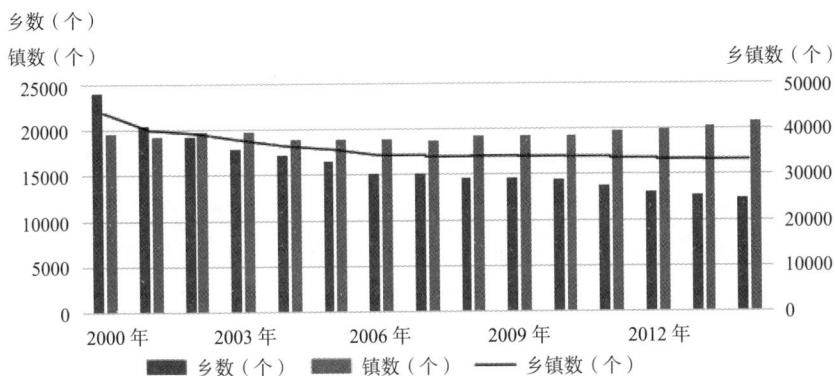

图 6-1 2000～2014 年全国乡镇数量变化

　　小城镇基础设施相对落后必须选择特色小镇进行重点投资。尽管小城镇人口聚集和建成区面积的发展势头非常迅猛，但是小城镇的投资相对于城镇化速度则比较滞后。通过建制镇市政建设的主要指标与同期城市和县城对比，我们可以了解这样的差距。建制镇在市政建设上与县城镇和城市差距较大。建制镇用水普及率只有 83.79%，燃气普及率、污水处理率相当于城市的一半，绿化覆盖率和人均公园绿地面积相对比于县城镇和城市也有巨大差距，只有人均道路面积比较接近，这当然是城镇人口密度不同所导致。总之，从表 6-1 看出小城镇在市政基础设施方面相对落后，必然会影响小城镇发挥人口集聚功能和居民享受基本公共服务的能力。显然，建制镇与县城镇和城市在市政公用设施投资总额和投资密度上存在巨大差距。不但新建的小城镇需要大量的资金，已有小城镇规划、建设和管理也需要巨额投入。目前小城镇建设筹措资金还相差甚远。因此进行特色小镇投资潜力评价，有利于上级政府把资源配置到重点镇，提高资源的利用效率。上级政府部门仅仅具有有限的资金，应该通过投资潜力评价体系选择有限的小镇，把资源配置到有潜力的特色小镇上。

2015 年建制镇市政建设的主要指标与城市和县城对比　　　　　　　　表 6-1

	用水普及率（%）	燃气普及率（%）	污水处理率（%）	绿化覆盖率（%）	人均公园绿地面积（平方米）	人均道路面积（平方米）	生活垃圾处理率
建制镇	83.79	48.71	50.95	16.63	2.45	12.79	83.85
县城镇	89.96	75.90	85.22	30.78	10.47	15.98	89.66
城市	98.07	95.30	91.90	40.12	13.35	15.60	97.95

来源：中国城乡建设统计年鉴，2016 年

（二）有利于企业选择投资地点，提高投资效率

特色小镇是我国城市群发展的新节点，是我国居住的新形态，是城镇化发展的新阶段。当前国务院和地方政府已经颁布了较多的政策鼓励特色小镇的发展。其中包括《特色小镇培育的工作通知》以及《关于实施千企千镇工程推进美丽特色小（城）镇建设的通知》等等，民间资本对特色小镇也很热心。已经评上国家级的特色小镇或省省级特色小镇，企业可以通过特色小镇投资潜力评价体系选其中的比较合适的特色小镇进行投资；尚没有评上的，企业可以找出有潜力的特色小镇进行投资。(1) 特色小镇建设主要依靠企业。发挥企业的主体作用已经在不同的文件中重点强调。如住房城乡建设部、国家发展改革委、财政部《关于培育特色小镇的通知》（建村〔147〕号）指出"坚持市场主导。尊重市场规律，充分发挥市场主体作用，政府重在搭建平台、提供服务，防止大包大揽"。《关于实施千企千镇工程推进美丽特色小（城）镇建设的通知》（发改规划〔2016〕2604号）指出"千企千镇工程，是指根据政府引导、企业主体、市场化运作的新型小（城）镇创建模式，搭建小（城）镇与企业主体有效对接平台，引导社会资本参与美丽特色小（城）镇建设，促进镇企融合发展、共同成长"。(2) 企业面临选择。众多的特色小镇，已经评上国家级或者省级特色小镇，企业面临选择，投资什么样的特色小镇有利于发挥本企业的优势，实现共同成长。特色小镇投资潜力评价体系把特色小镇分为内生型和外生型，并对11项指标赋予不同的权重，有利于企业选择符合自身优势的特色小镇。(3) 企业介入方式。企业是以PPP方式投资基础设施还是独立投资商业设施。特色小镇投资潜力评价体系把特色小镇分为外部型和内部型，企业如何把自己的专业优势嫁接到特色小镇的资源优势上，是非常重要的问题。本投资潜力评价体系的制定包括对生产、生态、生活有一系列指标，有利于企业等投资主体选择合适的投资对象、选择良好的生活、工作氛围。

（三）有利于金融机构既积极支持，又规避风险

近年来，国家开发银行、农业发展银行等这些政策性的金融机构都相继出台了支持特色小镇建设的金融产品和服务方案。据国开行统计，国开行到2017年6月为止已经支持了439个相关的小镇建设项目，国开行发起成立的中国特色小镇投资基金也在2016年正式启动了。农业发展银行对特色小镇的建设的响应也比较

早，他们在 2015 年底就推出了特色小镇建设的专项信贷产品。除了政策性金融机构以外，商业银行也积极响应了特色小镇建设的国家要求。在 2017 年 4 月，住房城乡建设部与中国建设银行签署了共同推进小城镇建设战略合作框架协议，将联合建立小城镇的项目的储备库优先提供中长期信贷，重点支持内部包括各项基础设施、公共服务设施以及小城镇的产业发展等各类配套设施建设。商业银行当中的大型银行，比如工商银行积极地参与了国家第一批试点的特色小镇项目的信贷支持，目前仅工商银行浙江省分行对五个特色小镇项目的审批贷款就已经达到了 77.4 亿元。

目前金融支持特色小镇发展的实践当中还存在诸多困难和问题。一个重要的原因是社会资金参与特色小镇建设的积极性还没有充分调动起来，这既与相关的金融工具和融资模式不成熟、缺乏可操作性有关，也与一些小镇项目本身质量不高，缺乏特色，预期投资回报率不理想有关。特色小镇投资潜力评价体系有利于商业银行选择合理的标的以及规避风险：第一，有利于商业银行选择特色小镇。商业银行在贯彻"区别对待、分类指导"原则上还有很大改进空间，特别是在特色小镇信贷政策制订、制度执行上并没有充分考虑各地区域经济特点、资源禀赋优势、风险管理水平的差异性。这种"一刀切"的信贷管理方式，不仅拉长了决策链条，影响了办贷效能，而且束缚了各级经营机构的发展手脚，降低了经营活力。特色小镇项目贷款额度的确定要充分考虑当地的信用环境、经济发展水平、财政承受能力和项目实际需求，根据财政支付能力的大小审慎确定。同时，辅之以担保抵押和合理的期限安排。特色小镇投资潜力评价体系充分考虑不同的特色小镇的经济发展水平、财政收入等指标，这些指标是与商业银行风险防控的指标是相契合的，在一定程度上可以作为商业银行选择不同的区域特色小镇的参考。第二，有利于银行规避承贷主体风险。在公司类贷款模式下，承贷主体能否按照与地方政府签订的合同如期保质完成项目建设并交付使用将直接影响到合同款项的按期支付。作为银行，要分析借款人是否具备与项目建设内容相匹配的经营范围，是否具有项目组织实施、工期控制、建设资金管理等能力，与地方政府关联度是否紧密等，审慎选择借款主体。对确需民营企业承贷的，要认真分析其项目的管理运营能力、财务可持续能力以及第二还款来源的可靠性。特色小镇投资潜力评价体系选择了财政收入、龙头企业数量、特色产业产值、资源级别、交通便利度等指标，这在宏观程度上反映了投资特色小镇的风险，从而有利于商业银行规避风险（表 6-2）。

各银行支持特色小镇的相同点和不同点 表 6-2

	支持范围	支持内容	支持方式	项目管理
相同之处	均支持全国小城镇建设	都支持小城镇基础设施和配套设施。包括道路、供水、电力、燃气、热力、厂房、污水、垃圾、学校、医院、体育馆、水治理以及双创平台、展览展示、服务平台、人才交流、居民拆迁安置	均提出要加大信贷支持力度,提高综合性金融服务。其中国开行和农发行提出积极开展小城镇建设项目涉及的特许经营权、收费权等担保类贷款业务	均明确提出了建立实施项目储备制度或建立贷款项目库。其中国开行和建行均要求各县住房城乡建设部门加快总体规划编制,制定近期建设项目库和年度建设计划
国家开发银行	优先支持首批127个特色小镇。优先支持贫困地区基本人居卫生条件改善和建档立卡贫困户的危房改造。大力支持3675个重点镇建设	防洪、排涝、消防等各类防灾设施建设。重点支持小城镇污水处理、垃圾处理、水环境治理等设施建设。镇村街巷整治、园林绿地建设等风貌提升工程;田园风光塑造、生态环境修复、湿地保护等生态保护工程;传统村落保护	根据项目情况,采用政府和社会资本合作(PPP)、政府购买服务、机制评审等模式,推动项目落地;鼓励大型央企、优质民企以市场化模式支持小城镇建设	省级住房城乡建设部门应汇总项目申报表,并将项目信息录入全国小城镇建设项目储备库
中国建设银行	优先支持首批127个特色小镇和各省(区、市)人民政府认定的特色小镇	建筑风貌等综合环境整治工程建设。基础设施改扩建、运营维护融资;运营管理企业的经营周转融资;优质企业生产投资、经营周转、并购重组等融资	充分发挥全牌照优势,提供小城镇专项贷款产品,做好综合融资服务。探索知识产权、碳排放权质押等新型贷款抵质押方式。探索与创业投资基金、股权基金等开展投贷联动,支持创业型企业发展	省级住房城乡建设部门要联合中国建设银行省级分行对本地区上报项目进行审核。并将通过审核的项目信息录入全国小城镇建设项目储备库
中国农业银行	以贫困地区小城镇建设作为优先支持对象	安置房建设或货币化安置;地下综合管廊建设;小型集贸市场、农产品交易市场、生活超市等便民商业设施建设	对符合条件的小城镇实施主体提供重点项目建设基金,用于补充项目资本金不足部分	各省级住房城乡建设部门、中国农业发展银行省级分行应编制本省(区、市)本年度已支持情况和下一年度申请报告,并于每年12月底前提交住房城乡建设部、农总行,同时将相关信息录入小城镇建设贷款项目库

(四) 有利于小镇自我定位,有效补短板

小城镇作为城市之末,农村之首,是城乡经济联系的纽带。一方面,作为城市之末,小城镇面向农村,依赖农村,向农村渗透,它不仅是农村商品集散地、物资

交流场所，还为农村地区的技术转移、信息传递、资金通融、人才培养提供公共服务；另一方面，作为农村之首，小城镇又是农村与城市的中介，负有扩大农村与城市经济相联系的任务，具有接受城市的工业扩散和技术转移，与城市发展经济技术协作联合的优势，既有利于城市经济的发展，又有利于农村经济上新台阶。

从实践上来看，自 20 世纪 70 年代末改革开放以来，我国经济与社会获得了飞速发展，城镇化水平也迈向了一个全新的台阶。2015 年国家统计局的相关数据显示，2015 年底我国城镇人口总人口比重为 56.1%。城镇化是一项庞大的社会系统工程，涉及国家社会结构、经济结构、生活方式、生产方式的根本性转变，是社会构成要素的全面调整。在我国基本国情的背景下，城镇化在快速发展的同时，正由于区域性发展不均衡而出现了不同层次和结构的问题。我国城镇化发展到如今，需要寻找新的发展动力和突破口，充分发挥不同区域的比较优势，进而形成具有明确产业分工的特色小城镇群，这对于我国新型城镇化建设具有积极的意义。比如余杭梦想小镇就是由政府推动的信息经济产业特色小镇，前期建设的未来科技城管委会 3 个月的时间投入 15 亿元建成投入使用。在基础设施相对完善之后管委会强力推进招商，集聚良好创业项目、大力吸引基金、股权投资机构、互联网金融和财富管理机构。

国家发展改革委发布的《关于加快美丽特色小（城）镇建设的指导意见》给出了几种差异化的类型："大城市周边的重点镇，要加强与城市发展的统筹规划与功能配套，逐步发展成为卫星城；具有特色资源、区位优势的小城镇，要通过规划引导、市场运作，培育成为休闲旅游、商贸物流、智能制造、科技教育、民俗文化传承的专业特色镇；远离中心城市的小城镇，要完善基础设施和公共服务，发展成为服务农村、带动周边的综合性小城镇"（表 6-3）。按照国家 2020 年培育1000 个左右特色小（城）镇的目标，特色小镇占全部建制镇的比例仅有 5.6%。除了国家批准的特色小镇外，各省市区应该根据本省特征，因地制宜开展特色小镇建设（图 6-2）。

特色小镇投资潜力评价把产业、交通便利度以及距离核心城市等放在比较重要的位置，其实在勾勒出在不同区域距离核心城市远近以及资源的丰富程度，进行的特色小镇定位。特色小镇投资潜力评价评价有利于：（1）小镇根据评价结果，得出与之同类的小镇的分值，知道自己与类似小镇的差距，通过与之同类的小镇的分值比较，以及空间距离的比较，了解本小镇的竞争地位；（2）小镇根据评价结果，打造与类似小镇在特色产业的差异性，有利于进行差异化竞争，从而为特色小镇进行更加明确的产业定位。

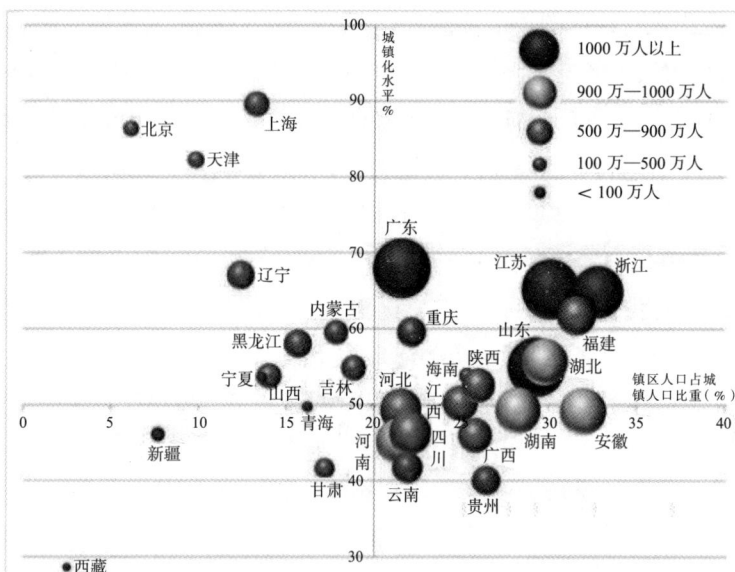

图 6-2　全国各省市区建制镇人口与规模分布

资料来源：张莉，中国城市规划设计研究院规划研究中心，《关于特色小（城）镇和小城镇发展的几点思考》，
http://www.upnews.cn/archives/25489

特色小城镇发展的不同类型　　　　　　　　　　　　　　　　　　　表 6-3

	省市区	类型特征	小城镇政策建议
I	浙江、江苏、广东、山东、福建、河北、海南	小城镇规模大、比重大、城镇化水平高或者特色小镇发展基础好；经济发达的沿海地区	小城镇是城镇化的工作重点，适宜全面推进以特色小（城）镇为导向的小城镇建设，积极促进小城镇宜居环境建设和体制改革。兼顾外生性和内生性特色小镇
II	湖北、湖南、安徽、河南、四川、江西、广西、陕西、重庆、贵州、云南	小城镇规模较大、比重较高或城镇化水平较高；人口大规模外流的中西部地区	适度推进特色小（城）镇规划建设，加快小城镇宜居环境建设和体制改革，成为吸引人口回流定居、城乡统筹发展的主要载体。以内生性特色小镇为主
III	北京、上海、天津	城镇化水平高、小城镇人口比重低；直辖市	积极促进大都市区边缘型特色小镇发展，打造双创空间载体。以外生性特色小镇为主
IV	辽宁、内蒙古、黑龙江、山西、吉林	城镇化水平较高，但小城镇比重低；辽吉黑城镇化以城市为主导，晋蒙以市和县为主；市场经济不发达的资源型地区	促进小城镇体制改革和宜居环境建设，激发自下而上发展活力。在都市区周边和特色资源、特色产业地区可适度发展特色小城镇建设。以内生性特色小镇为主
V	甘肃、新疆、宁夏、青海、西藏	小城镇规模小、小城镇人口比重低；人口与城镇布局分散的西部地区	不宜大规模发展小城镇，省会或地级市周边和特色资源，适度进行特色小城镇建设。以内生性特色小镇为主

资料来源：改编自张莉《关于特色小（城）镇和小城镇发展的几点思考》

二、特色小镇投资潜力评价体系的构建原则和思路

（一）特色小镇投资潜力评价体系的构建原则

1. 指标体系应具备的作用

（1）反映功能

反映功能是特色小城镇发展综合实力各个方面评价的最基本功能，有较强的选择性、浓缩性，即选择那些最重要、最具代表性的指标。

（2）比较功能

比较功能也可以分为两类：一是横向比较，即在同一时间序列上对不同小城镇认识对象进行比较；二是纵向比较，即对同一对象的特色小城镇不同时期发展状况的比较。横向比较有助于认识自己的特点和位置，明确自己的长处和短处；纵向比较有助于认识自己的状况和发展趋势，明确自己前进的幅度。

（3）评价功能

评价功能是反映功能、比较功能的深化和发展。

2. 指标选取的基本原则

（1）系统性原则

系统性原则就是要求我们从特色小镇发展的主要方面确定主要的指标，充分抓住发展的实质方面，做到主次分明。特色小镇指标必须立足客观实际，建立在准确、科学的基础上，所选指标的集合能够反映特色小镇生产、生活、生态各方面整体发展的真实水平。因此，特色小镇指标体系在指标上一定要科学全面准确地反映发展状况，在指标涵盖范围上不能太小，在指标内容上不能太窄，指标必须能够全面反映特色小城镇发展的综合水平，各个指标之间不是简单相加，而是有机联系组成的一个层次分明的系统整体。

（2）可获得性原则

该原则一方面要求我们根据中国小城镇的实际情况来确定特色小城镇发展指标体系，另一方面要求我们从可获取的角度选择指标。它具体地体现为小城镇发展指标体系大多数要从现行的政府统计范围中选择，只有个别指标需要从主管部门获取。

根据课题组调查，大部分全国各类年鉴的统计单元到省市或区县，省市年鉴

的统计单元到区县。与乡镇相关的年鉴包括：中国农村统计年鉴（到省一级）、中国乡镇企业及农产品加工年鉴（到省一级）、中国城乡建设统计年鉴（到省一级）、中国城市建设统计年鉴（到城市）、浙江等省城乡建设统计年鉴（到区县级）……中国县镇供水统计年鉴（到县市）、中国古村镇年鉴（若干古村古镇）、中国县城建设统计年鉴(县城)、中国县市社会经济统计年鉴(县度)。第六次全国人口普查中，省市级普查资料最多到区县一级。国家六普数据中发布了分乡、镇、街道的专题数据，但其中只有总人口、户数、分年龄人口和本地户籍人口数量条目。关于乡镇级别数据最全的是《中国县域统计年鉴（乡镇篇）》，从 2014 年开始发布，每年更新。其中每个乡镇都有的条目包括面积、常住人口、从业人员、二三产从业人员、工业产值、城镇建成区面积和城镇建成区常住人口。此外还统计了四项指标前 1000 位乡镇的数值，包括户籍人口、公共财政收入、农作物播种面积和社会消费品零售总额。

（3）可量化原则

指标必须能够适应不同的区域，各项指标的含义、统计口径和适用范围对不同区域必须一致，具有可比性；所有选择的指标能够根据测量标准进行量化。即确定的我国特色小城镇发展指标体系既要能够体现特色小城镇发展进程的阶段性，又要体现各地之间特色小城镇发展进程的比较，即纵向和横向的比较。前者要求我国小城镇发展指标体系具有历史可比性，后者则体现其区域范围的可比性。关于乡镇级别数据最全的是《中国县域统计年鉴（乡镇篇）》，每年更新，我们主要利用这部年鉴，有利于评价标准的连续性。

（4）突出重点性原则

小城镇发展指标多种多样，必须选出与小城镇发展有密切关系的重点指标，如财政收入、固定投资、从业人员等。指标是小城镇发展评价的基础，也是小城镇之间进行简单的横向比较的依据，突出重点就抓住了实质性的问题，对于确定今后发展方向十分重要。

（二）特色小镇相关标准概述与借鉴

1.住房城乡建设部的特色小镇考核标准

根据住房城乡建设部、发改委、财政部的《开展特色小镇培育工作的通知》（建村〔2016〕147 号），此次特色小镇认定对象原则上是建制镇，特色小镇要有特色鲜明的产业形态、和谐宜居的美丽环境、彰显特色的传统文化、便捷完善的设施服务和灵活的体制机制。在此基础上，构建五大核心特色指标。

（1）产业发展（25分）

小城镇的产业特色首先表现在产业定位与发展特色上，要做到"人无我有、人有我优"：

◆产业是否符合国家的产业政策导向；

◆现有产业是否为传统产业的优化升级或者新培育的战略新兴产业；

◆产业知名度影响力有多强；

◆产业是否有规模优势。

其中产业规模优势为定量指标。特色产业还应该具有产业带动作用以及较好的产业发展创新环境。

◆产业带动作用分农村劳动力带动、农业带动、农民收入带动三个方面，分别用农村就业人口占本镇就业总人口比例、城乡居民收入比等定量数据表征。

◆产业发展环境采用产业投资环境与产业吸引高端人才能力两个指标表示，具体指标分别用产业投资额增速和龙头企业大专以上学历就业人数增速两个定量指标来表征。

特色鲜明的产业形态是小城镇的核心特色，因此，在百分制的评分体系中，对此给予25分的权重。

（2）美丽宜居（25分）

和谐宜居的美丽环境是对小城镇风貌与建设特色的要求。

◆首先是对城镇风貌特色的要求，依据研究，将城镇风貌分为整体格局与空间布局、道路路网、街巷风貌、建筑风貌、住区环境5个指标，全方位评价小城镇风貌特色。

◆其次，标准对镇区环境（公园绿地、环境卫生）以及镇域内美丽乡村建设两大项提出了相关考核要求。

和谐宜居的美丽环境是特色小镇的核心载体，对此给予25分的评分权重。

（3）文化传承（10分）

彰显特色的传统文化关乎小镇文化积淀的存续与发扬。因此，标准从文化传承和文化传播两个维度考察小镇的文化传承情况。由于不是所有的小城镇都有很强的历史文化积淀，加强对缺乏历史文化积淀的小镇在文化传播维度的审查。此项指标的权重为10分。

（4）服务便捷（20分）

便捷完善的设施服务是特色小镇的基本要求。小城镇设施服务的标准较为成熟，标准依据以往经验制定。

◆标准从道路交通、市政设施、公共服务设施三大方面考核小镇的设施服务便捷性。

◆同时，注重对现代服务设施的评审，包括 Wi-Fi 覆盖，高等级商业设施设置等指标。此大类是特色小镇的硬性要求，给予 20 分的评分权重。

（5）体制机制（20 分）

充满活力的体制机制是特色小镇最后一个重要特征。

首先，小镇发展的理念模式是否有创新。发展是否具有产镇融合、镇村融合、文旅融合等先进发展理念；发展是否严格遵循市场主体规律等是考察的重点；

其次，规划建设管理是否有创新，规划编制是否实现多规合一；

最后，省、市、县对特色小镇的发展是否有决心，支持政策是否有创新。此大类是考核特色小镇创新发展的要求，给予 20 分的评分权重。

2.浙江省的特色小镇初审标准

浙江特色小镇实行的是创建制，并实施年度考核。

（1）高端要素集聚

◆引进"国千""省千"人才数，以及大学生、大企业高管、科技人员创业者、留学归国人员等等；

◆国家级省级大师、非遗传承人数量；

◆开展技术合作的高校、研究院等机构等等；

◆引入的国家级高新技术企业。

此大类是考核特色小镇创新发展的要求，20 分。

（2）投资情况

投资是特色小镇发展的基础，资金的多少直接决定了产业的规模。

◆年度投资总额（定量指标，原则上 3 年完成投资）；

◆特色产业投资；

◆非国有投资占比。

第二批浙江省特色小镇创建对象的投资额一般不得少于 10 亿元（第一批不少于 15 亿），信息经济、旅游、金融、历史经典产业和加快发展县特色小镇条件可以适当放宽；

此类主要考核小镇的融资能力，20 分。

（3）特色打造

特色小镇强调"产业为核"，其重要性不言而喻，主要考核两项

◆特色产业投资占比（一般不低于60%，旅游休闲小镇此项可以适当放宽）；

◆特色产业产出。

在浙江省特色小镇前三季度总结会上，公布了各家小镇的投资情况，78个省级创建对象中，共有33个小镇前三季度投资额超过10亿元，但是同时也有34个小镇产业投资占比未达标（60%）

此类主要考核特色小镇产业投资与产出的强度，20分。

（4）功能打造

打造具有独特文化内涵和旅游功能的特色小镇，是政府的另一个重要目标。根据要求，浙江特色小镇一定要达到3A级及以上景区标准（旅游小镇要达到5A级标准）。

◆旅游接待总人数（30万人以上）；

◆公共文化设施建筑面积；

◆建筑、开放空间、街道、绿化景观和整体环境是否合格；

◆城乡空间形态和环境质量是否协调发展。

对于兼备旅游功能的特色小镇，良好的生态空间环境不可少，此项占比10分。

（5）产出效益

这里是指新增财政收入指标，10分。

（6）整体进展情况

以核查组对本组调查对象的整体排序作为计分依据，10分。

（7）关注度和日常工作

关注度主要来自第三方（网站、新闻报道等等）采集的特色小镇关注度大数据得分；日常工作则由联席会议办公室根据各创建对象日常工作的表现进行评价，共10分。

3. 住房城乡建设部和浙江省标准评述

（1）侧重点不同

与国家特色小镇认定标准相比，浙江省特色小镇评价更倾向于对产业的培育。在分值上高达70分，其中高端要素集聚（20分）、投资情况（20分）、特色打造（20分）、产出效益（10分）这四项一级指标都是与产业培育有关。住房城乡建设部特色小镇认定标准"产业发展"仅仅占25分。浙江省特色小镇评价标准中，"高端要素集聚"包括人才、企业以及企业集聚。"投资情况"包括年度投资总额、特色产业投资、非国有投资占比三项指标，第二批浙江省特色小镇创建对象投资额一般不得少于10亿元（第一批不少于15亿）；"特色打造"也强调"产业为核"，用特色产出投资占比、特色产业产出两项指标表示，也突出了对产业的培育。过多的注重于产业的评价标准，可能导致经济强镇脱颖而出，而一些有特色的小镇难以被评选上。住房城乡建设部特色小镇认定标准更强调"三生"：生产（产业发展 25 分）、生活（美丽宜居 25 分、服务便捷 20 分）、生态（文化传承 10 分），体制机制（20 分）是对生产、生活、生态背后的制度支撑的评价。

(2) 评价对象不一样

根据住房城乡建设部、发改委、财政部的《开展特色小镇培育工作的通知》（建村〔2016〕147 号），特色小镇认定对象原则上是建制镇。原因在于我国建制镇在城镇结构体系处于较弱的地位。特色小镇之所以认定对象是建制镇，首先，有利于节约土地。建制镇土地利用率不高，可以通过特色小镇建设，引入企业提高土地利用率，减少用地指标。而评价对象如果为非镇非区，则门槛过低，基层政府可能以特色小镇的名义向上级要更多的土地指标；其次，有利于继承传统文化。住房城乡建设部特色小镇认定标准下中国传统文化、传统建筑形态更容易在特色小镇得到保留，而"非镇非区"形态更可能是老厂房改造后的形态，而非中国传统建筑形态。浙江省特色小镇内涵概念是指"非镇非区"，是创新创业平台。浙江特色小镇既不是行政区划单元上的"镇"，也不是产业园区、风景区的"区"，而是挖掘产业特色、人文底蕴和生态禀赋，融合产业、文化、旅游、社区功能，集成产业高端要素，形成"产、城、人、文"四位一体的创新创业集聚空间。浙江省提出特色小镇"非镇非区"概念与其自然资源有关，浙江省只有 10 万 km^2 陆域面积，空间资源有限，要素资源紧缺，试图用最小的空间资源达到生产力的最优化布局。浙江的特色小镇多建设在城乡接合部，就是根据生产力优化布局的要求，在特定而有限的空间里，既云集市场主体，又强化生活功能配套与自然环境美化。

(3) 评价标准不一致

浙江特色小镇评价规定"规划空间集中连片，规划面积控制在 $3km^2$ 左右，建设面积控制在 $1km^2$ 左右，建设面积原则上不能超出规划面积 50%，多留白、多植绿"，"所有特色小镇都要嵌入旅游功能，要建成 3A 级景区，其中旅游产业特色小镇要按 5A 景区标准建"。住房城乡建设部、国家发展改革委、财政部《关于开展特色小镇培育工作的通知》看，并没有规划面积和建设面积等指标，也没有要求嵌入旅游功能，只是要求和谐宜居的美丽环境："空间布局与周边自然环境相协调，整体格局和风貌具有典型特征"，对路网、建设高度、密度、居住区开放、公园绿地、店铺布局、镇区环境有一定的标准，更倾向于"生活"。

有学者对浙江省同时要求特色小镇都要建成 3A 景区的标准有不同的看法，认为旅游小镇按照 5A 级建设没有问题，但是产业小镇按照 3A 级景区建设恐怕要有所选择。比如 3A 级景区标准里面要求必须在交通要道上设立游客服务中心，还要配备合格的服务人员和导游，要有较多珍稀物种或者景观奇特，而且每年接待游客 30 万人次以上。产业小镇不用追求这样的目标。3A 级景区标准是为了旅游而设立的，除了多出来一些产业小镇不必要的标准以外，还少了很多应该有的宜居的标准。产业小镇要吸引高级人才，一定要舒适宜居，宜居和宜游的标准差别很多。宜游主要是景观和短期体验，宜居则要求医疗、子女教育、社区文体设施、交际空间等立足于长期生活的设施，这些在 3A 级景区标准里面是找不到的。2007 年建设部科技司出台的《宜居城市科学评价标准》，没有要求建设游客接待中心，但是在行政效率、政务公开、民主监督、社区治理、贫富差距、刑事案件发案率、噪声水平、人均绿地、垃圾无害化处理、文化遗产保护、古今建筑风格协调、建筑与环境协调、停车位比例、人均商业设施面积、500m 内拥有小学的社区比例、1000m 内拥有体育场馆设施的社区比例、人均住房面积、社区医疗覆盖率、防震减灾预案等方面提出了一整套完整的评价标准。这个"宜居城市"的建设标准更合适产业小镇，远远比"3A 景区"的建设标准更加合适，更有利于小镇的长远发展，有利于产业升级和人才集聚。此外，一个特色小镇面积 3km²，建设面积 1 个 km²，一边搞生产制造研发金融，一边建旅游设施迎客来往，这样的做法既不符合产业升级的基本规律，最后可能是优势资源过分分散，两头不讨好。

（4）考核方式不一样

浙江省特色小镇创建不采用传统的审批制，而是用宽进严定的"创建制"代替审批制。简单地说，就是明确目标，竞争入队，中间实行动态管理、优胜劣汰，最后验收命名，达标授牌。彻底改变"争个帽子睡大觉"的旧风气。住房城乡建设部的特色小镇评价采取认定制。

4. 浙江工业大学的特色小镇发展水平评价研究

浙江工业大学教授吴一洲，陈前虎，郑晓虹在《特色小镇发展水平指标体系与评估方法》中采用理论解析和专家咨询的方法，提出了主观和客观、定性与定量相结合的指标体系。指标体系呈钻石多边形结构，由基本信息、发展绩效和特色水平 3 个维度构成。评价的方法则采用多边形图示法，实现对各特色小镇的分项指标和综合指标的详细评价与对比，旨在为新常态下浙江省特色小镇的建设及全国其他地域的城镇可持续发展提供借鉴（表 6-4）。

浙工大《特色小镇发展水平指标体系与评估方法》 表 6-4

准则层	指标层	单位	极性	数据获取途径
产业维度	特色产业服务业营业收入占小镇服务业营收收入的比例	%	+	企业报表与统计数
	特色产业工业总产值占小镇工业总产值的比例	%	+	企业报表与统计数
	全部从业人员期末数	万人	+	统计数据
	高新技术企业数占全部企业的比例	%	+	企业报表与统计数
	R&D 经费占 GDP 比重	%	+	企业报表与统计数
	高中级技术职称人员	人	+	企业报表与统计数
	"新四军"创业人员数	人	+	企业报表与统计数
	专利拥有量	个	+	统计数据
	万元 GDP 能耗	段标准煤 / 万元	+	统计数据
	万元 GDP 耗水量	m³/ 万元	-	统计数据
功能维度	地均 GDP	万元 / 公顷	-	统计数据
	产业链竞争力水平	分	+	专家打分
	人均 GDP	万元 / 人	+	统计数据
	特色产业投资占投资的比例	%	+	统计数据
	人口密度	人 /km²	+	统计数据
	固定资产投资完成额	万元	+	统计数据
	工业废水达标处理率	%	+	统计数据
	城市生活污水处理率	%	+	统计数据
	非国有投资总额占投资总额的比例	%	+	企业报表与统计数
	固定资产投资占年度固定资产投资计划的比例	%	+	企业报表与统计数
形态维度	城镇视觉风貌评分	分	+	专家 / 群众打分
	绿地率	%	+	统计数据
	开放空间评价	分	+	专家 / 群众打分
	城镇场所人气评价	分	+	实地调查统计
	环境空气达标率	%	+	统计数据

续表

准则层	指标层	单位	极性	数据获取途径
形态维度	镇区噪音达标率	%	+	统计数据
	地表水水质达标率	%	+	统计数据
	公共文化设施建筑面积	m²	+	统计数据
制度维度	企业准入门槛评价	分	+	专家打分
	相关管理部门行政效率分	分	+	专家/企业/群众打分
	人才引进计划落户人数	人	+	企业报表与统计数
	年环境信访量	人次	+	统计数据
	数字化管理覆盖面积比	%	+	统计数据
	外商直接投资总额	亿美元	+	统计数据
	民生支出占财政支出比例	%	+	统计数据
	公共 Wi-Fi 覆盖率	%	+	统计数据
	公共资源的合理共享度评分	分	+	专家/企业/群众打分

（三）特色小镇投资潜力评价体系的其他参考

1.《国家新型城镇化规划（2014—2020 年)》

2007 年第一次提出新型城镇化的概念；2012 年十八大之后新型城镇化真正提升为国家发展战略；2013 年国务院政府工作报告中提出"城镇化是我国现代化建设的历史任务，与农业现代化相辅相成。小城镇要增强产业发展、公共服务、吸纳就业、人口集聚功能，逐步实现城镇基本公共服务覆盖常住人口。"2013 年 11 月十八届三中全会中提出了新型城镇化的原则方针，对城镇化过程中户籍制度改革、小城镇设市规模、基本公共服务均等化等问题做出众多创新论述。2013 年 12 月中央城镇化工作会议首次在北京举行，习近平阐释了推进城镇化的指导思想、主要目标、基本原则、重点任务。李克强论述了当前城镇化工作的着力点，提出了推进城镇化的具体部署。2014 年 3 月中央城镇化工作会议颁布了《国家新型城镇化规划（2014—2020 年)》，此规划将是今后一个时期指导全国城镇化健康发展的宏观性、战略性、基础性规划。我们从这份八篇三十一章、长达 3 万字的规划纲要看出今后城镇化的方向。《规划》从"城镇化水平"、"基本公共服务"、"基础设施"和"资源环境"四个方面，设立了 18 个主要发展指标的城镇化评价体系，将城镇化水平进行量化（表 6-5)。

国家城镇化水平的目标　　　　　　　　　　　表6-5

指标	2012年	2020年
城镇化水平		
常住人口城镇化率	52.6	60左右
户籍人口城镇化率	35.3	45左右
基本公共服务		
农民工随迁子女接受义务教育比例（%）		≥99
城镇失业人员、农民工、新成长劳动力免费接受基本职业技能培训覆盖率（%）		≥95
城镇常住人口基本养老保险覆盖率（%）	66.9	≥90
城镇常住人口基本医疗保险覆盖率（%）	95	98
城镇常住人口保障性住房覆盖率（%）	12.5	≥23
基本设施		
百万以上人口城市公共交通占机动化出行比例（%）	45	60
城镇公共供水普及率（%）	81.7	90
城市污水处理率（%）	87.3	95
城市生活垃圾无害化处理率（%）	84.8	95
城市家庭宽带接入能力	4	≥50
城市社区综合服务设施覆盖率	72.5	100
资源环境		
人均城市建设用地（m²）		≤100
城镇可再生能源消费比重（%）	8.7	13
城镇绿色建筑占新建建筑比重（%）	2	50
城市建成区绿地率（%）	35.7	38.9
地级以上城市空气质量达到国标比例（%）	40.9	60

2.《关于培育特色小城镇工作的通知》

培育要点如下：

特色鲜明的产业形态。产业定位精准，特色鲜明，战略新兴产业、传统产业、现代农业等发展良好、前景可观。产业向做特、做精、做强发展，新兴产业成长快，传统产业改造升级效果明显，充分利用"互联网+"等新兴手段，推动产业链向研发、营销延伸。产业发展环境良好，产业、投资、人才、服务等要素集聚度较高。通过产业发展，小镇吸纳周边农村剩余劳动力就业的能力明显增强，带动农村发展效果明显。

和谐宜居的美丽环境。空间布局与周边自然环境相协调，整体格局和风貌具有典型特征，路网合理，建设高度和密度适宜。居住区开放融合，提倡街坊式布局，住房舒适美观。建筑彰显传统文化和地域特色。公园绿地贴近生活、贴近工作。店铺布局有管控。镇区环境优美，干净整洁。土地利用集约节约，小镇建设与产业发展同步协调。美丽乡村建设成效突出。

彰显特色的传统文化。传统文化得到充分挖掘、整理、记录，历史文化遗存得到良好保护和利用，非物质文化遗产活态传承。形成独特的文化标识，与产业融合发展。优秀传统文化在经济发展和社会管理中得到充分弘扬。公共文化传播方式方法丰富有效。居民思想道德和文化素质较高。

便捷完善的设施服务。基础设施完善，自来水符合卫生标准，生活污水全面收集并达标排放，垃圾无害化处理，道路交通停车设施完善便捷，绿化覆盖率较高，防洪、排涝、消防等各类防灾设施符合标准。公共服务设施完善、服务质量较高，教育、医疗、文化、商业等服务覆盖农村地区。

充满活力的体制机制。发展理念有创新，经济发展模式有创新。规划建设管理有创新，鼓励多规协调，建设规划与土地利用规划合一，社会管理服务有创新。省、市、县支持政策有创新。镇村融合发展有创新。体制机制建设促进小镇健康发展，激发内生动力。

（四）特色小镇投资潜力评价体系的构建思路

1. 确定指标

本研究对外生型和内生型特色小镇分别进行投资潜力评价，主要从发展基础、资源潜力、区位交通和政策条件四个方面来考虑。具体内容如下：发展基础。发展基础反映小镇目前的就业和经济发展水平，关系到特色小镇投资项目的基础条件，从就业人口、财政收入和固定资产投资三个方面进行考量。资源潜力。资源潜力是反映小镇产业特色的重要指标，外生型和内生型特色小镇在资源潜力方面的影响因素存在明显区别。两类特色小镇均受网络关注度和特色产业产值的影响，前者反映了所在区域或景区在网络上的受关注程度，后者反映了特色产业目前的基本发展程度和产出成果。区位交通。区位交通反映了小镇的区位条件和交通便利程度。政策条件。政策条件指标从小镇内部的规划编制情况和外部的鼓励政策两个方面反映。

2. 专家评分确定权重

对于四个方面的一级指标又分别设立不同的二级指标体系进行细化，共有 11 项指标。对内生型和外生型的特色小镇，不同的指标重要性不同，进行专家分别打分，由此确定内生型和外生型的特色小镇四个方面的权重，并细化到 11 项指标。

3. 选取案例

基于典型性、可比性、可行性的原则，本研究选取特色小镇共 12 个。主要选择首批国家级特色小镇和省级特色小镇进行比对。在所处地区方面，案例小镇涵盖了东、中、西部地区，以反映不同地区的特色小镇投资潜力情况。

4. 投资潜力评价及分析

通过无量纲化处理，对结果进行分析。对国家级内生型小镇和省级外生型特色小镇进行比对；从得分结构，对国家级内生特色小镇与省级特色小镇进行比对；对历史文化类特色小镇与自然景观和民族聚居类特色小镇进行比对。

三、特色小镇投资潜力评价指标体系的构建和应用

特色小镇的提出是在以人为本的新型城镇化背景下，以经济增长和消费需求转型为导向，通过特色产业、特色资源、特色文化及景观引领小城镇的发展，是对传统以规模经济为导向的小城镇发展模式的转变，重在搭建宜居、宜业、宜游的要素集聚平台。正如第二部分所述，我们认为，特色小镇是相对独立于城市的，以特色产业引领的、具备相应居住功能和服务功能，并保有良好生态的城镇发展的新空间。课题组设计指标也围绕这一认识进行。第二部分将特色小镇归为外生型和内生型两类，考虑到外生型和内生型小镇的投资潜力影响因素有所差异，对两种类型小镇分别进行研究。

外生型特色小镇产业不依赖于自身的资源、文化等，更多体现在区位、市场、创新等方面的优势。特色产业强调以某种产品生产和服务为主参与更大范围的区域活动或者竞争，从贸易中获得本地经济的地位，更强调外来的投资的作用。特色产业包括农业、制造业、商贸流通、金融业、文化教育产业等等。这些产业形态多样，既可能呈现产业集聚形态，也可能是某一个产业链某一环节，只要具备核心竞争力，就能在市场胜出。

内生型特色小镇是在当地自然、人文资源基础上开展旅游产业活动的地区。强调以本地自然风貌、历史文化、民族集居等形成的旅游带动，通过"游、住、购、食、娱"等环节的建设，围绕休闲度假功能，形成旅游特色经济。基于不同的本地资源，这类特色小镇可以分为自然景观主导型、历史文化主导型、民族聚居主导型。如自然景观主导型严格来说，是景观资源型：（1）景观类。主要是自然景观，如优美山水、溶洞等由于自然力而形成，主要用于参观；（2）资源类。如辽宁省熊岳镇温泉资源，被誉为"东北第一泉"，1990 年经国家权威部门鉴定为"高温医疗矿泉水"，是温泉中的极品。如森林康养。尽管森林较少具有景观价值，但是具有康养价值，当人们在森林生态环境中较长时间开展游憩、度假、疗养、保健等多样的休闲健身活动，再附以丰富的生态文化内涵，可以达到修身养性、调适机能、延缓衰老的目的。

（一）指标体系构建

核心竞争力最早由普拉哈拉德和加里·哈默尔两位教授提出，国内主流经管教育也均对这一概念有不同程度地关注。通常认为核心竞争力，即企业或个人相较于竞争对手而言所具备的竞争优势与核心能力差异。核心竞争力理论已经推广到个人和国家层面，核心竞争力具有四重特征：价值性、稀缺性、不可替代性、难以模仿性。产业小镇的核心竞争力也体现在价值性、稀缺性、不可替代性和不可复制性。主攻最有基础、最有优势的特色产业，而不是"百镇一面"、同质竞争。即便是主攻同一产业，也要差异定位、细分领域、错位发展，不能丧失独特性。比如云栖小镇、梦想小镇同在杭州，两者都是信息经济特色小镇，但云栖小镇以发展大数据、云计算为特色，而梦想小镇主攻"互联网创业 + 风险投资"。这些都具有其价值性、稀缺性、不可替代性、难以复制性。本研究对外生型和内生型特色小镇分别进行投资潜力评价，主要从发展基础、潜力水平、区位交通和政策条件四个方面来考虑。具体内容如下：

发展基础。发展基础反映小镇目前的就业和经济发展水平，关系到特色小镇投资项目的基础条件，从就业人口、财政收入和固定资产投资三个方面进行考量。其中，从业人口数量代表了支持产业发展的人力资本丰富程度，财政收入反映小镇总体经济实力以及政府提供公共服务的能力，固定资产投资反映小镇购置固定资产等经济活动的强度情况。一般而言，具有从业人数、财政收入和固定资产投资较多的小镇会展现出更高的产业活力，相应的投资潜力也就更高。

　　潜力水平。潜力水平是反映小镇产业特色的重要指标，外生型和内生型特色小镇在潜力水平方面的影响因素存在明显区别（表6-6）。两类特色小镇均受网络关注度和特色产业产值的影响，前者反映了所在区域或景区在网络上的受关注程度，后者反映了特色产业目前的基本发展程度和产出成果。外生型小镇的特色产业门类众多，有果蔬加工产业、有高技术含量的先进制造业还有目前被广泛推广的金融产业等，内生型小镇的特色产业主要包括基于自然或文化资源禀赋，发展起的自然景观、历史文化、民族聚居等产业。不同的是，外生型特色小镇投资潜力还受龙头企业数量和特色产业潜力的影响，内生型特色小镇还受资源级别和特色资源潜力的影响。

内生型与外生型特色小镇选取指标对比　　　　　　表6-6

准则层	外生性小镇		内生性小镇
	代码	指标名称	指标名称
发展基础 B1	C1	从业人员数量	从业人员数量
	C2	财政收入	财政收入
	C3	固定资产投资	固定资产投资
潜力水平 B2	C4	特色产业产值	特色产业收入
	C5	龙头企业数量	资源级别
	C6	特色产业潜力	特色资源潜力
	C7	网络关注度	网络关注度
区位交通 B3	C8	到核心城市的距离	到核心城市的距离
	C9	交通便利性	交通便利性
政策支持 B4	C10	规划编制情况	规划编制情况

　　对于外生型特色小镇，特色产业是一个产业链形成和集聚的过程，龙头企业的数量表示产业形成配套的企业集群，也代表了该镇的财政收入、社会就业等具有稳定性和持续性，并非因为个别的企业的倒闭而导致小镇的衰落。特色资源潜力指标关注主导产业未来发展的前景和特色资源的独特性。有些特色产业资源尚有潜力，并未开发出来，这表现为现实的特色产业产值比较小，但并非意味着未来的潜力不大（表6-7）。

　　对于内生型特色小镇，资源级别非常重要，通过小镇旅游或文化资源的水平和数量评价，反映了该城镇拥有的天然景观或者历史文化等沉淀。国家旅游局将

外生型小镇投资潜力评价指标体系 表 6-7

目标层	准则层	指标层		作用	指标说明
		代码	指标名称		
外生型小镇投资潜力 A	发展基础 B1	C1	从业人员数量	正	反映小镇支持产业发展的人口规模基础
		C2	财政收入	正	反映小镇总体经济实力以及政府公共服务能力
		C3	固定资产投资	正	反映小镇建造和购置固定资产等经济活动的强度
	潜力水平 B2	C4	特色产业产值	正	反映小镇特色产业目前的整体盈利水平
		C5	龙头企业数量	正	通过小镇龙头企业数量，反映特色产业强势程度
		C6	特色产业潜力	正	通过专家打分，评价小镇特色产业未来发展的潜力状况
		C7	网络关注度	正	通过百度搜索指数，反映所在城市的受关注水平
	区位交通 B3	C8	到核心城市的时间距离	负	通过小镇与区域核心城市的时间距离，反映其与最近主要客源地和中转地的快捷强度
		C9	交通完善度	正	反映小镇内外部交通设施的完善程度
	政策条件 B4	C10	规划编制情况	正	反映小镇在总体规划、园区规划、特色小镇规划等方面的编制进度
		C11	政策支持力度	正	反映小镇受到国家或省级政策支持的数量

旅游资源分为五级。五级旅游资源称为"特品级旅游资源"；五级、四级、三级旅游资源被通称为"优良级旅游资源"；二级、一级旅游资源被通称为"普通级旅游资源"。资源级别也在一定程度上反映了资源潜力。特色产业的资源潜力来自小镇固有的历史文化或自然景观，关注文化或景观的丰富程度和独特性。有些小镇具有极高的资源禀赋条件，但是目前仍未得到充分利用，因此目前的资源等级无法全面的展示其投资潜力。通过专家打分法，加入对小镇未来可能资源潜力的预判，可以帮助准确判断小镇的投资潜力（表 6-8）。

区位交通。区位交通反映了小镇的区位条件和交通便利程度。其中，区位条件通过小镇与区域核心城市的时间距离进行量化，反映其与最近主要市场或客源地的交通便利程度。临近主要市场或客源地的小镇在产业发展上具有先天优势，其较低的交通成本会大大提高企业来此投资的意愿。交通便利程度通过内部通道完善程度以及是否临近高速公路、国道和机场进行评价，交通便利的小镇同样可以降低小镇与周边地区的交通成本。

内生型小镇投资潜力评价指标体系 　　　　　　　表 6-8

目标层	准则层	指标层		作用	指标说明
		代码	指标名称		
内生型小镇投资潜力 A	发展基础 B1	C1	从业人员数量	正	反映小镇支持产业发展的人口规模基础
		C2	财政收入	正	反映小镇总体经济实力以及政府公共服务能力
		C3	固定资产投资	正	反映小镇建造和购置固定资产等经济活动的强度
	潜力水平 B2	C4	特色产业产值	正	反映小镇特色产业的整体盈利水平
		C5	资源级别	正	通过各小镇旅游或文化资源的级别、数量，反映其内生资源开发等级
		C6	特色资源潜力	正	通过专家打分，评价小镇资源的潜力水平
		C7	网络关注度	正	通过百度搜索指数，反映所在城市的受关注水平
	区位交通 B3	C8	到核心城市的时间距离	负	通过小镇与区域核心城市的时间距离，反映其与最近主要客源地和中转地的快捷强度
		C9	交通完善度	正	反映小镇内外部交通设施的完善程度
	政策条件 B4	C10	规划编制情况	正	反映小镇在总体规划、景区/园区规划、特色小镇规划等方面的编制进度
		C11	政策支持力度	正	反映小镇受到国家或省级政策支持的数量

政策条件。政策条件指标从小镇内部的规划编制情况和外部的鼓励政策两个方面反映。特色小镇的发展离不开科学合理的规划指引，成熟的小镇通过编制乡镇总体规划、园区/景区规划、特色小镇规划等明确未来一段时期的发展方向，各项规划的编制情况可以反映出小镇内部建设的计划性。此外，特色小镇发展还受到外部政策的影响，国家级和省级园区发展政策或产业鼓励政策都会对小镇发展起到重要的推动作用。

（二）指标权重确定

1. 外生型特色小镇

征求特色小镇研究专家打分意见，计算外生型特色小镇投资潜力的各指标权重系数，得到各指标权重（表6-9）：

在基准层，区位交通、潜力水平和政策条件指标对外生型特色小镇影响较大，权重分别达到0.450、0.200和0.200。发展潜力指标的影响稍弱，权重为0.150。

在指标层,到核心城市的时间距离(C8)、政策支持力度(C11)以及交通完善度(C9)是对外生型特色小镇投资潜力影响最大的指标,对于目标层(A)的权重大于 0.100。特色产业潜力(C6)、龙头企业数量(C5)、从业人员数量(C1)和规划编制情况(C10)等指标紧随其后,权重处于 0.050 ~ 0.100 之间。

外生型特色小镇投资潜力指标体系的权重　　　　表 6-9

目标层	准则层	指标层		权重 (C 对 B)	指标层 (C) 对于目标层 (A) 的权重 (Wi)
		代码	指标名称		
外生型小镇投资潜力	发展基础 B1: 0.150	C1	从业人员数量	0.400	0.060
		C2	财政收入	0.333	0.050
		C3	固定资产投资	0.267	0.040
	潜力水平 B2: 0.200	C4	特色产业产值	0.100	0.020
		C5	龙头企业数量	0.300	0.060
		C6	特色产业潜力	0.400	0.080
		C7	网络关注度	0.200	0.040
	区位交通 B3: 0.450	C8	到核心城市的时间距离	0.700	0.315
		C9	交通完善度	0.300	0.135
	政策条件 B4: 0.200	C10	规划编制情况	0.300	0.060
		C11	政策支持力度	0.700	0.140

2. 内生型特色小镇

征求特色小镇研究专家打分意见,计算内生型特色小镇投资潜力的各指标权重系数,得到各指标权重(表 6-10):

在基准层,潜力水平和区位交通指标是对外生型特色小镇影响最大的两个指标,权重分别达到 0.400 和 0.300。政策条件和发展基础指标的权重相对较小,分别为 0.200 和 0.100。

在指标层,到核心城市的时间距离(C8)、交通完善度(C9)、资源级别(C5)和特色产业产值(C4)是对内生型特色小镇投资潜力影响最大的指标,对于目标层(A)的权重大于 0.100。财政收入(C2)、从业人员数量(C1)和政策支持力度(C11)等指标影响力稍弱,权重处于 0.050 ~ 0.100 之间。

内生型特色小镇投资潜力指标体系的权重 表 6-10

目标层	准则层	指标层		权重 （C 对 B）	指标层（C）对于目 标层（A）的权重（Wi）
		代码	指标名称		
内生型小镇投 资潜力	发展基础 B1： 0.100	C1	从业人员数量	0.260	0.061
		C2	财政收入	0.342	0.080
		C3	固定资产投资	0.398	0.094
	潜力水平 B2： 0.400	C4	特色产业产值	0.348	0.119
		C5	资源级别	0.396	0.135
		C6	特色资源潜力	0.126	0.043
		C7	网络关注度	0.131	0.045
	区位交通 B3： 0.300	C8	到核心城市的时间距离	0.505	0.176
		C9	交通完善度	0.495	0.173
	政策条件 B4： 0.200	C10	规划编制情况	0.335	0.025
		C11	政策支持力度	0.665	0.050

（三）数据来源与处理

1. 数据来源

本研究的基础数据主要来源于各统计年鉴、统计公报、政府工作报告等，数据以 2015 年为主，若干缺失数据以 2014 年数据进行补充。其中，各乡镇的从业人员数量、财政收入主要来自《中国县域统计年鉴（乡镇篇）》（2016 年）以及各地政府工作报告等；固定资产投资、特色产业产值、龙头企业数量来自各地统计公报、政府工作报告等；特色产业／资源潜力指标数据通过专家打分法获得；网络关注度和到核心城市的时间距离分别通过百度指数网站和百度地图测算获得；交通完善度基于各地最新版地图对交通设施建设情况打分获得；资源级别、规划编制情况和政策支持力度基于各级政府批复规划或文件进行打分。

2. 无量纲化处理

因各指标原始数据均为不同单位数据，需要将单位影响去掉，才能进行加和评分；同时考虑指标影响方向不同，起正作用的其值越大，其积极影响越大，起负作用的其值越小，其积极影响越大，因此，需要对各指标数据进行无量纲化处理。

对投资潜力起正作用的指标，其数值越大则对投资潜力的贡献越大，则其无量纲化后的数值越大越好，无量纲计算公式如下：

$$Z_{ij} = \frac{y_{ij} - y_{j\min}}{y_{j\max} - y_{j\min}} \qquad i=1,\ 2,\ \cdots,\ n;\ j=1,\ 2,\ \cdots,\ m$$

式中：$y_{j\max}$，$y_{j\min}$ 分别为指标 G_j 的最大值和最小值，y_{ij} 为第 I 个指标的第 j 个原始数值。

对投资潜力起负作用的指标，其数值越大则对投资潜力的负作用越大，则其无量纲化后的数值越小越好，无量纲化计算公式如下：

$$Z_{ij} = \frac{y_{j\min} - y_{ij}}{y_{j\max} - y_{j\min}}$$

式中：符号含义与前式相同。

上述公式使得各项指标原始数值转换后的数值都在 0 和 1 之间。

（四）案例小镇选取

典型性原则。在小镇等级方面，案例小镇涵盖首批国家级特色小镇和省级特色小镇；在产业类型方面，特色产业涵盖第一产业（果蔬业等）、第二产业（轻纺业、医药业、高科技制造业等）和第三产业（旅游业等）；在所处地区方面，案例小镇涵盖了东、中、西部地区，以反映不同地区的特色小镇投资潜力情况。

可比性原则。本研究选取案例遵循每一个首批国家级特色小镇对应一个同类型的省级特色小镇的原则。这种选取方式排除了区域发展差距、省级政策差异等因素对特色小镇投资潜力的影响，通过控制变量的方法，体现出小镇自身差异引起的不同投资潜力。对照特色小镇选取时，尽量保证空间临近、功能类似，确保得出的投资潜力可比。

可行性原则。准确且可得的数据是进行特色小镇投资潜力评价的基本条件，本研究选取案例遵循保证数据可以获得的原则。考虑到我国乡镇级别的统计和公报数据相对匮乏，对特色小镇进行仔细筛选，确保可以获得每个小镇 11 个评价方面可信的数据。

基于典型性、可比性、可行性的原则，本研究选取特色小镇共 12 个。其中，国家级 6 个，分别是桐乡市濮院镇、温州市柳市镇、浏阳市大瑶镇、黄山市宏村镇、大理市喜洲镇、宜兴市丁蜀镇；省级 6 个，分别是杭州市胥口镇、永康市东城街道、涟源市桥头河镇、潜山县天柱山镇、腾冲县和顺镇、苏州市镇湖街道（表6-11）。

特色小镇案例选取

表 6-11

首批国家级特色小镇		省级特色小镇
温州市柳市镇（电器小镇）	外生型	永康市东城街道（众泰小镇）
桐乡市濮院镇（毛衫小镇）		杭州市胥口镇（药谷小镇）
浏阳市大瑶镇（花炮小镇）		涟源市桥头河镇（蔬菜小镇）
宜兴市丁蜀镇（紫砂小镇）	内生型	苏州市镇湖街道（苏绣小镇）
黄山市宏村镇（宏村小镇）		潜山县天柱山镇（天柱山小镇）
大理市喜洲镇（喜洲古镇）		腾冲县和顺镇（和顺古镇）

（五）结果与分析

应用下面公式计算各镇综合评价值:

$$V_x = \sum_{i}^{m} W_i F_i(x)$$

m 为系统指标数,W_i 为第 i 个指标对于总指标的权重,Fi（x）为第 i 个指标的第 x 个无量纲值。

综合评价值是在 0 和 1 之间的数,得分越接近 1,其发展潜力越大;其得分越接近 0,其发展潜力相对较小。据此,得出以下两类特色小镇的评价结果。

1. 外生型特色小镇

对比外生型特色小镇的分析评价结果可知:

第一,外生型特色小镇的投资潜力差异较大,评分最高值为 0.911,最低值仅为 0.195（表 6-12）。评价值从高到低分别为:温州市柳市镇（电器小镇,0.911）、桐乡市濮院镇（毛衫小镇,0.696）、永康市东城街道（众泰小镇,0.418）、浏阳市大瑶镇（花炮小镇,0.386）、杭州市胥口镇（药谷小镇,0.426）、涟源市桥头河镇（蔬菜小镇,0.195）。

第二,国家级外生型特色小镇的投资潜力总评分普遍高于省级外生型特色小镇。对比参照组可知,温州市柳市镇（电器小镇,0.911）＞永康市东城街道（众泰小镇,0.418）;桐乡市濮院镇（毛衫小镇,0.696）＞杭州市胥口镇（药谷小镇,0.426）;浏阳市大瑶镇（花炮小镇,0.386）＞涟源市桥头河镇（蔬菜小镇,0.195）。

第三,从得分结构上看,国家级外生型特色小镇的各项评分均高于省级特色小镇。不管是在发展基础、潜力水平方面,还是在区位交通、政策条件方面,国家级外生型特色小镇均表现出更好的发展势头,也在一定程度上验证了省级特色小镇相对第一批国家级特色小镇仍存在明显的发展差距，投资潜力普遍偏弱。

第四，从案例小镇来看，东部外生型特色小镇的投资潜力评分高于中部地区该类小镇。浏阳市大瑶镇和涟源市桥头河镇是中部地区的特色小镇，其投资潜力评分低于东部四个特色小镇（图6-3）。

外生型特色小镇投资潜力总得分及各项得分 表 6-12

		温州市柳市镇	永康市东城街道	桐乡市濮院镇	杭州市胥口镇	浏阳市大瑶镇	涟源市桥头河镇
	总得分	0.911	0.418	0.696	0.426	0.386	0.195
发展基础B1	从业人员数量	0.060	0.008	0.018	0.000	0.016	0.024
	财政收入	0.050	0.017	0.010	0.004	0.003	0.000
	固定资产投资	0.040	0.004	0.021	0.004	0.012	0.000
潜力水平B2	特色产业产值	0.020	0.004	0.001	0.000	0.000	0.000
	龙头企业数量	0.060	0.000	0.030	0.045	0.030	0.030
	特色产业潜力	0.036	0.030	0.065	0.036	0.080	0.000
	网络关注度	0.035	0.040	0.014	0.019	0.010	0.000
区位交通B3	到核心城市的时间距离	0.315	0.231	0.252	0.168	0.168	0.000
	交通完善度	0.135	0.084	0.084	0.084	0.000	0.084
政策条件B4	规划编制情况	0.020	0.000	0.060	0.020	0.020	0.010
	政策支持力度	0.140	0.000	0.140	0.047	0.047	0.047

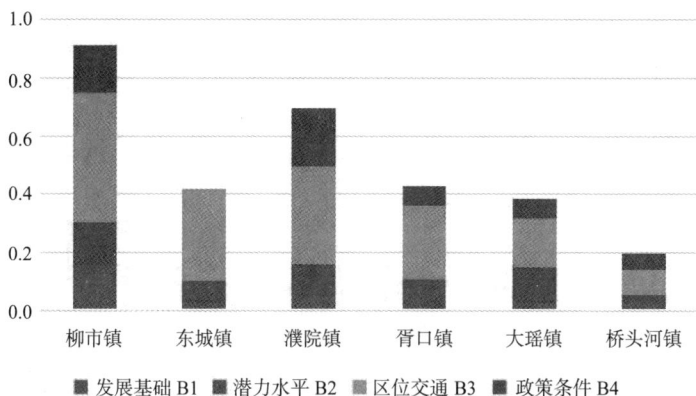

图6-3 外生型特色小镇投资潜力各项得分汇总

2. 内生型特色小镇

对比内生型特色小镇的分析评价结果可知:

第一,内生型特色小镇的投资潜力同样差异明显,但差异小于外生型特色小镇,评分最高值为 0.623,最低值为 0.355(表6-13)。评价值从高到低分别为:宜兴市丁蜀镇(紫砂小镇,0.623)、黄山市宏村镇(宏村小镇,0.500)、大理市喜洲镇(喜洲小镇,0.433)、苏州市镇湖街道(苏绣小镇,0.424)、腾冲县和顺镇(和顺小镇,0.372)、潜山县天柱山镇(天柱山小镇,0.355)。

内生型特色小镇投资潜力总得分及各项得分　　　　　　　　表 6-13

		宜兴市丁蜀镇	苏州市镇湖街道	黄山市宏村镇	潜山县天柱山镇	大理市喜洲镇	腾冲县和顺镇
总得分		**0.623**	**0.424**	**0.500**	**0.355**	**0.433**	**0.372**
发展基础 B1	从业人员数量	0.040	0.007	0.003	0.001	0.013	0.000
	财政收入	0.033	0.003	0.001	0.000	0.000	0.000
	固定资产投资	0.027	0.008	0.007	0.001	0.003	0.000
潜力水平 B2	特色产业产值	0.034	0.034	0.040	0.011	0.000	0.006
	资源级别	0.160	0.028	0.002	0.000	0.000	0.001
	特色资源潜力	0.039	0.045	0.120	0.090	0.000	0.023
	网络关注度	0.033	0.000	0.080	0.024	0.036	0.012
区位交通 B3	到核心城市的时间距离	0.047	0.090	0.047	0.024	0.071	0.000
	交通完善度	0.210	0.210	0.000	0.084	0.210	0.210
政策条件 B4	规划编制情况	0.000	0.000	0.080	0.000	0.040	0.000
	政策支持力度	0.000	0.000	0.120	0.120	0.060	0.120

第二,国家级内生型特色小镇的投资潜力总评分同样普遍高于省级外生型特色小镇。对比参照组可知,宜兴市丁蜀镇(紫砂小镇,0.623)>苏州市镇湖街道(苏绣小镇,0.424);大理市喜洲镇(喜洲小镇,0.433)>腾冲县和顺镇(和顺小镇,0.372);黄山市宏村镇(宏村小镇,0.500)>潜山县天柱山镇(天柱山小镇,0.355)。

第三,从得分结构上看,国家级内生型特色小镇的各项评分均高于省级特色小镇。不管是在发展基础、潜力水平方面,还是在区位交通、政策条件方面,国家级内生型特色小镇均获得了更高评分,表现出更高的投资潜力。

第四,从选取案例来看,历史文化+旅游型特色小镇的投资潜力评分略高于自然景观和民族聚居类特色小镇。根据评分结果，丁蜀镇和镇湖街道的评分较高，主要优势来自于高水平的资源潜力和良好的区位交通条件，提升了特色小镇的投资潜力（图6-4）。

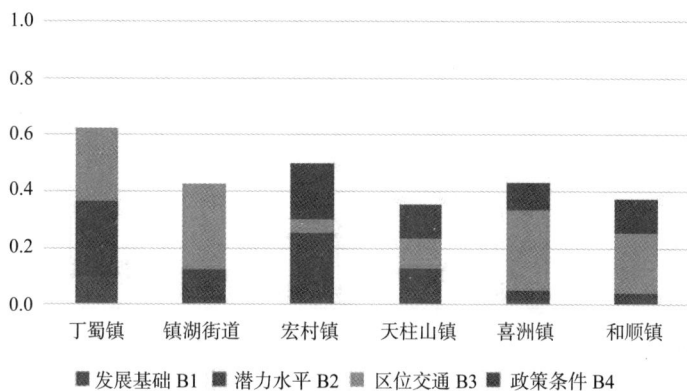

图 6-4　内生型特色小镇投资潜力各项得分汇总

第七部分
特色小镇发展的金融支持

一、特色小镇发展的融资需求分析

（一）特色小镇发展的融资需求

1. 特色小镇建设发展需要的资金量大

从 2014 年浙江首次提出特色小镇，2016 年国家提出开展特色小镇的培育后，在浙江成功发展经验的示范和国家扶持政策的支持下，特色小镇迎来快速发展创建。2015 年 6 月，浙江公布首批 37 个省级特色小镇创建名单；2016 年 1 月，公布第二批 42 个省级特色小镇创建名单；2017 年 8 月，公布第三批 35 个省级特色小镇创建名单，共计 114 个。2016 年 7 月，发展改革委、住房城乡建设部、财政部三部委提出开展特色小镇培育工作，提出到 2020 年，培育 1000 个左右各具特色、富有活力的休闲旅游、商贸物流、现代制造、教育科技、传统文化、美丽宜居等特色小镇。2016 年 10 月，住房城乡建设部公布第一批 127 个特色小镇，2017 年 7 月，公示第二批 276 个特色小镇。根据有关统计，目前 31 个省市规划发展的特色小镇数量达到 2000 多个。

根据浙江特色小镇的投资情况看，最高的沃尔沃小镇投资规模约达 1000 亿元，云栖小镇投资规模约 10 亿元，其他大部分特色小镇的投资规模在 50 亿元左右。根据浙江省第三批特色小镇培育工作的要求，要求 3 年（2017 ~ 2019 年）完成固定资产投资 50 亿元以上，26 个加快发展县建设期可放宽到 5 年（2017 ~ 2022年）。从全国来看，如按每个特色小镇所需资金规模 30 亿~ 50 亿元估算，按三部委提出的建设 1000 个左右的特色小镇，则特色小镇建设所需资金量将达到 3 万~ 5万亿元。

2. 特色小镇的融资需求分基础设施、特色产业平台和特色产业三类

根据《住房城乡建设部　中国农业发展银行关于推进政策性金融支持小城镇建设的通知》和《住房城乡建设部　中国建设银行关于推进商业金融支持小城镇建设的通知》中关于对特色小镇金融支持的范围和我们的分析，总体上看，特色小镇发展的融资需求主要可归纳为三类：

一是基础设施和公共服务建设与运营管理的融资需求。具体包括土地及房屋的征收、拆迁和补偿；安置房建设或货币化安置；水网、电网、路网、信息网、供

气、供热、地下综合管廊等公共基础设施建设；污水处理、垃圾处理、园林绿化、水体生态系统与水环境治理等环境设施建设；学校、医院、体育馆等文化教育卫生设施建设。

二是特色产业发展平台和配套设施建设的融资需求。具体包括标准厂房、孵化园、众创空间等生产平台建设；博物馆、展览馆、科技馆、文化交流中心、民俗传承基地等展示平台建设；旅游休闲、商贸物流、人才公寓等服务平台建设；其他促进特色产业发展的配套基础设施建设。

三是特色产业发展的融资需求。根据小镇的特色产业的定位，主要包括休闲旅游、商贸物流、现代制造、教育科技、传统文化等产业。

3. 特色小镇基础性投入需要规模大、期限长、收益低的资金

特色小镇的建设发展在特色产业的准确定位基础上，需要基础设施和公共服务建设和运营管理、特色产业发展的平台和配套设施建设等基础性的投入。这些基础性投入中的大部分资金需求规模大，需要股权投资基础上运用杠杆，撬动更多债权融资；期限长，需要引入长期资金支持；收益相对较低，需要寻找相对低成本的融资方式。

4. 特色小镇建设既需要股权融资也需要债权融资

特色小镇大部分的基础设施和特色产业配套设施建设难以通过完全市场化运作，而政府可用于投入的财力又十分有限，需要依赖股权融资渠道。特色小镇项目启动阶段往往缺少用来贷款的抵押资产，通过债权方式取得的融资难以满足项目启动阶段的资金需求。需要通过基金、PPP等股权方式筹集资金，推动特色小镇项目落地。同时，由于特色小镇建设需要的资金规模巨大，在股权融资的基础上，必须利用债权融资的杠杆作用，获取更多资金。

（二）特色小镇发展的现有融资支持政策

目前，国家层面和部分省级层面对特色小镇建设的金融支持出台了一系列的文件，明确体现了银行业金融机构，特别是政策性银行、开发性银行向特色小镇建设倾斜的政策方向。

1. 国家层面的金融支持政策

自2016年7月国家提出培育特色小镇后，相关部委与部分金融机构联合出台文件，对特色小镇建设给予金融支持（表7-1）。总体上看，目前对特色小镇的金融支持以银行为主，其中主要是开发性银行和政策性银行，包括国家开发银行和

中国农业发展银行；商业性银行也有一定的参与，主要包括中国建设银行和光大集团等。

国家层面的金融支持政策   表 7-1

	文件名称	支持范围	金融措施
开发性金融（国家开发银行）	发改委与国家开发银行《关于开发性金融支持特色小（城）镇建设促进脱贫攻坚的意见》	支持发展特色产业。补齐特色小（城）镇发展短板	开发银行加大对特许经营、政府购买服务等模式的信贷支持力度，特别是通过探索多种类型的 PPP 模式，引入大型企业参与投资，引导社会资本广泛参与。发挥开发银行"投资、贷款、债券、租赁、证券、基金"综合服务功能和作用，在设立基金、发行债券、资产证券化等方面提供财务顾问服务。发挥资本市场在脱贫攻坚中的积极作用，盘活贫困地区特色资产资源，为特色小（城）镇建设提供多元化金融支持
	住房城乡建设部与国家开发银行发布《关于推进开发性性金融支持小城镇建设的通知》	支持以农村人口就地城镇化、提升小城镇公共服务水平和提高承载能力为目的的设施建设。支持促进小城镇产业发展的配套设施建设。支持促进小城镇宜居环境塑造和传统文化传承的工程建设	（一）做好融资规划。国家开发银行将依据小城镇总体规划，适时编制相应的融资规划，做好项目融资安排，针对具体项目的融资需求，统筹安排融资方式和融资总量。（二）加强信贷支持。国家开发银行各分行要会同各地住房城乡建设（规划）部门，确定小城镇建设的投资主体、投融资模式等，共同做好项目前期准备工作。对纳入全国小城镇建设项目储备库的优先推荐项目，在符合贷款条件的情况下，优先提供中长期信贷支持。（三）创新融资模式，提供综合性金融服务。国家开发银行将积极发挥"投、贷、债、租、证"的协同作用，为小城镇建设提供综合金融服务。根据项目情况，采用政府和社会资本合作（PPP）、政府购买服务、机制评审等模式，推动项目落地；鼓励大型央企、优质民企以市场化模式支持小城镇建设。在风险可控、商业可持续的前提下，积极开展小城镇建设项目涉及的特许经营权、收费权和购买服务协议下的应收账款质押等担保类贷款业务
政策性金融（中国农业发展银行）	住房城乡建设部与农业发展银行《关于推进政策性金融支持小城镇建设的通知》	支持以转移农业人口、提升小城镇公共服务水平和提高承载能力为目的的基础设施和公共服务设施建设。为促进小城镇特色产业发展提供平台支撑的配套设施建设	积极运用政府购买服务和采购、政府和社会资本合作（PPP）等融资模式，为小城镇建设提供综合性金融服务，并联合其他银行、保险公司等金融机构以银团贷款、委托贷款等方式，努力拓宽小城镇建设的融资渠道。对符合条件的小城镇建设实施主体提供重点项目建设基金，用于补充项目资本金不足部分。在风险可控、商业可持续的前提下，小城镇建设项目涉及的特许经营权、收费权和政府购买服务协议预期收益等可作为中国农业发展银行贷款的质押担保

续表

	文件名称	支持范围	金融措施
商业金融（中国建设银行）	住房城乡建设部与建行《关于推进商业金融支持小城镇建设的通知》	支持改善小城镇功能、提升发展质量的基础设施建设。 支持促进小城镇特色发展的工程建设。 支持小城镇运营管理融资	（一）加大信贷支持力度。中国建设银行将统筹安排年度信贷投放总量，加大对小城镇建设的信贷支持力度。对纳入全国小城镇建设项目储备库的推荐项目，予以优先受理、优先评审和优先投放贷款。（二）做好综合融资服务。充分发挥中国建设银行集团全牌照优势，帮助小城镇所在县（市）人民政府、参与建设的企业做好融资规划，提供小城镇专项贷款产品。根据小城镇建设投资主体和项目特点，因地制宜提供债券融资、股权投资、基金、信托、融资租赁、保险资金等综合融资服务。（三）创新金融服务模式。中国建设银行将在现有政策法规内积极开展金融创新。探索开展特许经营权、景区门票收费权、知识产权、碳排放权质押等新型贷款抵质押方式。探索与创业投资基金、股权基金等开展投贷联动，支持创业型企业发展
商业金融（中国光大集团股份公司）	住房城乡建设部与光大集团《共同推进特色小镇建设战略合作框架协议》	双方将按照"优势互补、统筹规划、机制共建、信息共享"的原则，支持全国 1000 个特色小镇和各省（区、市）重点培育的特色小镇建设	建立合作推动机制，探索政府与国有金融控股集团合作的投融资模式，引导商业金融支持特色小镇建设。而在具体模式上，除了信贷投放，光大集团还将通过旗下基金、产业等多种方式参与特色小镇培育建设

2. 浙江省特色小镇金融支持政策

2015 年 10 月，人民银行杭州中心支行、浙江省特色小镇规划建设工作联席会议办公室联合下发了《关于金融支持浙江省特色小镇建设的指导意见》，提出拓宽融资渠道，通过贷款、发债、协同引入银行理财、基金、信托、融资租赁等进入特色小镇 PPP 项目，支持项目建设；创新金融产品，通过产业链融资、创业创新、文化与金融结合、互联网金融创新，助推产业发展。

2015 年 10 月，浙江省建行和浙江省发改委签署推进特色小镇建设战略合作协议。浙江省建行在浙江省特色小镇的建设期内，安排意向性融资 700 亿元，金融支持重点在以下三方面：一是为特色小镇的建设项目提供资金，包括基础设施、景区等；二是为特色小镇内的优质企业发展提供投融资方面的金融服务；三是为特色小镇项目中的高层次人才提供包括住房贷款、个人金融理财等相关的金融服务。

二、特色小镇发展的融资渠道分析

特色小镇的基础设施和特色产业平台建设，由于资金需求规模大、期限长、收益低，主要是依靠政府主导模式发展或政府和社会资本合作的 PPP 模式发展。其中政府主导模式，通过政府财政资金投入、运用政府产业基金或引导基金方式引入多元投资主体，利用政策性银行、商业性银行贷款等方式融资；PPP 模式通过政府和社会资本合作，在引入专业运营管理能力的同时，吸引社会资本投资特色小镇建设。

特色小镇发展除利用各级财政资金外，可以利用的融资方式主要包括三类（表 7-2）：

特色小镇融资需求与融资方式 表 7-2

	基础设施和公共服务	特色产业发展的配套设施	特色产业
财政资金	✓	✓	
政策性金融	✓	✓	
PPP	✓	✓	
商业性金融	✓	✓	✓

第一，政策性金融。主要体现为政府信用支持的开发性金融或政府补贴支持的政策性金融。主要适用于基础设施和公共服务设施、特色产业的平台支撑等融资。

第二，政府与社会资本合作（PPP）。主要适用于基础设施和公共服务设施、特色产业的平台支撑等融资。利用 PPP 模式建设特色小镇主要基于以下两点：一是 PPP 模式的大发展与治理地方政府债务密切相关，传统的以地方政府投资、举债的方式建设基础设施和公共服务设施的模式难以为继，因此需要利用 PPP 模式进行投资建设，PPP 模式是以项目公司为融资主体，不增加政府部门的负债；二是充分发挥政府有限资金的杠杆作用，充分调动社会资本参与，既可以通过社会资本进行投资和融资，也可以引入社会资本专业的运营管理能力。

第三，商业性金融。包括股权融资和债权融资，主要适用于部分特色产业的平台支撑和配套设施及特色产业发展的融资。

（一）财政资金是特色小镇投融资的基础投入

支持特色小镇发展的财政资金主要包括三类，分别是市县级政府的财政资金、省级政府的政策性资金和国家的专项建设基金和财政奖励（表7-3）。

部分省区特色小镇资金支持政策   表7-3

省份	资金支持政策
浙江省	新增财政收入上交省财政部分，前3年全额返还、后2年返还一半给当地财政
河北省	省级财政用以扶持产业发展、科技创新、生态环保、公共服务平台等专项资金，优先对接支持特色小镇建设。鼓励和引导政府投融资平台和财政出资的投资基金，加大对特色小镇基础设施和产业示范项目支持力度。省市县美丽乡村建设融资平台对相关特色小镇的美丽乡村建设予以倾斜支持，对符合中心村申报条件的特色小镇建设项目，按照全省中心村建设示范点奖补标准给予重点支持，并纳入中心村建设示范点管理，对中心村建设示范县（市、区），再增加100万元奖补资金，专门用于特色小镇建设
内蒙古自治区	各级财政统筹整合各类已设立的相关专项资金，重点支持特色小镇市政基础设施建设。在镇规划区内建设项目缴交的基础设施配套费，要全额返还小城镇，用于小城镇基础设施建设
辽宁省	研究制定相关配套优惠政策，整合各类涉农资金，支持特色乡镇建设。列入省级新型城镇化试点，并可推荐申报国家新型城镇化综合试点镇。省财政通过不断优化财政支出结构，支持各地推进特色乡镇建设
山东省	从2016年起，省级统筹城镇化建设等资金，积极支持特色小镇创建，用于其规划设计、设施配套和公共服务平台建设等。鼓励省级城镇化投资引导基金参股子基金加大对特色小镇创建的投入力度
安徽省	整合对特色小镇的各类补助资金。省发展改革委支持符合条件的建设项目申请专项建设基金；省财政对工作开展较好的特色、小镇给予奖补；市、县财政要进一步加大特色小镇建设投入
福建省	新增的县级财政收入，县级财政可以安排一定比例的资金用于特色小镇建设。发债企业1%的贴息，省地各承担一半。50万元规划设计补助，省发改委、省财政厅各承担25万元。国家专项、省专项，垃圾污水省以奖代补
甘肃省	省级财政采取整合部门资金的办法对特色小镇建设给予支持。同时采取"以奖代补"。特色小镇建设用地的租赁收入以及小城镇基础设施配套费
海南省	《海南省特色风情小镇建设指导意见》（2014年）规定：项目和资金上优先；建议预算安排一定资金；村镇规划区内建设项目缴交的基础设施配套费全额返还小城镇；部门整合支持。《海南省人民政府关于印发全省百个特色产业小镇建设工作方案的通知琼府》〔2015〕88号）规定：一是设立产业小镇产业发展引导基金，重点用于产业小镇的产业培育；二是各方面的财政专项资金（基金）在符合投向的情况下，要向产业小镇的产业发展及相关基础设施建设等项目倾斜。新增财政收入部分，省财政可考虑给予一定返还
重庆市	加大市级小城镇建设专项资金投入，调整优化市级中心镇专项建设资金，重点支持特色小镇示范点建设。特色小镇示范点建设项目打捆纳入市级重点项目
陕西省	重点示范镇每年省财政支持1000万元，文化旅游名镇每年支持500万元

续表

省份	资金支持政策
四川省	从 2013 年开始，连续 3 年，每年启动 100 个省级试点镇建设。省级财政安排专项资金，支持试点镇市政基础设施建设，完善公共服务功能，提升试点镇的承载能力和吸纳能力。市(州)、县（市、区）财政也要安排专项资金，加大投入
贵州省	加强资金筹措：各市（州）、试点县要加大本级财政对小城镇建设发展的支持力度，在年度财政预算时要安排小城镇建设发展专项资金，集中用于支持试点县小城镇建设发展。"财政补助、信贷支持、社会投入"
广西壮族自治区	自治区将整合涉及示范镇建设的相关资金和项目，积极为示范镇争取中央专项和转移支付资金支持。自治区本级资金补助标准为每个示范镇 1000 万元，示范镇总投资一般不低于 2000 万元
西藏自治区	自治区财政安排 10 亿元特色小城镇示范点建设工作启动资金。地（市）、县（区）人民政府要以规划为统领，以基础设施项目、产业项目、民生项目为重点，进一步整合交通运输、住房城乡建设、农牧、水利、林业、电力等部门资源，调整资金结构，按照"渠道不乱、用途不变、统筹安排、集中投入、各负其责、各记其功、形成合力"的原则，加大对特色小城镇建设的投入力度。同时，要广泛吸纳社会资金和民间资本支持特色小城镇示范点建设。充分发挥援藏资金在小城镇建设中的重要作用

资料来源：《主要省份的特色小镇资金支持政策》

1. 市县级地方财政是特色小镇建设资金财政投入的主体

地方财政可以投入特色小镇建设的资金主要包括以下渠道：一是列入县级财政预算。如贵州省规定各市（州）、试点县要加大本级财政对小城镇建设发展的支持力度，在年度财政预算时要安排小城镇建设发展专项资金，集中用于支持试点县小城镇建设发展。二是在新增县级财政收入中安排。如福建省规定新增的县级财政收入，县级财政可以安排一定比例的资金用于特色小镇建设。三是市级专项资金。如重庆市加大市级小城镇建设专项资金投入，调整优化市级中心镇专项建设资金，重点支持特色小镇示范点建设，特色小镇示范点建设项目打捆纳入市级重点项目。四是基础设施配套费返还。如海南省村镇规划区内建设项目缴交的基础设施配套费全额返还小城镇。

2. 省级政府以财政返还、专项资金和奖补资金支持特色小镇建设

一是省级财政的返还。如浙江省的新增财政收入上交省财政部分，前 3 年全额返还、后 2 年返还一半给当地财政。

二是省级财政的专项资金。如河北省省级财政用以扶持产业发展、科技创新、生态环保、公共服务平台等专项资金，优先对接支持特色小镇建设。

三是省级奖补资金。如河北省对符合中心村申报条件的特色小镇建设项目，按照全省中心村建设示范点奖补标准给予重点支持。如广西壮族自治区本级资金补助标准为每个示范镇 1000 万元，示范镇总投资一般不低于 2000 万元。

3. **中央政府以专项建设基金和奖励资金实现对优秀特色小镇的扶持**

一是国家发改委的专项建设基金。根据《住房城乡建设部　国家发展改革委　财政部关于开展特色小镇培育工作的通知》，国家发展改革委等有关部门支持符合条件的特色小镇建设项目申请专项建设基金。此外，在这一文件出台之前，国家发展改革委专项建设基金的第 19 项"新型城镇化"中，有"特色镇建设"这一项，其他项包括国家新型城镇化试点地区的中小城市、全国中小城市综合改革试点地区、少数民族特色小镇等也与特色小镇建设有一定的相关性。

二是中央财政奖励资金。根据《住房城乡建设部　国家发展改革委　财政部关于开展特色小镇培育工作的通知》，中央财政对工作开展较好的特色小镇给予适当奖励。

4. **财政资金主要通过股权投入方式支持特色小镇建设**

一是股权投入。地方政府作为引导特色小镇发展的主体，除负责特色小镇发展规划编制、特色产业定位外，也作为基础设施建设、公共服务提供和特色产业平台建设的责任主体。从各地特色小镇建设的实践来看，目前基础设施建设和特色产业平台建设多数采取政府主导方式，政府需要通过注入资本金方式进行股权投资；或者采取 PPP 方式与社会资本共同出资。政府的股权投入可以为建设项目利用市场化手段融资提供增信。

二是设立基金。政府设立特色小镇建设的引导基金和产业基金，通过政府有限的资金投入，整合建设单位、财务投资人、产业投资者、金融机构等多方资源，撬动社会各类资本参与投入，政府支持和市场化运作相结合，充分发挥财政资金"四两拨千斤"的杠杆作用和引导作用，带动社会资本投入，为特色小镇投资建设提供稳定和充足的资金来源。2016 年 12 月出台的《政府出资产业投资基金管理暂行办法》规定，该类基金为有政府出资、主要投资于非公开交易企业股权的股权投资和创业投资，充分发挥基金在贯彻产业政策、引导民间投资、稳定经济增长等方面的作用。

如北京小城镇发展基金，"十二五"期间北京市提出打造 42 个特色小城镇的计划，为了解决资金问题，提出了设立小城镇发展基金。该基金主要由北京市政府、国开金融公司，和部分央企、京企、民企、社保基金、海外资金等共同出资。该基金总规模 100 亿元人民币，首期 50 亿元人民币，北京市政府固定资产投资安排不高于 30% 的引导资金，撬动社会资本参与小城镇建设。小城镇基金投资项目的总投资额超过 300 亿元，其中基金投资近 15 亿元，政府出资近 3 亿元，政府出资引导放大资金规模约达 100 倍。北京小城镇发展基金主要投资方向包括特色产业培育和产业结构调整、基础设施和公共服务设施项目、旧镇改造和新镇建设等，其中，道路、公园、医院、学校等非经营性项目由基金投入一部分，其余仍由市区财政共同负担。首批合作重点镇包括平谷区金海湖镇、顺义区赵全营镇和李遂镇、房山区长沟镇、大兴区魏善庄镇、门头沟区军庄镇、怀柔区桥梓镇等，涉及基础设施、产业发展、土地整理等建设内容。

（二）政策性金融是特色小镇融资的重要方式

1. 特色小镇建设需要政策性金融支持

政策性金融一般是由国家出资、得到政府支持、重点用于实现国家战略目标的政策工具。在不满足商业性金融盈利要求的领域提供金融服务，政策性金融亏损一般会由国家补贴。开发性金融开展的是符合国家发展战略但不亏损的业务。同时，政策性金融机构也要保证资金的安全和可持续的自我发展能力。特色小镇的培育和发展是国家政策扶持的方向，属于政策性金融的支持对象。在特色小镇投融资领域，基础设施和公共服务设施建设、特色产业平台和配套设施建设可以利用以国家开发银行（开发性金融）、中国农业发展银行（政策性金融）的中长期和低成本融资。

一是可提供中长期的金融支持。商业金融体系中对中长期融资的支持相对缺乏，开发性金融和政策性金融的资金来源主要为通过发行债券和吸收长期存款等，与发放长期贷款的期限较为匹配。

二是资金成本相对较低。开发性金融和政策性金融不吸收储蓄存款，主要依靠在银行间市场发行政策性金融债，政府给予一定的增信支持。商业银行吸收存款有经营成本、机构人员开支，所以相对来说，政策性金融的资金来源成本较低，可发放低息贷款。

2. 政策性金融可为特色小镇建设提供多元的金融支持

综合国家发改委和国家开发银行发布的《关于开发性金融支持特色小（城）镇建设促进脱贫攻坚的意见》、住房城乡建设部和国家开发银行联合出台的《关于推进开发性性金融支持小城镇建设的通知》、住房城乡建设部和中国农业发展银行发布的《关于推进政策性金融支持小城镇建设的通知》中的金融支持方式，可以看出开发性金融和政策性金融支持特色小镇的方式是综合的、多元的，主要包括以下几种方式。

（1）贷款

在风险可控、商业可持续的前提下，小城镇建设项目涉及的特许经营权、收费权和政府购买服务协议预期收益等可作为政策性贷款的质押担保。同时，政策性银行可联合其他银行、保险公司等金融机构以银团贷款、委托贷款等方式，努力拓宽小城镇建设的融资渠道。例如，浙江大云镇的巧克力甜蜜小镇建设，2015年，农发行利用投贷结合的方式，省、市、县三级行联动分两批投入资金0.32亿元和1亿元。2016年，农发行投放项目贷款10亿元。

（2）投资基金

设立产业投资基金，对符合条件的小城镇建设实施主体提供重点项目建设资金，用于补充项目资本金不足部分。例如，中国特色小镇投资基金，2016年10月，由中国开发性金融促进会和中国市长协会等共同发起成立，中国开发性金融促进会是由国家开发银行发起成立。该基金采取母子基金结构，母基金总规模为500亿元人民币，预计将带动总投资规模超过5000亿元，主要投资于各类特色小镇。

再如，国家开发银行在湖南"两型"基金200亿元的规模基础上，发起设立"小城镇建设基金"，重点支持湖南省40个县市的小城镇建设。

（3）参与PPP项目

对特许经营、政府购买服务等模式提供信贷支持，特别是通过探索多种类型的PPP模式，引入大型企业参与投资，引导社会资本广泛参与。

（4）提供综合金融服务

发挥开发银行"投资、贷款、债券、租赁、证券、基金"综合服务功能和作用，在设立基金、发行债券、资产证券化等方面提供财务顾问服务。

（三）通过PPP引入社会资本参与特色小镇投资建设

1. 特色小镇建设适合运用PPP方式

2014年出台的《国务院关于加强地方政府性债务管理的意见》（国发〔2014〕43号），剥离了政府利用地方政府融资平台的融资功能，政府的资金需要只能通过列入财政预算、发行债券和PPP方式实现。因此，PPP成为今后政府重要的融资手段。在PPP模式中，特色小镇建设所需的资金是以项目公司为主体进行融资，不会增加政府的负债。

特色小镇建设需要专业的操作运营，整合资源、产业、宜居、文化、环境等各种要素，一般来说，地方政府往往不具备这样专业的运作能力。通过PPP模式引入社会资本和专业的城市投资建设运营机构，破解当地人才、资金、能力不足的制约，对特色资源进行合理有效利用，实现特色小镇的发展。

根据《关于在公共服务领域推广政府和社会资本合作模式的指导意见》（国办发〔2015〕42 号），政府和社会资本合作模式是公共服务供给机制的重大创新，即政府采取竞争性方式择优选择具有投资、运营管理能力的社会资本，双方按照平等协商原则订立合同，明确责权利关系，由社会资本提供公共服务，政府依据公共服务绩效评价结果向社会资本支付相应对价，保证社会资本获得合理收益。政府和社会资本合作模式有利于充分发挥市场机制作用，提升公共服务的供给质量和效率，实现公共利益最大化。PPP 模式一般由社会资本方承担设计、建设、运营、维护基础设施的大部分工作，通过政府付费、使用者付费、可行性缺口补助等不同方式取得合理投资回报；政府负责基础设施和公共服务的定价和质量监管（图 7-1）。

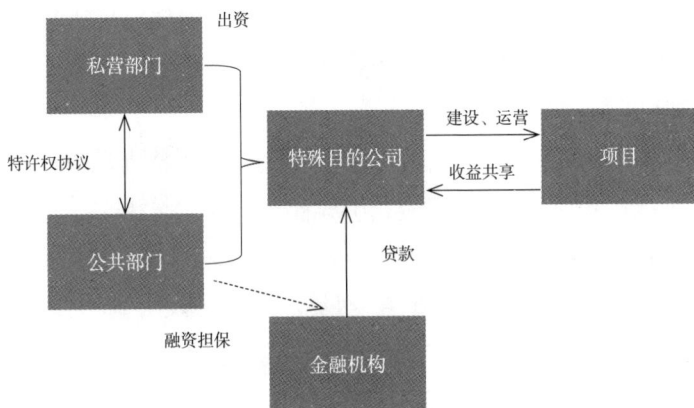

图 7-1　PPP 项目运作方式

特色小镇 PPP 模式，是通过成立特色小镇项目公司的方式，吸引专业化的企业参与特色小镇项目建设，既实现了政府建设和发展特色小镇的目标，社会资本方能够取得一定的投资回报。政府部门通过参股 PPP 项目公司，在初期对产业和小城镇的发展规划进行把控，主要负责征地拆迁、立项可研、用地环评等项目前期工作。社会资本方主要负责项目规划设计、投融资、建设、运营管理和特色产业资源引进。

2. 通过 PPP 吸引社会融资

多数 PPP 项目投资运营周期长达 20 ~ 30 年，企业难以完全依赖传统的融资渠道解决这样的长期资金需求。因此，PPP 项目除利用市场化融资方式外，还需通过 PPP 引导基金、PPP 产业基金、PPP 项目的资产证券化等方式吸引社会资本投资和实现投资的退出。除一般性的市场化融资外，PPP 项目的融资方式还包括以下几方面：

（1）PPP 引导基金吸引社会资本跟投

PPP 引导基金主要起到吸引社会资本跟投的作用。PPP 引导基金是在社会资本对 PPP 项目参与的积极性不高、项目难以落地的大背景下发展起来的。PPP 引导基金是以财政出资独立组建或政府与社会资本合作组建，实行市场化运作。PPP 引导基金的投资额一般不超过总投资的 10%，主要起到吸引社会资本跟投的作用。

中央和地方设立 PPP 引导基金。国家级 PPP 引导基金是由财政部牵头和全国社会保障基金理事会、中国建设银行、中国邮政储蓄银行等十家金融机构共同设立的，注册资本 1800 亿元，是唯一的国家级 PPP 引导基金，重点支持公共服务领域 PPP 项目发展，提高项目融资的可获得性。

部分地区如山东省、贵州省、四川省、江西省、河南省、河北省、福建省、新疆维吾尔自治区等设立地方级 PPP 引导基金用于支持和引导 PPP 项目的发展。地方 PPP 引导基金通常是由省级政府和地方政府以母子基金方式操作的。首先由省级政府与金融机构发起设立省级引导基金作为母基金，引导基金再与地方政府、金融机构共同成立子基金，用于当地 PPP 项目。地方政府作为劣后方，为项目风险兜底。该模式贯通省政府和地方政府，由于政府的信用等级相对较高，容易吸引更多金融机构参与（图 7-2）。

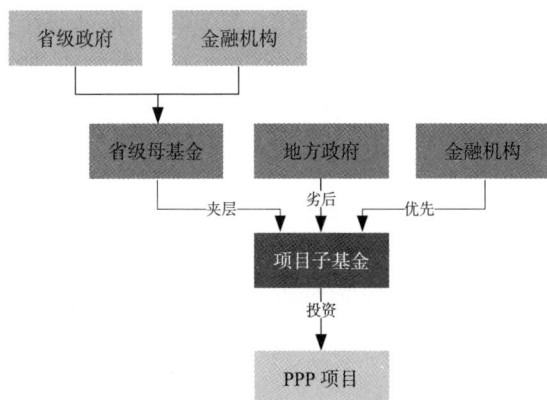

图 7-2　省级 PPP 引导基金

PPP 引导基金的投资方式主要包括三种。一是投资入股 PPP 项目公司；二是给 PPP 项目公司提供债权融资；三是股权投资和债权融资相结合。设立 PPP 项目一般都有最低资本金比例要求，因此 PPP 引导基金通过投资入股的方式，为 PPP 项目注入资本金，有利于项目达到启动所需的资金要求。

PPP 引导基金一般从项目库中选择投资项目。财政部或发展改革委建立了 PPP 项目库，这些项目的立项是经过多轮专家论证，对项目的财政可承受能力和项目收益也进行了充分测算，项目合作方一般具有较强的运营能力和经验，相对来说，投资风险较小。因此，特色小镇的基础设施和公共服务设施建设应争取列入 PPP 项目库中。

(2) PPP 产业基金直接投资 PPP 项目

PPP 产业基金主要分为金融机构主导和企业主导两类。金融机构主导的 PPP 产业基金多是由银行等大型金融机构作为发起人，与地方政府共同设立专项资管计划，资管计划再与社会资本方共同出资成立 PPP 产业基金，专项投资于 PPP 项目。社会资本方一般作为劣后，除负责项目的建设运营外，还为基金的风险进行兜底（图 7-3）。

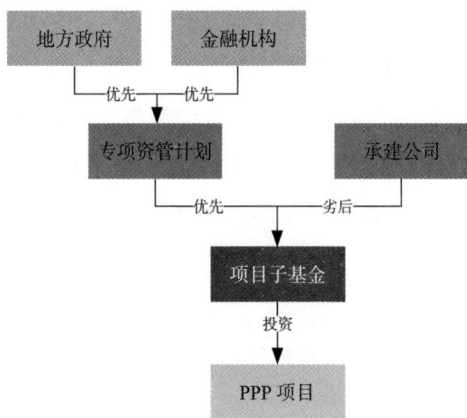

图 7-3 金融机构主导的 PPP 产业基金

企业主导的 PPP 产业基金是由企业作为发起人，这类模式中基金出资方一般没有政府，政府通过给予企业特许经营权或以购买服务方式，实现政府与社会资本合作。企业作为基金的劣后，为基金风险兜底（图 7-4）。

(3) 通过 PPP 项目资产证券化引入机构投资者

通过 PPP 项目资产证券化实现社会资本退出，引入机构投资者的资金。PPP 项目一般资金需求量大，投资回报周期长，由于缺乏退出机制，对社会资本的吸

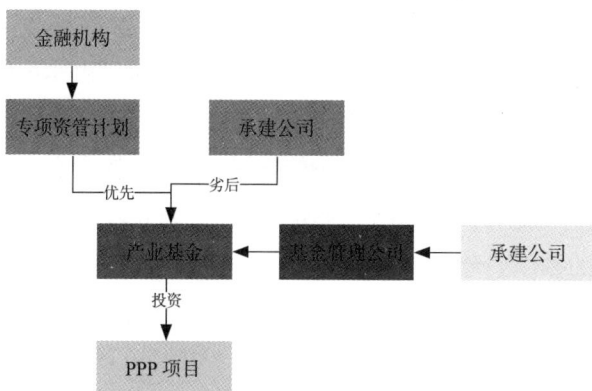

图 7-4　企业主导的 PPP 产业基金

引力相对有限。通过 PPP 项目资产证券化，建立社会资本在实现合理利润后的退出机制。PPP 项目投资规模大、期限长、收益稳定等特点，与中长期机构投资者的投资需求相匹配。因此，通过资产证券化的方式，引入中长期机构投资者，在 PPP 项目成熟运营后，实现 PPP 项目社会资本方的退出。

PPP 项目资产证券化的基础资产为收益权。根据 2015 年出台的《基础设施和公用事业特许经营管理办法》，PPP 项目往往涉及特许经营，PPP 项目资产证券化的基础资产与政府特许经营权是紧密联系的，由于我国对特许经营权的受让主体有严格的准入条件，因此，PPP 项目资产证券化一般是将项目收益权作为基础资产进行证券化。根据 PPP 项目的三种收费模式，收益权可分为使用者付费模式下的收费收益权、政府付费模式下的财政补贴、可行性缺口补助模式下的收费收益权和财政补贴。根据《资产证券化业务基础资产负面清单指引》中"以地方政府为直接或间接债务人的基础资产。但地方政府按照事先公开的收益约定规则，在政府与社会资本合作模式（PPP）下应当支付或承担的财政补贴除外"的规定，通过财政补贴实现付费的收益权可以作为资产证券化的基础资产。

3. 特色小镇 PPP 融资模式

由社会资本发起的特色小镇 PPP 是由实业投资人在与政府就具体项目达成框架协议或者整体投资运营协议后，联合金融机构共同发起设立的基金，一般为股权加债权的投资模式。

（1）特色小镇基金的设立与运作

特色小镇基金设立的组织形式一般为有限合伙制，由实体资本牵头，联合金融机构发起设立。特色小镇基金的设立及运作模式如下：

首先，基金发起主体与政府签署特色小镇的总体投资运营协议，明确项目的

PPP 模式，并在协议中明确后续发起设立基金的相关事宜。

其次，各方在综合确定特色小镇基金的组织形式后，由实体资本发起设立特色小镇基金，此基金的 LP 可包括社会资本、政府指定机构、金融机构等。

再次，从项目的长期运作及退出角度考虑，特色小镇基金应按照单体项目是否有经营现金流进行划分，设立两个平台公司：经营性项目群的操作平台、政府购买服务项目群的操作平台。

最后，由经营性平台公司及政府购买服务平台公司就每个单体项目设立单独的 SPV 公司，以 SPV 公司为单体项目的实际运作主体（图 7-5）。

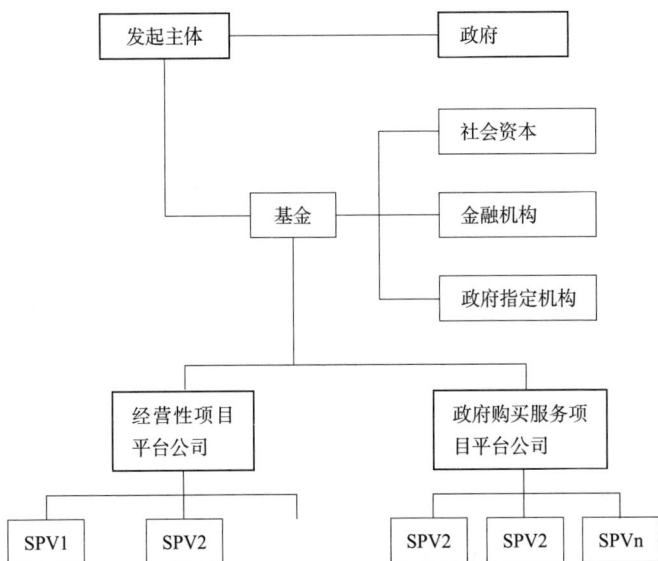

图 7-5　特色小镇 PPP 融资方式

（2）单体项目的融资

单体项目的项目公司设立完成后，即可根据具体运作情况，通过不同的融资渠道进行融资，包括开发性金融贷款、传统银行贷款、发行公司债券、项目收益债券等，以各金融媒介的组合提供项目投资运营所需的资金。

（3）退出方式

资金退出方面，对于政府购买服务的项目，可以直接实现退出，但根据 87 号文规定，政府购买服务的适用范围非常窄，大量 PPP 项目无法直接退出。对于有持续现金流产生的项目,可以通过项目公司上市、股权转让、资产证券化等方式退出。项目公司上市是最为理想的退出方式，但条件严格，审查时间长，难度大；特色小镇项目一般投资额较大，符合条件的投资人少，股权转让需提前做好安排；资产证券化是一个较好的退出方式，尽管目前仍受到局限，但未来拥有较大的发展空间。

4.PPP 项目融资案例

特色小镇的 PPP 模式目前处于探索阶段，尚无成熟案例。华夏幸福与地方政府合作建设的南京溧水空港会展小镇建设，是以 PPP 模式运营的特色小镇，但该项目尚处于启动阶段。华夏幸福产业新城 PPP 运作方式可以供特色小镇 PPP 模式进行借鉴。2015 年 7 月，固安县政府与华夏幸福合作的固安工业园区 PPP 入选国家发改委 PPP 示范项目。2016 年 10 月，华夏幸福固安高新区项目入选第三批政府和社会资本合作示范项目。固安工业园区实行 PPP 合作 14 年，带动固安县财政收入增长 50 倍。

2002 年，固安县政府与华夏幸福签订了排他性特许经营协议，实施政府与社会资本合作（PPP），在土地整理投资、基础设施建设、公共设施建设、产业招商服务、城市运营维护服务等方面进行全面合作。成立双方合作的项目公司三浦威特园区建设发展有限公司，项目公司是投资开发主体，由华夏幸福注入资本金和项目开发资金，负责设计、建设、运营与服务；固安工业园区管委会负责制定规范标准、提供政策支持。只有当固安财政收入增加时华夏幸福才能取得利润回报，固安县政府不承担债务和金融风险（图 7-6）。

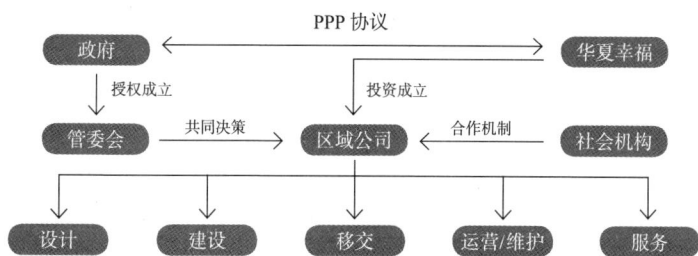

图 7-6 华夏幸福产业新城 PPP 模式

华夏幸福通过市场化方式进行多元融资。由于产业新城投资初期缺乏抵押物和华夏幸福 80% 以上的过高资产负债率，华夏幸福利用银行贷款的资金占整体融资金额不到 30%。其余部分的融资需求通过多种融资方式取得，包括信托借款、委托贷款、银团贷款、公司债、短期融资券、融资租赁、资产证券化、收益权转让等方式。

华夏幸福依托产城融合，大面积获取园区土地开发权，参与起草和执行园区内的城市发展规划和土地综合利用规划，形成实质上的一二级联动开发（图7-7）。

循环1：上市公司新园区整体建设投入之前，在科学进行土地综合利用规划、城市发展规划后，一般首先进行"示范区"（房地产开发）的划定和投入，结合产城融合的整体开发优势，华夏幸福可以提供高性价比的房地产住宅商品，进而在形成快速的销售资金回笼后，一部分资金继续投入房地产开发建设中去，形成持续开发经营。

循环2：房地产开发的健康发展，一方面为园区基础设施资金的先期投入奠定了基础；另一方面也助推了当地可自由支配财政收入的持续增长，为上市公司在匹配园区基础设施建设与政府结算的及时、足额提供了安全保障。

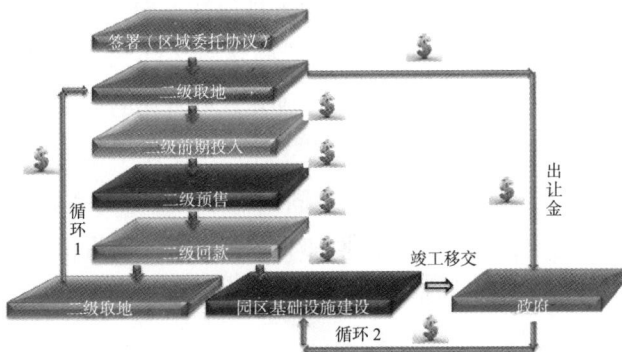

图7-7　华夏幸福产业新城 PPP 模式资金循环

（四）商业性金融是特色小镇融资的主要渠道

以市场机制运作的商业性金融是特色小镇发展所依托的主要融资渠道。首先，对于特色产业发展和可以市场化运作的营利性配套设施建设，主要依靠商业性金融融资；其次，对于资金需求规模大、投资期限长、盈利能力低的基础设施建设和特色产业平台建设，在政府投入、政策性贷款和通过 PPP 方式引入社会资本的基础上，都需要商业性金融的跟进。从商业性金融的具体融资方式来看，主要包括股权融资、债权融资和资产证券化。

1. 股权融资

一是股权投资基金。通过设立股权投资基金，引入股权投资。

二是参与特色小镇建设的上市公司的股票融资。对于符合上市条件的公司，可考虑通过股票上市方式实现融资。

三是股权合作。首先合作双方共同确定可合作的目标项目，共同出资成立项目公司。由合作公司负责筹措项目开发所需全部资金或按约定比例承担，股权合作方式能够实现专业资源共享，按股权获取投资收益，共同承担投资风险。

2. 债权融资

一是银行贷款。包括特色小镇专项贷款、银团贷款、委托贷款等；探索开展特许经营权收益权、景区门票收费权质押等贷款质押方式。

二是发行债券。包括证监会管理的公司债；国家发展改革委管理的企业债；在银行间交易市场发行的永续票据、中期票据、短期融资债券；交易商协会的项目收益票据。

三是信托和资管计划。信托是我国除银行贷款之外的主要债权融资方式。

四是融资租赁。融资租赁是以融物的形式融资，融资方式灵活，期限高于一般银行贷款期限。可选择分期还款，减轻了短期资金压力。

3. 资产证券化融资

PPP 项目适用的资产证券化类型主要包括三种，分别为中国证券业监督管理委员会主管的资产支持专项计划、中国银行间市场交易商协会主管的资产支持票据、中国保险监督管理委员会主管的项目资产支持计划。

以华夏幸福固安工业园区新型城镇化 PPP 项目供热收费收益权资产支持专项计划为例。该计划发行规模 7.06 亿元，总期限为 6 年，其中 1 年期优先级资产支持证券票面利率为 3.90%。采用结构化分层设计，优先级资产支持证券募集规模为 6.7 亿元，分为 1 年至 6 年期 6 档，3A 评级；次级资产支持证券规模 0.36 亿元，期限为 6 年，由九通基业投资有限公司（华夏幸福全资子公司、原始权益人固安九通基业公用事业有限公司控股股东）全额认购。华夏幸福作为差额支付承诺人和保证人，其提供的不可撤销的差额补足承诺为优先级资产支持证券本息的偿付提供较强的保障。

（五）不同类型项目、不同项目阶段采取相应的融资方式

1. 不同类型项目的融资方式选择

从特色小镇的三种融资需求，即基础设施和公共服务建设与运营管理融资、特色产业发展的平台和配套设施建设融资、特色产业发展的融资来看，主要分为两类，一类是盈利项目的融资。如特色产业的融资、部分特色产业发展平台和配套设施建设的融资，采取完全依靠市场机制的商业性融资；另一类是通过政府付

费或政府优惠政策能够实现盈利项目的融资。可采取政府主导或政府和社会资本合作的 PPP 模式。政府主导可由政府投入资本金，利用政策性金融或开发性金融；政府设立产业基金或引导基金，吸引社会资金共同投资。PPP 模式可采取 PPP 引导基金、PPP 产业基金、PPP 项目的资产证券化等方式。政府主导和 PPP 模式都需要商业性金融在以上基础上的跟进和补充。

2. 不同项目阶段的融资方式选择

（1）项目启动阶段——股权融资为主。这一阶段的融资最难，主要解决资本金问题。通过股权融资，达到一定的资本金规模，在此基础上，获取银行等金融机构提供的债权融资。股权融资方式主要包括前述的政府引导基金、产业基金，以及通过母基金、子基金的形式、优先级和劣后级的结构化安排，由政府投入少量的资金，撬动企业、金融机构等社会资本方共同参与投资，达到项目启动所需的资金要求，为进一步利用债权融资获取项目建设所需资金创造条件。

（2）项目建设阶段——债权融资为主。包括政策性银行、商业银行等金融机构的项目建设贷款、中长期贷款等。在项目建成运营的初期，产生一定的现金流作为还款来源，通过抵押、质押等方式取得银行等金融机构发放的流动资金贷款。

（3）运营管理阶段——可进行资产证券化。当项目运营进入成熟阶段，能够产生稳定的现金流后，可以通过资产证券化的方式，即将收益权等权益进行资产证券化，实现前期投资的退出。

三、银行业金融机构对特色小镇的金融支持

（一）银行业金融机构参与特色小镇建设的动力

1. 符合一定条件的特色小镇具有较大的投资潜力

特色小镇是经济转型发展的新动力、供给侧结构改革的新载体、创新发展的新空间，特色小镇是我国今后城镇化发展、经济发展的一个重要方向，承载投资、产业发展、生活居住、消费升级的一个增长极，因此，特色小镇是极具发展潜力的领域，吸引了众多投资机构、投资者的关注。但在众多特色小镇中，还要注意甄别选择，只有具备一定条件的特色小镇才有较大的投资潜力，这些小镇值得投资者关注。同时，也要注意投资中潜在的风险，首先，从小镇选取上进行把握，

其次在具体投资或贷款项目上也要进行风险甄别。

2. 新领域的开拓有助于实现银行自身盈利与发展

一是有助于增加商业银行收益。特色小镇作为新型城镇化建设的重点内容之一，是近期社会资本的投资热点，也成为银行投资与放贷的新领域，在做好风险防控的基础上，有助于商业银行增加收益。二是有助于商业银行实现转型升级。随着利率市场化改革、互联网金融的快速发展，商业银行面临利差收窄、竞争加剧的挑战。特色小镇基础设施建设、特色产业平台建设是适合投贷联动的一个新领域。通过投贷联动，使以贷为主的银行拓宽了业务领域，实现转型升级，改善盈利结构。

3. 符合国家绿色金融的发展方向

绿色金融是金融机构在进行投融资项目决策时注重对生态保护和环境污染的治理，将与环境因素相关的潜在成本、回报和风险纳入对项目的投融资决策考虑。通过金融机构实施的绿色金融，实现引导社会投资，促进经济与生态、环境相协调的可持续发展。目前，我国绿色产业发展和传统产业的绿色改造日益得到重视，这需要配套发展绿色金融来推动绿色产业实现长足发展。生态保护、环境优化、可持续发展是特色小镇发展的题中应有之义，因此，银行业金融机构参与特色小镇的金融支持，符合国家绿色金融的发展方向。

（二）银行业金融机构采取商业可持续的原则对特色小镇建设进行金融支持

我国金融领域实行分业经营与监管，提供贷款是银行传统的融资方式，随着部分银行集团具有全牌照优势，除提供一般性的贷款外，还可通过债券、股权投资、基金、信托等方式，实现投贷联动和综合融资服务。要采取商业可持续的原则对特色小镇建设进行金融支持。

1. 贷款

对具有发展潜力和投资价值的特色小镇项目进行贷款，在年度统筹安排的信贷投放总量中，决定对特色小镇信贷投放总规模。从贷款期限看，对建设周期长、现金流稳定的建设项目，可适当延长贷款期限，采取分期、分阶段方式还款，支持各阶段的项目资金需求。从利率水平来看，对特色小镇建设项目贷款，要通过完善利率定价机制，确定合理的利率水平，适当给予一定幅度的利率优惠。从贷款抵押方式来看，探索开展特许经营权收益权、景区门票收费权等新型贷款抵押和质押方式。

2. 投贷联动

投贷联动是银行业金融机构通过将信贷与股权投资相结合,由投资收益补偿信贷风险,实现信贷风险和收益的匹配,使资金支持得以持续提供的一种融资模式。特色小镇开发建设同时需要股权融资和债权融资,银行特别是全牌照的银行集团在对特色小镇开展投贷联动业务方面具有特别的优势。

投贷联动主要有三种方式:一是商业银行集团下设的具有投资功能的子公司对项目进行股权投资的同时,商业银行对项目提供贷款,形成"股权投资+贷款"的联动模式;二是商业银行与股权投资机构合作进行投贷联动;三是直接向股权投资机构发放贷款。

3. 参与 PPP 的融资

银行业金融机构参与 PPP 的融资主要包括三种方式:一是作为社会资本方直接与政府合作;二是与其他社会资本方联合,共同设立项目公司,参与 PPP 项目的投资运作;三是直接为 PPP 项目提供融资,包括项目贷款、投贷联动等。通过股权转让或资产证券化等方式实现退出。

4. 提供综合金融服务

除贷款外,具有全牌照优势的银行集团,可为特色小镇建设提供综合金融服务,包括:为符合条件的企业在资本市场上进行股权融资提供服务;为企业利用公司债、短期融资券、中期票据等债务融资工具提供服务;对运营成熟、有稳定现金流的项目进行资产证券化,发行资产支持专项计划、资产支持票据等提供服务。

(三) 做好投资选择与风险防控

1. 选择有发展潜力的特色小镇

银行业金融机构可在全国特色小镇名单、各省的特色小镇名单中进行选择,因为这些小镇名单是在对众多小镇经过充分筛选后形成的,普遍具备较好的发展基础;同时,这些小镇相对能够获得更多的政府政策和资金支持,在此范围内进行选择,提高选择小镇的效率。在此基础上,利用本研究提出的特色小镇投资潜力评价体系,对初步选择的特色小镇进一步进行投资潜力评估。

2. 对特色小镇的具体项目进行筛选

在对特色小镇选择的基础上,可参考国家和各省的特色小镇项目储备库中的推荐项目,对特色小镇投资项目进行筛选,建立银行自己的特色小镇项目库,从中选择项目发放贷款或进行股权投资。特色小镇项目主要包括以下几类：

基础设施和公共服务设施的开发与运营。部分项目有政府优惠政策或政府补贴，需要长期运营。

土地一级开发和房地产开发。土地一级开发通过投资土地出让收入回收投资。房地产开发主要包括各类产业地产开发，作为特色产业发展的平台和配套设施，如养老地产、创客空间、旅游地产等，通过出租或出售收回投资。这类项目的参与主体主要是房地产开发企业。

特色产业。特色产业应为有市场需求支撑、依靠市场机制发展的产业，其金融支持以完全市场化的方式为主。

3. 识别特色小镇投资的风险

缺乏产业支撑。特色产业是特色小镇发展的核心驱动力，只有具有生命力的特色产业得到发展，才能形成人口聚集，增强小镇的经济实力，做好基础设施和公共服务，实现产镇融合发展。没有规划、没有特色产业支撑，特别是以房地产为单一产业的小镇，以特色小镇名义圈地开发的项目，相对会存在较大的投资风险。

政策风险。对于主要依靠优惠政策发展的特色小镇，一旦面临优惠政策调整，将可能面临产业发展停滞、甚至企业搬离和人口流失等问题。如美国康涅狄格州的格林威治基金小镇，由于税收与纽约州相比很低，如年收入 1000 万美元在格林威治比在纽约少交 50 万美元的税，房产税税率 12‰，而纽约为 30‰，较大幅度的税收优惠政策吸引了大量对冲基金落户格林威治小镇。但在康涅狄格州将企业所得税提高到 6.99% 后，已接近纽约的 8.82%，以及考虑对对冲基金投资服务的收入征收 19% 的附加税后，导致大量对冲基金搬离格林威治小镇，造成当地物业的大量抛售。

四、地方政府营造特色小镇投融资条件的策略

（一）对特色产业进行准确定位，使其有充分的市场需求支撑

产业要"特"，且需有充分的市场需求支撑。特色产业是特色小镇发展的核心，是小镇发展的活力源泉，实现小镇可持续发展的基础。特色小镇要顺利实现投融资，首先要对特色产业有准确的定位，除考虑特色资源优势、所处区位和交通条件等

要素外，还要有充分的市场需求支撑，有市场的特色产业才是有生命力的、可持续发展壮大的产业，才能成为特色小镇发展的真正支撑和引擎。特色产业发展要更多地依靠市场的力量，充分发挥市场机制的作用。

（二）在合理规划的基础上分步实施，形成投资和收益的良性循环

政府在特色小镇建设过程中，负有编制特色小镇规划的责任，合理的规划编制是特色小镇建设的前期基础性工作。特色小镇有合理的规模，主要通过控制特色小镇的规模、科学分步实施，使开发规模和节奏与投资能力和市场需求相匹配。根据市场需求的反馈不断优化开发建设策略，形成投资收益的良性循环。

（三）重视基础设施和公共服务设施建设，充分发挥政府投资的杠杆作用

基础设施和公共服务设施建设为特色小镇生产、生活提供基础承载条件，是特色产业发展的基础。而这类设施的建设难以完全通过市场化方式运作，需要充分发挥政府投资的杠杆作用，如通过资本金投入、设立引导基金、产业基金、PPP等投资方式，发挥政府投资的引领和杠杆作用，为进一步融资创造条件。

（四）建立特色小镇项目库，引导社会资金投向

政府根据特色小镇发展潜力评价体系，用专业、科学的方法对特色小镇项目据进行筛选，建立特色小镇项目库。一是引导社会资本的投向，使资本集中投向发展有潜力、成功概率高的特色小镇；二是从风险防范的角度，减少投资的盲目性，避免特色小镇建设遍地开花，互相争夺投资资源、市场资源，尽可能减少投资失败、工程烂尾的可能。

（五）制定特色产业培育和发展政策，吸引市场投资

特色产业的发展更多地要依赖于市场的力量，政府的作用在于培育特色产业，为特色产业发展提供扶持政策，如税收优惠政策、金融支持政策等，吸引社会资本投资特色产业。

（六）注重特色小镇的推广，提高小镇的知名度和美誉度

特色小镇的培育和发展除做好规划、特色产业定位外，还需要提高市场对特色小镇的认知度。地方政府要注重对小镇的整体推广，首先要突出小镇鲜明的特色和明确的形象，对小镇的特色产业和产品、独特的资源环境进行推广和介绍，在利用传统媒体的同时，特别要利用好微信、微博、客户端等新兴媒体，加大对特色小镇的推广力度，建立特色小镇与公众的联系并增进与公众的关系，提升小镇的美誉度，为小镇的产业发展吸引投资和培育市场消费群体。

特色小镇的建设发展需要完善的金融支持，通过政府与社会资本合作（PPP）方式，发挥政府的引导作用和社会资本的主体作用，以市场化融资方式为主，充分发挥市场配置资源的作用，多渠道融资，共同助力特色小镇的建设和发展。

附录一：指标释义

（一）财政收入

地方财政收入决定小城镇建设投入多少。目前小城镇建设投入十分单一，根据杨盛桃等人的估测，近年来我国小城镇仅仅在小城镇基础设施建设上的资金短缺额和资金短缺率非常高，资金短缺率平均达到 42%，每年资金缺口两三千亿元以上。而且未来十年将是我国城镇化加速推进时期，据估算，目前中国城镇化推进速度每年约增加 0.5 个百分点左右，其中约有 0.35 个百分点来自于小城镇。按照全国人口看，每年有 400 万～500 万人口转入小城镇。按人均不低于 5 万元投资，每年仅新增人口部分就需要新增投资 2000 亿元以上的投资。地方财政收入是一个综合性指标，反映了地方镇政府与上级关系（财政分成关系）、地方支持基础设施的实力、地方企业数量以及地位等等。

（二）从业人员数量

从实质上看，城镇化是"人"的城镇化，是人口从农村向城镇集中的过程，进入"十三五"之后，党和国家在城镇化的基础上提出了新型城镇化的概念。新型城镇化突出"以人为核心"的城镇化，强调产业支撑在城镇化中的作用，而且对人居环境、生活方式、社会保障等方面做出明确的转变。

根据中国城乡建设统计年鉴的数据显示，到 2011 年底，我国建制镇共有 1.71 万个，而建成区户籍人口为 1.44 亿人，暂住人口为 0.26 亿人，即居住人口为 1.7 亿人，平均每个建制镇的人口规模不到 1 万人。而一般研究中表明，小城镇应至少具备 3 万人以上才有规模效应，显然当前一般的小城镇人口规模与这一指标相距甚远，小城镇发展还不是真正的城镇化。

小城镇人口超过一定数量，可能调整为"小城市"。2014 年国务院调整了关于小城市设立的标准，新标准中城市类型由四类变成五类，增设了超大城市，又将小城市和大城市分别划分为两档。以前小城市人口规模要求是 20 万以内，提高到 50 万以内，并将小城市以 20 万和 50 万为限划分为两个档，20 万以下的为二档，20

万~ 50 万人次定义为一档小城市。小城镇人口规模达到 5 万以上就可以设立小城市。根据小城市实体地域常住人口集聚规模至少要达到 5 万人以上，小城市的建制标准人口人均城镇用地达到 80 ~ 100m² 的标准，小城市的城市建成区实体地域的空间范围面积不应低于 5km²，城市地域人口密度标准在 1500 人 /km² 上，小城市产业增加值不低于 10 亿元，地方本级财政收入不少于 6000 万元等标准。国内很多小城镇的发展早已超过了这一规模，到 2015 年底，全国共有一千多个。小城镇已经达到了小城市的标准，甚至有些已经远远超过了一般小城市的规模。四川省为例截至 2015 年底，全省已有建制镇 2032 个，集聚人口 1 万人上的超过 600 个，1 万~ 3 万人的超过 490 个，3 万~ 5 万人的超过 100 个，5 万人上的有 18 个。

在我国城镇体系中，中小城市空心化，中小城市占比较少，"十三五"规划纲要强调要加快发展中小城市，"推进新型城镇化要优化城镇化布局和形态，在加快城市群建设发展、加强中小城市辐射带动功能的同时，以提升质量、增加数量为方向，加快发展中小城市。加快拓展特大镇功能，赋予镇区人口 10 万人上的特大镇部分县级管理权限，完善设市设区标准，符合条件的县和特大镇可有序改市。因地制宜发展特色鲜明、产城融合、充满魅力的小城镇"。因此特色小镇的常住人口规模不能低于 3 万人且不能高于 10 万人，低于 3 万人不能发挥规模经济优势，高于 10 万人，转变为小城市的可能性大大加大。尤其是东部小城镇，小城镇人口更容易突破 10 万，在我国目前的政策条件下，很容易升级为小城市。因此凡是建制镇超过 10 万人以上，都不宜作为特色小镇的备选。从业人数更不宜超过 10 万人以上。国家发展和改革委员会《关于加快美丽特色小（城）镇建设的指导意见》（发改规划〔2016〕2125 号）"镇区人口 10 万以上的特大镇要按同等城市标准配置教育和医疗资源，推动具备条件的特大镇有序设市"。但是常住人口过少，发挥不了规模经济的优势。如国家发展和改革委员会《关于加快美丽特色小（城）镇建设的指导意见》（发改规划〔2016〕2125 号）提出"以镇区常住人口 5 万人以上的特大镇、镇区常住人口 3 万人以上的专业特色镇委重点，因地制宜建设美丽特色小（城）镇"。

从业人数反映了小城镇常住人口的非农占比，也从侧面反映了该城镇的企业吸纳劳动力的能力，也反映了该小城镇的城镇化率。

（三）特色产业产值

纵观全球几乎所有发展成功的小镇，都有自身鲜明的特色产业。一方面，这

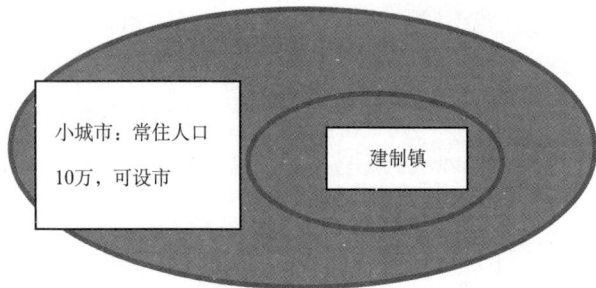

建制镇人口与小城市人口数量的边界

些小镇有生产这些特色产品的地方优势；另一方面，特色产业的集聚能够实现同一类型产品的差异化竞争，丰富消费者的体验，使得产品价值构成更加多样。以法国的普罗旺斯为例。它是享誉全球的"薰衣草故乡"，形成了以旅游业为主的庞大的薰衣草产业，除了以薰衣草为主的花卉种植、研发和交易外，各种与薰衣草有关的工艺品如香包、精油、香水、香精、蜡烛、浮雕、挂画等，也随处可见。并以此衍生的蜜月旅游、婚庆等产业成为小镇发展的重要支柱。瑞士的达沃斯小镇，只有 1.3 万人口，每年的世界经济论坛年会都在达沃斯召开，围绕论坛的服务、准备性会议以及相关机构的运行是产业的主体，更多的收入来自于会议品牌带来的观光、度假与商务旅游。小镇每年接待 230 多万名来自世界各地的游客，而小镇居民中直接从事旅游相关产业的就有 4000 多人。住房城乡建设部、国家发展改革委、财政部《关于开展特色小镇培育工作的通知》（建村〔2016〕147 号）提出培育要求的第一条就是"特色鲜明的产业形态"。要求"产业定位精准、特色鲜明，战略新兴产业、传统产业、现代农业等发展良好、前景可观。产业向做特、做精、做强发展，新兴产业成长快，传统产业改造升级效果明显，充分利用"互联网 +"等新兴手段，推动产业链向研发、营销延伸。产业发展环境好，产业、投资、人才、服务等要素聚集度较高。通过产业发展，小镇吸纳周边农村剩余劳动力就业能力明显增强，带动农村发展效果明显"。譬如浙江特色小镇工作狠抓特色产业。2014年底在浙江省委经济工作会议上，浙江在国内率先提出打造特色小镇的发展战略，2015 年初正式将"加快规划建设一批特色小镇"列入政府重点工作计划。按计划，浙江将在未来 3 年内把重点放在培育上百个特色小镇上，聚焦电子信息、环境保护、医疗健康、休闲旅游、潮流时尚、金融服务和高端装备制造七大产业，兼顾特色农副产品（如茶叶、黄酒和中药）、特色手工艺品（如丝绸、青瓷、木雕、根雕、石雕和文房四宝）等历史经典产业。

《国家新型城镇化规划（2014—2020）》第十二章第三节"有重点地发展小城镇"

提出以下要求：因地制宜、突出特色、创新机制，充分发挥市场主体作用，推动小城镇发展与疏解大城市中心城区功能相结合、与特色产业发展相结合、与服务"三农"相结合。发展具有特色优势的休闲旅游、商贸物流、信息产业、先进制造、民俗文化传承、科技教育等魅力小镇，带动农业现代化和农民就近城镇化。提升边境口岸城镇功能，在人员往来、加工物流、旅游等方面实行差别化政策，提高投资贸易便利化水平和人流物流便利化程度。国家发展和改革委员会《关于加快美丽特色小（城）镇建设的指导意见》（发改规划〔2016〕2125 号）指出"坚持产业建镇。根据区域要素禀赋和比较优势，挖掘本地最有基础、最具潜力、最能成长的特色产业，做精做强主导特色产业，打造具有持续竞争力和可持续发展特征的独特产业形态，防止千镇一面"。

目前，我国大多数小城镇只有传统的集市贸易功能，工业企业少，农业产业发展落后，突出存在产业规模小、层次低、辐射带动作用不强、缺乏特色、科技含量低、环境污染和资源浪费等问题。一是产业结构不合理、水平低。当前，我国小城镇普遍存在着产业结构不合理，服务业的发展没有与工业化和城镇化形成有效的良性循环，产业集聚效应不明显等问题。大部分小城镇的第二产业整体素质不高、档次较低，第三产业布局分散、规模较小、发展滞后。二是缺乏特色。部分小城镇在发展的过程中盲目模仿城市产业发展模式，没有结合自身资源禀赋，没有充分考虑自身产业特色优势，忽略了小城镇的带动周边农村的功能，造成了整体产业缺乏竞争力，无法与城市在资源和市场方面进行有效竞争。三是工业主导能力弱。我国大部分小城镇的工业是粗放型、小规模的传统产业，多以不可再生资源为主，缺乏产业经营与管理人才，科技水平较低，产品缺乏市场竞争力，持续发展能力不足。很多小城镇的工业企业整体发展水平较低，产品深加工能力不足，资源利用水平不高，污染问题严重。因此特色产业发展非常重要。在这里，用特色产业产值表示。

我们认为特色产业和主导产业具有同样的意义。主导产业突出其带动其他行业的发展的带动作用，特色产业也侧重于产业与其他镇的不同之处。即使两个镇生产同一产品，只要能在市场上能够生存下来，就代表其产业具有竞争优势。我们认为特色产业的产值占比比其他指标高更好。不同行业在行业生命周期内投资额不同，尤其在上升阶段，投资额占比高，是为了占领市场，获得竞争优势，但是到了成熟期，投资相对较少。特色产业产值代表了现在的小镇培育特色产业的成效，而投资额仅仅表示未来产值的可能性，因此产值比投资额更具有现实性，更能反映目前特色小镇产业发展状况。

住房城乡建设部特色小镇的特色产业指标

年份	2013	2014	2015
主导产业类型			
主导产业企业数量（个）			
主导产业企业年投资额（万元）			
主导产业产值（万元）			
主导产业吸纳的就业人员数量（人）			
龙头企业大专以上学历就业人数			
主导产业产品品牌荣誉、称号	国家级_____；省级_____；市、县级_____		
主导产业产值在省、市、县同类行业镇中排名	省排名_____；市排名_____；县排名_____		

（四）交通完善度

交通便利程度是指特色小镇是否有高速公路、铁路、水路以及分布密度。小镇具有自然区位和经济区位。自然区位难以改变，而通过改善交通，可以改善经济区位。无论是外生型小镇还是内生型小镇都依赖于交通便利。从统计角度看，小城镇分布交通指向性明显，形成密集分布带。以长江、京杭运河苏中段和东陇海铁路线为例，江苏省沿长江、沿京杭运河和沿东陇海铁路线两侧的小城镇密集分布，高于全省平均分布密度，并有沿交通线延伸的趋势，密度值分别在 1.06 个 /100km^2、0.98 个 /100km^2 和 0.93 个 /100km^2，形成密集分布带。另外，苏南东部临近上海地区交通十分便利，小城镇也密集分布，密度值在 0.97 个 /100km^2。

江苏省各市建制镇分布密度表

地区	建制镇数量（个）	土地面积（100km^2）	分布密度（个 / km^2）
沿长江地区	139	131.63	1.06
京杭运河苏中段	46	47.14	0.98
沿东陇海线地区	53	56.96	0.93
苏南临沪地区	43	44.44	0.97
全省	860	1027.73	0.84

数据来源：《江苏统计年鉴（2012）》

（五）政策支持力度

在不同的权利体系下，各省特色小镇能做到或者能够做成的事情并不是一致的。中央政策是覆盖全国的，各省各地的特色小镇都需执行。但是具体到各个省的支持力度不一样，具体到各地县市的支持力度也不一样。不过省级政府可利用的政策工具比县市可利用的政策工具丰富得多。省级政府的政策支持力度比县市的政策支持力度大得多。它包括两个方面：第一，特色小镇之外的政策支持力度。譬如建制镇改革措施。国家自从 2004 年起开始推行小城镇发展改革试点工作，将 270 余个小城镇分为两批确立试点镇，积极推进行政管理、规划、土地管理等方面的改革。2010 年 6 月，国家发改委、中编办、中农办、财政部等相关部门选择了 13 个省中的 25 个经济强镇作为经济发达镇行政管理体制改革试点，以简政放权为中心，对如何依法赋予经济发展快、人口吸纳能力强的小城镇相应行政管理权限进行深入探索。这些试点镇具备更大的权力，在争创特色小镇上更有优势。第二，特色小镇本身制度。包括省级政府出台的政策以及市县政府出台的支持政策。譬如浙江省对"如期完成年度规划目标任务的，省里按实际使用指标的 50% 给予配套奖励，其中信息经济、环保、高端装备制造等产业类特色小镇按 60% 给予配套奖励；对 3 年内未达到规划目标任务的，加倍倒扣省奖励的用地指标。特色小镇在创建期间及验收命名后，其规划空间范围内的新增财政收入上交省财政部分，前 3 年全额返还、后 2 年返还一半给当地财政。加强对特色小镇规划建设工作的组织领导和统筹协调，建立省特色小镇规划建设工作联席会议制度"。对省市政府的政策支持力度应该由专家打分比较合理，这样能比较出各省各地支持力度的大小。

附录二：指标打分

（一）资源级别

小镇	总分	国家地理标识	世界文化遗产	旅游资源等级				
				5A	4A	3A	2A	A
黄山市宏村镇	10		✓	✓				
大理市喜洲镇	3					✓		
潜山县天柱山镇	5			✓				
腾冲县和顺镇	4				✓			
宜兴市丁蜀镇	9	✓			✓			
苏州市镇湖街道	9	✓			✓			

（二）交通便利性

小镇	总得分	内部道路完善（5分）	高速公路通过（3分）	10公里内高速入口（2分）	省道国道（2分）	50公里内有机场（3分）
黄山市宏村镇	10	5	3	0	2	0
大理市喜洲镇	15	5	3	2	2	3
潜山县天柱山镇	12	5	3	2	2	0
腾冲县和顺镇	15	5	3	2	2	3
宜兴市丁蜀镇	15	5	3	2	2	3
苏州市镇湖街道	15	5	3	2	2	3
桐乡市濮院镇	12	5	3	2	2	0
杭州市胥口镇	7	5	0	0	2	0
浏阳市大瑶镇	12	5	3	2	2	0
涟源市桥头河镇	12	5	3	2	2	0
温州市柳市镇	15	5	3	2	2	3
永康市东城街道	12	5	3	2	2	0

（三）规划编制情况

小镇	总分	特色小镇规划（4分）	乡镇总体规划（2分）	产业规划（2分）	园区／景区（2分）	规划名单
黄山市宏村镇	10	4	2	2	2	宏村艺术小镇（特色小镇规划）；宏村镇总体规划、旅游发展规划、乡村旅游服务业集聚区发展规划
大理市喜洲镇	6		2	2	2	大理市喜洲镇总体规划；大理喜洲古镇保护与发展规划；大理风景名胜区苍山洱海片区喜洲景区详细规划
潜山县天柱山镇	2				2	天柱山国家森林公园总体规划
腾冲县和顺镇	2			2		和顺古镇保护与发展规划
宜兴市丁蜀镇	2	2				已启动紫砂特色小镇规划
苏州市镇湖街道	2		2			镇湖总体规划
桐乡市濮院镇	6		2	2	2	濮院镇总体规划、桐乡市濮院针织产业集群转型升级实施方案、浙江省濮院工业园区高新技术区规划
杭州市胥口镇	2		2			浏阳市大瑶镇城乡一体化建设规划
浏阳市大瑶镇	1		1			桥头河镇规划正在编制
涟源市桥头河镇	2		2			富阳区胥口镇总体规划
温州市柳市镇	2		2			乐清市柳市空间发展战略规划
永康市东城街道	0					

注：正在编制、未完成的规划，得分减半。

（四）政策支持力度

小镇	总分	国家级政策支持（4分）	省级政策支持（2分）	相关政策名单
黄山市宏村镇	8	8		国家首批12个历史文化名村之一；国家级重点文物保护单位
大理市喜洲镇	6	4	2	云南省著名的历史文化名镇；国家级文物保护单位
潜山县天柱山镇	8	8		国家重点风景名胜区、国家级生态乡镇

续表

小镇	总分	国家级政策支持（4分）	省级政策支持（2分）	相关政策名单
腾冲县和顺镇	8	8		国家级历史文化名镇、全国首批美丽宜居示范小镇
宜兴市丁蜀镇	4	4		宜兴紫砂获国家地理标志产品保护
苏州市镇湖街道	4	4		苏绣获国家地理标志产品保护
桐乡市濮院镇	8	8		全国重点镇、全国小城镇建设示范镇
浏阳市大瑶镇	4	4		浏阳花炮获国家地理标志产品保护
涟源市桥头河镇	4	4		国家级现代农业综合产业园
杭州市胥口镇	4	4		国家级生态镇
温州市柳市镇	8	8		中国断路器产业基地、中国防爆电器产业基地
永康市东城街道	2		2	省重点培育装备制造业企业（众泰汽车）

附录三：特色潜力水平专家打分表

外生型小镇资源开发潜力　专家打分表

小镇名称	主要产品	潜力资源描述	特色产业资源潜力打分（满分20分）	
			产业发展前景（10分）	资源独特性（10分）
桐乡市濮院镇	毛衫	✓ 纺织业制造历史悠久，"濮绸"发源地 ✓ 全国最大的羊毛衫集散中心，集聚了5000多家羊毛衫企业，省级开发区（濮院针织产业园）		
杭州市青口镇	药品	✓ 生态环境良好，毗邻4A级景区——富春桃源 ✓ 中国最大的抗生素、抗肿瘤药物生产基地之一		
浏阳市大瑶镇	花炮	✓ "浏阳花炮"获国家地理标志产品保护 ✓ 花炮文化的发祥地——花炮始祖李畋诞生于此		
涟源市桥头河镇	蔬菜	✓ 桥头河蔬菜是全国十个优质蔬菜供应商之一 ✓ 距离长株潭三市约100公里 ✓ 土地肥沃，富含硒元素，水资源丰富		
温州市柳市镇	电器	✓ 中国电器之都 ✓ 拥有以高低压电器、电子等为主导行业的工业体系和物流体系		
永康市长城乡	汽车	✓ 主要生产汽车，众泰新能源汽车销量目标预计为6万～8万辆。掌握动力电池、驱动、快速换电等9项核心技术 ✓ "工业+体验式旅游业"形态		

内生型小镇资源利用潜力　专家打分表

小镇名称	主要特色	内生资源描述	资源潜力打分（满分20分）	
			资源丰富度（10分）	资源独特性（10分）
黄山市宏村镇	宏村	√ 主要景点：宏村、屏山、卢村、木坑、塔川，其中5A级景区1家，4A级景区2家 √ 世界文化遗产名录，国家首批12个历史文化名村之一		
潜山县天柱山镇	天柱山	√ 主要自然景点：天柱峰、一线天、渡仙桥、神秘谷等 √ 人文景观：石刻文化、佛道宗教、古皖文化、军事史记 √ 5A级旅游景区，世界地质公园，国家重点风景名胜区		
大理市喜洲镇	喜洲古镇	√ 保存最多、最好的白族民居建筑群，"三坊一照壁"及"四合五天井" √ 临近大理市区和苍山洱海等景区，包括喜洲古镇和蝴蝶泉等景区		
腾冲县和顺镇	和顺古镇	√ 传统民居1000多座，其中清代民居100多幢，被誉为中国古代建筑活化石 √ 主要景点：陷河、古思奇纪念馆、古树群等		
宜兴市丁蜀镇	紫砂壶	√ "宜兴紫砂"获国家地理标志产品保护 √ "中国陶都"，丁蜀镇共有紫砂制作者4万多人 √ 丁蜀镇黄龙山一带拥有丰富原材料——紫砂矿之土		
苏州市镇湖街道	苏绣	√ 苏绣的主要发源地，国家第一批非物质文化遗产保护名录，"镇湖刺绣"获国家地理标志产品保护 √ 绣娘近万人		

附录四: 小城镇基本信息表

小城镇基本信息表

* 表格数据均指 2015 年数据

镇名称		所属省、市、县		
地形	□山区 □平原 □丘陵	区位		□大城市近郊 □远郊区 □农业地区
功能类型	A 商贸流通型 B 工业发展型 C 农业服务型 D 旅游发展型 E 历史文化型 F 民族聚居型 G 其他 (请注明)			

镇域面积 (km²)		镇区建成区面积 (km²)	
镇域常住人口 (人)		下辖村庄数量 (个)	
镇区常住人口 (人)		镇区户籍人口 (人)	
本镇就业总人口 (人)	_____;其中: 来自于周边农村的就业人口 (人)_____;		
镇 GDP (万元)		镇所属县 GDP (万元)	
城镇居民人均纯收入 (元)		公共财政收入 (万元) 其中: 本级公共财政收入 (万元) 上级补贴 (万元)	
农村居民人均纯收入 (元)			
市政基础设施建设投资 (万元)			

全社会固定资产投资 (万元)	2013		2014		2015	
民间资本固定资产投资 (万元)	2013		2014		2015	

已获 称号	国家级称号: □全国重点镇 □中国历史文化名镇 □全国特色景观旅游名镇 □美丽宜居小镇 □国家园林城镇 □全国环境优美乡镇 □国家发改委新型城镇化试点镇 □财政部、住房城乡建设部建制镇试点示范 □其他 省级称号: □省级重点镇、中心镇、示范镇 □省级卫生乡镇 □省级美丽宜居镇 □其他 镇域内是否有传统村落? □是 □否 数量:□中国传统村落;□省级传统村落 镇域内是否有美丽宜居村庄/美丽乡村? □是 □否 其他 (请注明称号名称及哪级认定):
规划	镇规划区面积 (平方公里): 控制性详细规划编制面积 (平方公里):_____ 镇规划区是否编制了与特色小镇相关的专项规划? □是 □否 规划名称:_____

续表

产业	年份	2013	2014	2015
	主导产业类型			
	主导产业企业数量（个）			
	主导产业企业年投资额（万元）			
	主导产业产值（万元）			
	主导产业吸纳的就业人员数量（人）			
	龙头企业大专以上学历就业人数			
	主导产业产品品牌荣誉、称号	国家级_____；省级_____；市、县级_____；		
	主导产业产值在省、市、县同类行业镇中排名	省排名_____；市排名_____；县排名_____；		
	全镇当年新增注册公司数量（个）			

基础设施	是否通二级以上公路	□是 □否	停车位数量（个）	
	自来水供水率（%）		自来水卫生达标率（%）	
	生活垃圾无害化处理率(%)		生活污水达标排放率（%）	
	宽带入户率（%）		街头小公园、绿地（处）	
	主要灾害设施（防洪、排涝、消防等）名称	_____		
	有污水处理设施的行政村比例（%）		垃圾得到有效治理的行政村比例（%）	

用地	各类产业用地面积（公顷）		镇区人均建设用地面积（平方米）	

公共服务	小学（所）		是否为市级以上重点小学	□是 □否
	初中（所）		是否为市级以上重点中学	□是 □否
	高中（所）		职业学校（所）	
	医院等级		养老服务设施（处）	
	银行（信用社）网点（个）	_____个；分属银行_____；_____；_____；		
	大型连锁超市或商业中心（处）		三星标准以上酒店（个）	
	快递网点（个）		公共区域 WI-FI 全覆盖	□是 □否

文化传播	非物质文化遗产	国家_____项；省级_____项；市级_____项；县_____项；		
	地域特色文化	□民俗活动□特色餐饮□民间技艺□民间戏曲 □其他特色_____		

续表

文化传播	文化活动中心/场所（处）		举办居民文化活动类型	（类）
	文化传播手段（多选）	□广播电视 □网站 □微信 □短信 □其他		
社会管理	镇级组织机构设置（镇政府及下设办公室）		_____	
	近3年曾获得县级以上表彰		_____	
	是否有综合执法机构	□是　□否	是否"一站式"综合行政服务	□是　□否
	是否有规划建设管理机构	□是　□否	镇政府工作人员数量（人）	
	是否核发乡村规划许可？	□是　□否	其中：有编制的人员数量（人）	
			规划建设管理人员数量（人）	
	是否有PPP项目？	□是　□否　项目名称_____		
	是否有政府购买服务项目？	□是　□否　项目名称_____		
县级申报单位意见	申报意见： 　　　　　　　　　　　　　　　　　　单位盖章 日期：　年　月　日			
省级村镇建设管理部门意见	专家组审核意见： 现场考核专家意见： 　　　　　　　　　　　　　　　　　　单位盖章 日期：　年　月　日			